本书的出版受上海交通大学外国语学院外语课程思政中心和教育部人文社会科学规划项目"融入课程思政的学术英语线上线下混合式教学模式探究"（项目号21YJA740051）支持，特此感谢！

思想政治教育研究文库

外语课程思政教学与研究

张 荔 主编

光明日报出版社

图书在版编目（CIP）数据

外语课程思政教学与研究 / 张荔主编． --北京：光明日报出版社，2024.3
ISBN 978-7-5194-7871-1

Ⅰ.①外… Ⅱ.①张… Ⅲ.①高等学校—思想政治教育—研究—中国 Ⅳ.①G641

中国国家版本馆 CIP 数据核字（2024）第 064090 号

外语课程思政教学与研究
WAIYU KECHENG SIZHENG JIAOXUE YU YANJIU

主　　编：张　荔	
责任编辑：杨　茹	责任校对：杨　娜　董小花
封面设计：中联华文	责任印制：曹　净

出版发行：光明日报出版社
地　　址：北京市西城区永安路 106 号，100050
电　　话：010-63169890（咨询），010-63131930（邮购）
传　　真：010-63131930
网　　址：http://book.gmw.cn
E - mail：gmrbcbs@gmw.cn
法律顾问：北京市兰台律师事务所龚柳方律师
印　　刷：三河市华东印刷有限公司
装　　订：三河市华东印刷有限公司
本书如有破损、缺页、装订错误，请与本社联系调换，电话：010-63131930
开　　本：170mm×240mm
字　　数：314 千字　　　　　　　　印　　张：17.5
版　　次：2024 年 3 月第 1 版　　　　印　　次：2024 年 3 月第 1 次印刷
书　　号：ISBN 978-7-5194-7871-1
定　　价：95.00 元

版权所有　　翻印必究

编 委 会

主　编：张　荔

副主编：朱一凡　郇昌鹏

　　　　　张雪珍　戚欣佳

前　言

课程思政是新时代我国高等教育人才培养的重要政策，是我国"德智体美劳"全面发展教育方针的重构，充分体现了高等教育课程建设的国家意志，而外语学科是课程思政建设的重要组成部分。上海交通大学外国语学院高度重视学科发展对接国家需求与社会服务，注重加强外语教育政策和外语教学实践中的思政意识，实现专业知识传授与育人目标的统一，实现教育立德树人的根本任务。

上海交通大学外国语学院联合校宣传部、学生处、教学发展中心、马克思主义学院，于2020年11月成立了上海交通大学外语课程思政中心，次年1月制定了《上海交通大学外国语学院课程思政建设工作方案》，逐步开展了大纲制定、教学设计、案例展示、教学评估、教师发展、教材开发、语料库建设、项目研究、会议组织等一系列工作。

2021年6月5日，上海交通大学首届"国家意识与外语课程思政建设研讨会"成功举办，上海交通大学校长丁奎岭（时任常务副校长）为会议致辞。他指出，课程思政作为落实"立德树人"根本任务、凝聚文化认同最有效的抓手之一，在推进过程中既要做到"无处不在"，又要做到"润物无声"。要结合学科特点，不断深入挖掘课程中蕴含的思政元素，找准课程思政的切入点和着力点，系统、科学地引导学生树立正确人生观和价值观，切实做到思政教育和专业教育的深度融合与同向同行。

与会专家就国家意识与外语课程思政进行对话，围绕"外语课程思政的理论建设""外语课程思政的学术生产""外语课程与国家（国际）意识""外语课程与通识教育""外语课程思政与中国文化""外语课程思政大纲设计"等主题进行了交流。与会专家达成了共识，新时代外语教育要在民族复兴战略全局和世界百年未有之大变局中确定自身的发展方向，培养扎根中华大地，具有世界眼光，融合政治定力、语言能力、学科专业能力及话语能力的卓越国际化人才，并提出"为党育人，为国育才"是我国高等教育的首要任务。研讨会采取

"线下会议，线上直播"的方式进行，10余万人次观看线上直播。

那么，育人育才的国民素养、文化自信、家国情怀、国家意识如何在教育中体现？作为人文学科的外语教育如何发挥其独特的作用？这与外语教育教学在高等教育中的定位分不开，与外国语言文学作为文科有机组成部分的人才培养模式的创新分不开。本书精选了参会教师投稿论文，并立足上海交通大学优质课程，精选了课程思政实践中的部分案例，探索课程思政的实践经验和方法，力求润物细无声地达到立德树人的育人目的。

本书也是教育部人文社会科学规划项目（21YJA740051）的部分研究成果。

上海交通大学外国语学院
外语课程思政中心
2023 年 5 月

首届国家意识与外语课程思政建设研讨会

主办：上海交通大学
承办：上海交通大学外国语学院
协办：上海交通大学教务处
　　　上海交通大学教学发展中心
　　　上海交通大学宣传部
　　　上海交通大学学指委
　　　上海交通大学研究生院

2021年6月5日

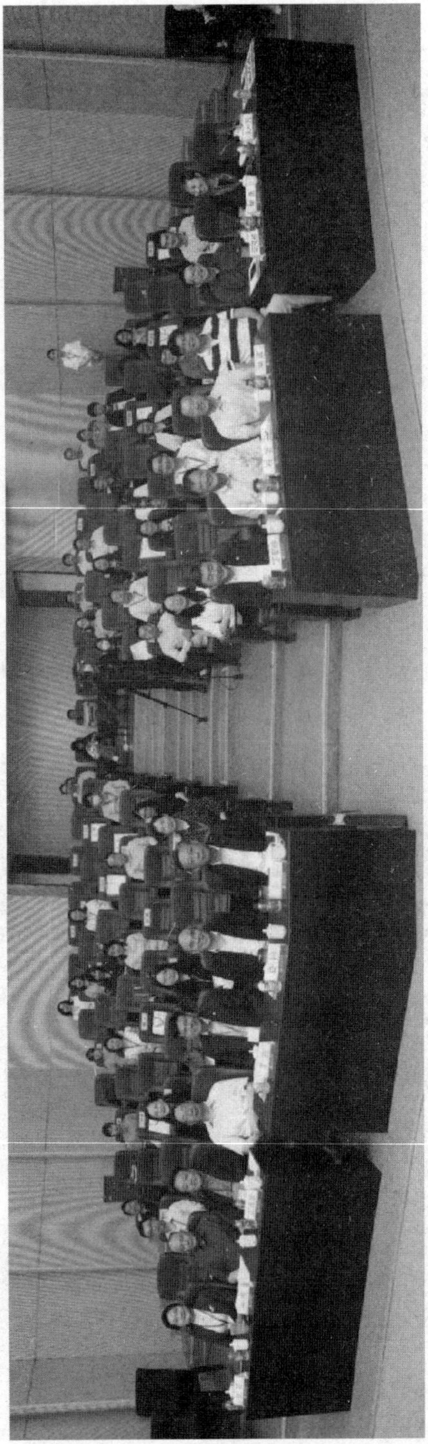

上海交通大学外国语学院课程
思政建设工作方案

为深入贯彻落实习近平总书记关于教育的重要论述和全国教育大会精神的重要举措，把思想政治教育贯穿人才培养体系，强化高校价值塑造、知识传授、能力培养、人格养成"四位一体"的人才培养目标，推进外语学科课程思政建设，提高外语人才培养质量，根据《高校思想政治工作质量提升工程实施纲要》《高等学校课程思政建设指导纲要》《关于深入推进上海高校课程思政建设的实施意见》精神，上海交通大学外国语学院外语课程思政中心特制订外语课程思政建设工作方案。

一、基本原则

坚持育人导向，落实立德树人的根本任务，寓价值观引导于知识传授和能力培养之中，帮助学生塑造正确的世界观、人生观、价值观；挖掘外语课程内容和教学方式中蕴含的思想政治教育资源，发挥外语课程育人功能；落实外语教师育人职责，引领带动全员、全过程、全方位育人。

二、总体目标

外语课程思政建设以爱党、爱国、爱社会主义、爱人民、爱集体为主线，内容紧紧围绕坚定学生理想信念、政治认同、家国情怀、文化素养、法治意识、道德修养等重点，优化课程思政内容供给，系统进行中国特色社会主义和"中国梦"教育、社会主义核心价值观教育、法治教育、劳动教育、心理健康教育、中华优秀传统文化教育；提高学生"四个自信"和社会责任感，强化专业伦理和科学精神，培养学生积极的人生观、价值观及健全人格；健全师德师风建设、提升外语教师课程思政意识、提升教师在外语课程中进行课程思政的能力，真正发挥外语课程的育人作用。

三、主要内容

——推进习近平新时代中国特色社会主义思想进教材、进课堂、进头脑。坚持不懈用习近平新时代中国特色社会主义思想铸魂育人，引导学生了解世情国情党情民情，增强对党的创新理论的政治认同、思想认同、情感认同，坚定中国特色社会主义道路自信、理论自信、制度自信、文化自信。

——培育和践行社会主义核心价值观。教育引导学生把国家、社会、公民的价值要求融为一体，提高个人的爱国、敬业、诚信、友善修养，自觉把小我融入大我，不断追求国家的富强、民主、文明、和谐和社会的自由、平等、公正、法治，将社会主义核心价值观内化为精神追求、外化为自觉行动。

——加强中华优秀传统文化教育。大力弘扬以爱国主义为核心的民族精神和以改革创新为核心的时代精神，教育引导学生深刻理解中华优秀传统文化中讲仁爱、重民本、守诚信、崇正义、尚和合、求大同的思想精华和时代价值，教育引导学生传承中华文脉，富有中国心、饱含中国情、充满中国味。

——深入开展宪法法治教育。教育引导学生学思践悟习近平全面依法治国新理念、新思想、新战略，牢固树立法治观念，坚定走中国特色社会主义法治道路的理想和信念，深化对法治理念、法治原则、重要法律概念的认知，提高运用法治思维和法治方式维护自身权利、参与社会公共事务、化解矛盾纠纷的意识和能力。

——深化职业理想和职业道德教育。教育引导学生深刻理解并自觉实践各行业的职业精神和职业规范，增强职业责任感，培养遵纪守法、爱岗敬业、无私奉献、诚实守信、公道办事、开拓创新的职业品格和行为习惯。

四、教学体系

大学英语和研究生公共英语课程作为公共基础课程，要能够发挥量大面广课程的优势，融入大学生思想道德修养、人文素质、科学精神、宪法法治意识、国家安全意识、认知能力、探索能力和辩证性思维能力的培养，注重在潜移默化中坚定学生理想信念、厚植爱国主义情怀、加强品德修养、增长知识见识、培养奋斗精神，提升学生综合素质。

英语、日语、德语、法语等专业课程要根据语言专业类课程的特色和优势，融语言技能、文学知识和精神素养为一体，深度挖掘提炼语言和文学知识体系中所蕴含的思想价值和精神内涵，科学合理拓展语言类课程的广度、深度和温度，从课程所涉专业、行业、国家、国际、文化、历史等角度，增加课程的知识性、人文性，提升引领性、时代性和开放性。

五、课程建设

将课程思政自然融入外语课堂教学建设中，作为课程设置、教学大纲核准和教案评价的重要内容，落实到课程目标设计、教学大纲修订、教材编审选用、补充材料设计、教案课件编写各方面，贯穿于课堂授课、教学研讨、作业论文各环节。

（一）基于学校办学定位和人才培养目标，围绕课程思政建设内容，修订每一门课程的教学目标，包含知识目标、能力目标和育人目标。

（二）把牢外语教材的意识形态和价值观取向，强化源头管理，建立完善外语教材规划编写选用和审核机制。加大体现课程思政内容的外语教材建设力度，鼓励优秀教师参加编写优秀教材。

（三）创新课堂教学模式，推进现代信息技术在外语课程思政教学中的应用，激发学生学习兴趣，引导学生深入思考。规范网络课堂的建设与管理，推动线上课程实现课程思政全覆盖。

（四）注重发挥教学方式中蕴含的育人资源，因地制宜选择课堂教学方式方法，注重言传与身教相统一，做到有教无类、因材施教、教亦多术。

（五）协调思政和专业课程、关注重大现实问题分析、增加文化含量，加强同马克思主义学院、法学院、国务学院等学科交叉融合，多视角、各学院、跨领域协同合作。

（六）健全高校课堂教学管理体系，改进课堂教学过程管理，提高课程思政内涵融入外语课堂教学的水平。

（七）形成校本特色，注重宣传引导，课程思政教学改革的经验可复制、可推广、可借鉴，形成一定影响力。

六、教师发展

推动外语教师进一步强化育人意识，找准育人角度，提升育人能力，确保外语课程思政建设落地落实、见功见效。

（一）注重教师队伍的思想品德建设，加强学习和认识，提高教师的言传身教能力。

（二）发挥外语教师的主体作用，切实提高每一位教师参与课程思政建设的积极性和主动性。

（三）发挥课程思政的中心作用，及时总结经验，形成可复制推广的经验做法，以"点"带"面"，积极探索，全面推进学院课程思政建设。

（四）加强外语教师课程思政能力建设，建立健全优质资源共享机制，搭建课程思政建设交流平台，开展典型经验交流、现场教学观摩、教师教学培训等活动。

（五）发挥教研室、教学团队、课程组等基层教学组织作用，建立课程思政集体教研制度。充分利用现代信息技术手段，促进优质资源在高校间共享共用。

（六）加强外语课程思政建设重点、难点、前瞻性问题的研究，在外语教学研究项目中积极支持课程思政类研究选题。

（七）充分发挥外语课程思政中心教学研究团队的作用，构建多层次外语课程思政建设研究体系。

七、评价体系和激励机制

建立健全多维度的课程思政建设成效考核评价体系和监督检查机制，形成有效的激励机制，在各类考核评估评价工作和深化高校教育教学改革中落细落实。

（一）把教师参与课程思政建设情况和教学效果作为教师考核评价、岗位聘用、评优奖励、选拔培训的重要内容。

（二）在教学成果奖、教材奖等各类成果的表彰奖励工作中，突出课程思政要求，加大对课程思政建设优秀成果的支持力度。

（三）加强课程思政教学过程管理，开展经常化、制度化、规范化的质量评估，制定课程思政效果评价标准，将课程思政开展状况作为教学督导和教学绩效考核的重要内容。

上海交通大学外国语学院
外语课程思政中心
2020 年 11 月

上海交通大学外国语学院本科课程思政示范学院建设工作方案

为深入学习贯彻习近平总书记关于教育的重要论述，贯彻落实全国高校思想政治工作会议精神和全国教育大会精神，落实国家教材委《习近平新时代中国特色社会主义思想进课程教材指南》、教育部《高等学校课程思政建设指导纲要》《关于深入推进高校课程思政建设的通知》和上海市《关于深入推进上海高校课程思政建设的实施意见》等文件精神，全面深入推进学校课程思政高质量建设，把思想政治教育贯穿人才培养体系，特制订上海交通大学外国语学院本科课程思政示范学院建设工作方案。

总　　则

第一条　以习近平新时代中国特色社会主义思想为指导，全面贯彻党的教育方针，聚焦立德树人根本任务，紧紧抓住教师队伍"主力军"、课程建设"主战场"、课堂教学"主渠道"，推进习近平新时代中国特色社会主义思想进教材、进课堂、进头脑，深入挖掘各类课程的思政教育资源，发挥所有课程环节的育人功能，把思想政治工作贯穿教育教学全过程，落实所有教师的教书育人职责，使课程思政"如盐化水""润物无声"，让所有教师"挑起思政担"、让所有课程"种好责任田"，努力培养担当民族复兴大任的时代新人、培养德智体美劳全面发展的社会主义建设者和接班人。

第二条　坚持立德树人的根本任务，将课程思政覆盖到所有专业各类课程，贯穿于专业建设、课程建设、课堂授课、教学评价所有环节全部过程，建成一批示范性强的高质量课程思政本科示范学院、示范专业、示范课程，培育一支教学能力强、教学效果好的高水平课程思政优秀教师队伍。

主要建设内容

1. 将课程思政建设工作列入学院年度工作要点，每年至少召开1次党政联席会专门研究学院课程思政建设，会议决议及时落实。

2. 出台指导全院课程思政建设方案等规范性文件，统筹推进全院课程思政建设，构建课程思政工作机制。

3. 积极探索专业课程思政建设的内容、途径、方法及有效载体，推动形成专业课程思政建设的有效举措。

4. 基于学校办学定位和人才培养目标，结合《上海交通大学本科人才培养方案修订指导性意见》和《上海交通大学专业课程思政目标对应表（试行）》，组织英、日、德、法、俄各个语种和大学英语一、二、三、四、五各级别课程全面修订人才培养方案，将课程思政目标有机融入外语专业人才和大学英语培养目标中。

5. 根据教育部《高等学校课程思政建设指导纲要》、上海市《关于深入推进上海高校课程思政建设的实施意见》、学校《上海交通大学专业课程思政目标对应表（试行）》等文件精神，结合英、日、德、法、俄和大学英语课程的特点，系统梳理课程思政融入点，组织修订英、日、德、法、俄和大学英语课程教学大纲。

6. 根据外语学科专业特点，依托教研室、教学团队或其他形式的基层教学组织，建立课程思政教研制度，帮助一线教师全面准确理解课程思政内涵和要求，开展科学合理的课程思政教学设计，将课程思政落实到课程目标设计、教材选用、教案课件编写各方面，贯穿于课堂授课、教学研讨、实验实训、作业论文各环节，充分体现价值塑造、知识传授和能力培养的有机融合。

7. 探索建立外语专业课教师或大学英语教师与思政课教师合作教研机制，至少聘请一位马院思政课教师整体指导学院课程思政建设，参与专业人才培养方案修订、课程教研活动等。

8. 积极研究推动习近平新时代中国特色社会主义思想进教材、进课堂、进头脑，严格落实教育部马克思主义理论研究和建设工程重点教材统一使用规定。积极鼓励教师编写有学科特色、以育人为导向的各语种教材，教材建设成果显著。

9. 建立院级课程思政示范课程认定机制，面向所有语种和所有类型课程开展课程思政示范课程建设。充分挖掘课程思政建设先进典型，选树一批课程思政优秀教师和优秀课程团队，建立完善学科专业课程思政教学资源库，汇编课程思政优秀教学案例，拍摄一批课程思政说课视频和微课视频，至少获得 10 门校级及以上课程思政示范课程。

10. 将课程思政建设内容和要求纳入教师岗前培训、在岗培训和师德师风、教学能力等专题培训中，不断提高学院教师开展课程思政教学改革的能力。

11. 依托基层教学组织、虚拟教研室等平台，每学期举办 1~2 期课程思政交流讨论沙龙、示范课程分享会，构建线上线下课程思政师资培训体系，每年组织面向全国、全市、跨区域的学科专业领域课程思政研讨会和论坛活动，加强外语课程思政建设经验的宣传、交流和推广。

12. 积极申报省部级及以上课程思政相关研究和教改项目，发表课程思政相关的学术论文、出版课程思政教材图书，形成一批示范性强、可推广的课程思政建设研究与实践成果。

13. 强化课程思政在课程建设、课程组织实施、课程质量评价体系中的作用，把教师参与课程思政改革情况和课程思政效果作为教师考核评价的重要内容，把课程思政列为学院领导干部和教学督导听课评课的重要评价指标。

14. 积极总结经验，凝练课程思政建设成果，在教书育人、教学竞赛、教学成果等方面获得荣誉或奖励。

15. 切实落实主体责任，加强课程思政建设政策、经费、人员等方面的支持保障，建立有效的考核评价和激励机制，把课程思政建设成效纳入系、专业、教师的绩效考评内容。

上海交通大学外国语学院
外语课程思政中心
2023 年 5 月

目 录
CONTENTS

第一部分　教学研究 ………………………………………………………………… 1

国家安全视域下外语教材建设的内涵与路径 ……………… 徐锦芬　刘文波　3

"大学英语"课程思政之理据探析 ……………………… 贾爱武　李　玲　韩　颖　12

大学英语推进"课程思政"现状和问题研究
　　——以若干985高校为例 ………………………………… 张雪珍　李　鑫　21

学术英语写作课程中的诚信教育方法探究 ………………………………… 张　荔　33

基于产出导向法的主题式演讲教学设计融入课程思政实践探索
　　——以高级大学英语综合课为例 ……………………… 何　琼　张　荔　45

课程思政视域下英语专业口译课程的目标框架与实践路径 ……… 王　譞　59

在翻译专业课程开展爱国主义教育的"三位一体"方志敏精神育人模式……
　　…………………………………………………………………………… 巢　鹏　69

初中英语教学中的德育渗透路径及教学设计 …………… 厉佳宜　胡萍萍　78

基于学生需求的课程思政建设探索与实践
　　——以法语课程群建设为例 …………………………… 曹　慧　杜　燕　86

基于一致性建构原则的法语二外课程思政探索与研究 ………… 杜　燕　101

思政视域下德语阅读课程的教学设计与应用实践探索 ………… 仇宽永　112

高校外语课程思政实践探索
　　——以"基础德语"为例 …………………………………………… 范黎坤　124

融入课程思政的跨文化交际能力培养探究
　　——以"日语视听说"课程为例 …………………………………… 王　琳　137

第二部分　教学案例 ……………………………………………………………… **149**

案例一：多元文化 ………………………………………………………… 方　青　151

案例二：文化自信 ………………………………… 江　妍　157

案例三：文化认同 ………………………………… 吴　颉　160

案例四：环保意识 ………………………………… 顾　凯　165

案例五：生态文明 ………………………………… 何　琼　168

案例六：责任使命 ………………………………… 覃黎洋　173

案例七：科技发展 ………………………………… 韦瑶瑜　177

案例八：道德法治 ………………………………… 张雪珍　182

案例九：教育公平 ………………………………… 张　菁　189

案例十：批判性思维 ……………………………… 潘之欣　193

案例十一：社会服务 ……………………………… 张　荔　199

案例十二：爱国荣校 ……………………………… 魏先军　205

案例十三：积极乐观 ……………………………… 林　苡　209

案例十四：不畏失败 ……………………………… 杜　娟　220

案例十五：刻苦务实 ……………………………… 卢小军　225

案例十六：严谨治学 ……………………………… 杨翕然　229

案例十七：孝顺 …………………………………… 周岸勤　233

案例十八：谦逊 …………………………………… 金　霞　237

案例十九：感恩 …………………………………… 王春艳　243

案例二十：诚信 …………………………………… 桑　园　247

案例二十一：友善 ………………………………… 王　霏　254

第一部分 01
教学研究

国家安全视域下外语教材建设的内涵与路径

徐锦芬[1]　刘文波[2]

1. 华中科技大学，武汉，430074
2. 华中师范大学，武汉，430079

摘　要：本文立足于国家安全视域下外语教材建设的内涵，聚焦外语教材建设的具体路径，围绕目标设定、教材选材、活动设计三大环节探讨外语教材建设如何完成服务于国家安全的重要使命：第一，如何设定多元教学目标，将语言、知识、技能、思辨与德育融为一体；第二，如何结合民族性和世界性进行外语教材选材；第三，如何结合学科特色和学生特点设计教学活动，以实现教学目标和教材使命。本文最后提出了国家安全视域下外语教材建设的未来方向，为相关学术研究及实践性探索提供启示。

关键词：国家安全，外语教材，目标设定，教材选材，活动设计

1. 引言

语言是人类思维和交际的工具，小到个人日常生活，大到国家政治经济事务，语言都发挥着社会交际、信息传递的重要功能；语言同时也是文化的重要组成部分和载体，具有很强的人文性，在构建身份认同、价值观念和情感纽带方面起着重要作用。语言与国家政治、经济、军事、文化、科技、安全密切关联，对国家安全产生基础性、潜在性和长远性的影响（黄德宽，2014），语言也是全球治理的安全保障、重要领域和安全战略资源（沈骑，2020）。

早在2013年习近平总书记就指出："提高国家文化软实力，要努力提高国际话语权。要加强国际传播能力建设，精心构建对外话语体系，发挥好新兴媒体作用，增强对外话语的创造力、感召力、公信力，讲好中国故事，传播好中国声音，阐释好中国特色。"而外语能力是提高国际话语权和构建对外话语体系的重要因素，因此外语教育蕴含的"安全意义"不容忽视，其中外语教材发挥的作用尤其值得关注，因为教材是教学的基本要素、教学内容的主要载体、教学活动的重要依据和实现教学目标的基本保证，外语教材的建设对于外语课程

教学、人才培养、学科建设乃至国家文化安全的维护起着重要作用。据此，本文将分析国家安全视域下外语教材建设的内涵，聚焦外语教材建设的具体路径。围绕目标设定、教材选材、活动设计三大环节探讨外语教材建设如何完成服务于国家安全的重要使命。

2. 国家安全视域下外语教材建设的内涵

教育部教材局指出，"十三五"期间，教材建设在党和国家事业全局中的地位凸显。习近平总书记也在一系列重要指示中强调要从维护国家意识形态安全的高度来抓好教材建设。2021年5月，教育部高等教育司吴岩司长也在发言中强调，教材是人才培养的主要剧本，体现着一个国家、一个民族的价值观体系，直接关系党的教育方针的贯彻落实。外语教材建设服务于特定的社会文化、政治、历史背景，与意识形态紧密关联，对于服务国家发展需求、维护国家安全有着重要意义。

一方面，从国家发展角度而言，为满足不断变化的国家、社会、个体的发展需求，我国从基础教育到高等教育阶段的外语教育政策与规划在不断调整与完善，外语教材编写思路和理念也在不断创新和发展。自改革开放以来，我国的外语教材在编写理念上中外结合、不断更新，教学材料的安排从以语法为纲转为注重结构、功能和主题的融合，教材培养重点从关注语言基础和技能发展到强调综合能力和思维，基本契合社会和个体的发展需求和相应时期的国家英语教学政策规划。

另一方面，在国家安全视域下，外语教材建设的一大要义是服务于国家的语言安全规划。Adamson（2004）强调外语教材传递的知识既包括语言知识本身，也包括历史文化、人文知识、意识形态和道德价值等非语言知识。外语教材本身承载着价值观和意识形态（Weninger & Kiss, 2013；Curdt-Christiansen & Weninger, 2015；Feng, 2019）。也就是说，较之其他学科教材，语言在外语教材中既是不可或缺的学习内容与目标，也是传递新知识、新观念的重要载体和渠道。从国家安全的角度出发，外语教材承担着三重使命：第一，维护语言和文化安全。语言主体的安全是国家文化安全的一大重要内涵，实现文化安全的一大要务是建立和谐的语言关系，维护语言主体安全，形成多语共存的格局。第二，引导外语学习者进行身份构建、价值塑造。第三，服务于国家战略需求，满足特定时代需要，为国家培养既精通外语又具有民族精神和国家文化安全意识的高端人才，以提升国家外语能力，服务于国家安全事务。外语教材的这三重使命对教材建设中的目标设定、教材选材和活动设计产生影响。

3. 国家安全视域下外语教材建设的路径

考虑到外语教材服务于国家安全的三重使命，教材在目标设定上应当多元化，在选材上应兼具民族性和世界性，在活动设计上应考虑学科特色和学生特点，以培养具备国家安全意识和综合素养的外语人才。

3.1 外语教材目标设定

基于外语教材的本质属性和多重使命，应当科学系统地设定多元目标。教材作为一种社会文化素材，是经历一系列复杂挑选过程后形成的产物，反映了政治决策、教育理念、文化面貌和语言政策，教材通常致力于塑造学习者的国家、文化和政治身份认同（Curdt-Christiansen & Weninger，2015），这就意味着除了语言、知识和技能类目标，外语教材的建设还应当关注学生的内在成长与发展，重视情感、文化和价值观维度，形成清晰的德育目标。此外，仅仅通过教材向学生传递文化知识还不够，需要培养学生的思辨能力，促使他们积极反思，才能形成对文化、自身和他者一种批判性的认识（Weninger & Kiss，2013；Thongrin，2018）。也就是说，思辨能力既是外语教学的目的，更是促成有效育人的桥梁，应当是外语教材建设的另一重要目标。

为促成多元目标的有效实现，在设定目标时需要关注针对性和协调性。针对性是指教材目标不仅要涵盖语言、知识、技能、思辨、德育等多个维度，而且要具体、清晰、有针对性地体现在教材编写的宏观目标和每个单元的微观目标之中，使得学生的外语学习和使用符合语言规范、语言道德和语言安全的标准。具体而言，知识目标应界定学生需要掌握的主题内容和专业知识等，语言目标应明确学生应掌握的语言点，技能目标需要明确将考查何种语言技能及语言综合应用能力，思辨目标则要评估学生理解、分析、判断甚至批判素材中的文化情境和价值取向的能力，德育目标应当界定学生需要理解何种文化概念、价值观念，培养何种情感态度。与语言、知识和技能类目标相比，思辨和德育层面的目标从界定到表述可能更具挑战性，需要对宏观目标进行科学拆解，并且建立相应的元话语体系予以支撑。例如，笔者主编的《新目标大学英语视听说教程（第二版）》（以下简称《新目标》）中将批判思维技能进行系统梳理，具体界定并落实到每个单元之中（表1）。同样，德育目标也要循序渐进地体现学生从认识、理解、赋予价值到形成自身价值体系的过程（徐锦芬，2021）。

表1 《新目标大学英语视听说教程(第二版)》涵盖的批判思维技能

第一、二册批判思维技巧	第三、四册批判思维技巧
1. Assessing the validity and strength of an argument	1. Defining key terms
2. Identifying the links between ideas	2. Putting the given information into your own words
3. Identifying different arguments	3. Translating the given information into visual form
4. Asking thoughtful questions	4. Generating innovative strategies
5. Solving a problem	5. Identifying recurrent themes
6. Drawing implications	6. Viewing an issue from multiple perspectives
7. Reasoning for an argument	7. Making a case against an argument
8. Recognizing weaknesses in an argument	8. Interpreting the given information through examples

同时,各类目标应该协调统一、互为支撑促成目标的共同实现。这种协调性主要体现在难度层次上,同一册甚至同一单元不同类型的目标都应符合相应学生的认知水平,符合层层递进的认知规律,语言、知识和技能目标为德育和思辨目标提供支撑,而德育和思辨目标则为前三类目标提供引导并创造实践情境。例如,在语言知识和技能尚聚焦于初中级目标的情况下,思辨目标可以围绕认识和理解这一认知层次来设定;同样,德育目标可以要求学生认识和理解素材和活动背后呈现的文化和价值观。随着语言能力的提升,教材可以进一步要求学生开展应用和创造性思辨活动,并将良好的价值理念内化为自身的价值体系。

设定了针对性强、相互协调的多元目标之后,还要采取合理可行的方法来评估目标是否达成。考虑到时代发展,学习者学习情境和需求不断变化,目标的实现将是一个动态发展的过程,需要教师密切关注学习者反馈(徐锦芬,2021),尤其是思辨和德育目标的实现很难一蹴而就,需要长期历时性学习者数据的支撑,包括学生完成各类教材任务时的口语、书面输出数据,学生的教学反馈和学习日志,教师对学生的观察和访谈,等等。因此我们提倡人机结合、定性定量方法相结合来获取学习者数据,以全面科学地评估教材建设的效果。

3.2 外语教材选材

《大学英语教学指南》(2020:39-40)指出,"在教材建设上要自觉坚定文化自信,坚持中华文化的主体性,坚守中国文化的话语权……在教材内容的选择上应自觉融入社会主义核心价值观和中华优秀传统文化,引导学生树立正确的世界观、人生观和价值观;应立足中国,面向世界……借鉴人类文明优秀成果，为培养具有前瞻思维、国际眼光的人才提供有力支撑"。为了引导学生进行价值塑造，培养他们的国家文化安全意识，同时倡导学生维护和谐的语言关系和世界文化多样性，外语教材在选材上应兼具民族性和世界性。

选材的民族性是指所选素材应体现中华优秀传统文化和民族特色，内容切合中国学生所处的真实社会文化情境。我国目前的外语教材按照开发模式总体可分为四类：引进原版国外教材、引进国外教材进行本土化改编、国内外团队合编教材、国内团队编写本土教材。无论哪一种模式，国内团队都应充分利用自身与学习者相同的社会文化背景，在素材挑选、审核、改编或者撰写过程中融入民族特色元素，与学习者建立强烈的情感和文化连接，培养他们的文化自信和文化安全意识。与全球普适性外语教材相比，本土团队和本土化教材凭借与学习者相通的文化背景，更能促成学习者的文化反思（Weninger & Kiss, 2013）。

选材的世界性首先是指在主题上要融入人类的共同价值观，诸如宽容、友好、勤奋、责任感等具有普遍意义的品格应当在外语教材的素材中得以彰显。同时，选材应跳出目标语文化视角的局限来呈现多样的世界面貌。Kachru 和 Nelson（1996）曾根据历史、社会语言和文化特征将全世界分为英语内圈（the inner circle）、外圈（the outer circle）和延伸圈（the expanding circle）。其中内圈指将英语作为第一语言的国家和地区，外圈包括将英语作为第二语言的国家和地区，而延伸圈则指将英语作为外语的国家和地区。目前，英国、美国等英语内圈代表性国家仍是许多外语教材选材的聚焦点和文化介绍的主流，英语外圈和延伸圈国家的价值与文化尚未得到充分呈现。这显然不符合英语作为世界语的趋势，素材呈现的局限性也不利于我国培养具备国际视野的外语人才。

除了体现世界性和民族性，同一系列的外语教材各类选材之间还需要相互关联，形成系统科学的体系。在选材过程中应注意以下三个方面：第一，教材素材既要涵盖服饰、饮食等表层文化，更要向学生介绍思想观念、价值取向等深层文化，引导学生由表及里，批判性地理解与分析各种现象及内涵。例如，《新目标》的话题和素材既包括游戏、体育等表层文化现象，也探讨职场道德、慈善文化、中华美德等深层文化。第二，按照科学框架组织教材选材，使素材具有系统性。教材编写团队需要对教材预期呈现的文化和价值观进行梳理，既可以自上而下，参照专业教学指南或者纲要提出的要点确定具体的主题以优化内容供给。例如，《高等学校课程思政建设指导纲要》提出了"政治认同、家国情怀、文化素养、宪法法治意识、道德修养"等育人重点，《新目标》基于这些育人重点进一步确定了相应的主题，即 The Individual and Society、A Charitable

Heart、To Be or Not To Be、News：Glorified Gossip？和 Values We Hold Dear，这样将抽象概念具体化的选材方式是国家政策得以落实的关键。团队也可以自下而上基于广泛调研，相关研究以及知识、经验积累来确定选材框架。例如，如果教材希望倡导"和谐"的价值理念，就可以从人的身心、人与人、人与环境以及人与社会之间的和谐等各个层面予以呈现，将"和谐"的理念体系化地融入教材编写。总之，将各类素材通过统一的框架进行串联，可以使其具有系统性、一致性和连贯性。第三，教材选材需要将抽象的价值观念情境化和具体化。例如，为引导学生培养文化自信、欣赏多元文化、增强语言和文化安全意识，可以从外语学科特色出发，选材时关注世界各种语言分布和发展现状，关注语言保护政策，让学生在具体的话题和情境中切身感受到语言的意义与价值（徐锦芬，2021）。意识层面的内容相对抽象，而且教材使用者在解读素材时往往会受自身经历、知识积累和社会文化背景的影响，生动具体、情境丰富的素材能够在教材使用者的具身体验与抽象的价值理念之间搭建起桥梁，有助于他们对教材素材的深入理解。

3.3 外语教材活动设计

多元教材目标的设定为教材建设确定方向，科学有效的素材选择为目标的实现奠定基础，而教材活动设计则决定了编写团队以上两个步骤的努力能否有效达成预期效果。

国家安全视域下外语教材建设的一个重要理念是发挥外语学科专业特长设计教学活动。首先，可以结合学科和课程特色设计相应的活动。例如，翻译类教材可围绕译作、译家、译史等开展研讨，引导学生审视翻译活动中涉及的历史文化、意识形态、伦理道德等问题，分析口译、笔译在捍卫国家话语权、促进国际交流层面所发挥的重要作用。文学类教材除了结合经典作品的创作背景、人物塑造、写作手法等分析作品的时代意义，使学生在情感和价值观上受到熏陶外（徐锦芬，2021），也可从中充分挖掘"中国元素"，比如，通过"中国哲学思想在美国文学中的体现"和"中国经典作家与美国经典作家比较"等话题的探讨，启发学生运用中国文化思想和伦理价值观审视异文化中涉及的人类普遍关注的问题（杨金才 2020）。其次，编写团队可结合研究专长，在教材中为学生提供系统的研究分析方法和框架，指导学生深入分析和挖掘课堂内外、线上线下接触的各类语篇的内涵。例如，黄国文（2020）指出，除了有益性话语和中性话语，还有些语篇是破坏性话语，含有危害国家安全、扰乱社会秩序的内容，有的语篇价值取向甚至比较隐蔽，不易判断。如果外语教材能指导学生对语篇进行符号学分析或者话语分析等，将有利于提升他们的语言和文化安全素养。

教材活动设计的另一大重要理念是把握学习者特点，以学习者为中心。其中有两个方面值得注意：一是与教材选材的标准类似，教学活动的情境和内容也应当贴近学习者社会文化背景和生活情境，以激发他们的学习动机和探究欲望，增强学习者认知、情感和行为投入。已有研究表明，对于熟悉的话题，学习者在行为和认知上更加投入，情感反应也更为积极（Qiu & Lo, 2017）。因此教材活动形式可以多样，活动难度可以有区别，但活动的情境要让学习者有代入感。二是应注重通过教材活动提升学习者的思辨素养。在国家安全视域下，为提升国家话语能力，参与国际事务讨论的人才需要具备就专门的国际热点问题进行思维、辩论、阅读和写作的能力（盛静，2017）。为培养相应的人才，外语教材需要设计针对性的活动增强学生在信息化、全球化时代批判性解读各类信息的能力。首先可以通过教材中的教学指令、图片、音频、视频等引起学生对文化、情感和价值观信息的注意。然后用具体的批判思维技能进行分析，从语言、技能和思维上为学生搭建桥梁，引导学生理解素材和关键知识点。接下来应结合教材素材考查学生对该批判思维技巧的运用。最后应激发学生的批判性反思。例如，基于素材的讨论、辩论、调研、汇报等活动，不仅考查学生对素材事实性信息的理解和推断，还促使学生发展分析、整合、应用等高阶思考能力。由此形成一个"注意—理解—应用—反思"的动态流程，以鼓励学生积极思考而非被动地接收信息。

4. 结语

本文从国家安全视域下解读外语教材建设的内涵，提出外语教材服务于国家安全的三重使命，并围绕其内涵和使命从目标设定、教材选材和活动设计三方面探讨了外语教材建设路径。为了实现全方位、立体化的外语教材建设，未来还有几个方面亟待进一步研究和实践探索。

首先，需要培养高水平、专业化的外语教材开发队伍。不仅要提升教材建设团队的编写、审核、研究素养，更要加强团队成员本身的语言安全意识，为开发、出版有利于国家安全的外语教材打下坚实根基。同时要关注通过外语教材开发提升团队成员的专业发展，助力教师的专业和职业发展，促成教材编、审、用、研的良性循环。

其次，丰富教材形式载体，解决外语教材开发中的矛盾。我们期待外语教材更多更好地呈现英语外圈及延伸圈国家和地区的文化和价值理念，但不可否认内圈国家和地区英语变体依然是教材市场主流，而语言变体本身带有价值取向，与身份认同密切相关（Johnston，2003），对主流英语变体的推崇与多样文化及价值呈现的需求形成一种矛盾，是我国本土外语教材建设团队需要解决的难题。充分发挥信息时代文字、图像、音视频等资源的多重功能，形成多模态的形式载体是一种值得探索的解决途径。数字素材更新速度快、拓展性强，可以对纸质教材形成补充，两种媒介相互融合，两种素材相互呼应、支撑，可以使得文化的呈现更加立体和丰富，更加具有时代感。

此外，现有教材评估体系需要进一步完善，将是否有效融入语言和文化安全元素纳入教材评估标准之中。已有的教材评估方式主要是按照特定标准进行对照评估，从需求视角将教材作为客观对象进行分析，对教材引言、理念、设计、编排和配套素材等提出对照标准（Hutchinson & Waters，1987；Ur，1998；Cunningsworth，2002）。总体而言，外语教材评估领域对教材所蕴含的意识形态和价值属性关注度有待提高，对语言和文化安全层面的分析需要进一步深入，教材使用者也亟待提升教材评估素养。

最后，教材评估体系需要从使用者视角研究和评估外语教材的建设效果。从教师角度，值得关注的领域包括教师如何解读教材中的文化和价值观信息，如何借助教材开展教学以引导学生坚持中华文化的主体性，坚守中国话语权。从学习者视角来看，他们如何吸纳、解读与评价教材的文化和价值观信息，形成了怎样的语言和文化观，是否增强了文化主体意识和国家安全意识，这些问题都有待学界和教材建设团队来共同探讨，通过实证研究全面切实地评估教材建设成效。

参考文献

［1］黄德宽. 国家安全视域下的语言文字工作［J］. 语言科学，2014，13（1）：10-14.

［2］黄国文. 思政视角下的英语教材分析［J］. 中国外语，2020，17（5）：21-29.

［3］杨金才. 外语教育"课程思政"之我见［J］. 外语教学理论与实践，2020（4）：48-51.

［4］沈骑. 语言在全球治理中的安全价值［J］. 当代外语研究，2020（2）：7-13.

［5］盛静. 国家安全视域下的语言科技：应用与展望［J］. 语言政策与规划研究，2017（2）：85-92，120.

［6］徐锦芬. 高校英语课程教学素材的思政内容建设研究［J］. 外语界，2021（2）：18-24.

［7］教育部高等学校大学外语教学指导委员会. 大学英语教学指南［S］. 北京：高等教育出版社，2020.

[8] FENG W D. Infusing moral education into English language teaching: an ontogeneti-c analysis of social values in EFL textbooks in Hong Kong [J]. Discourse: Studies in the Cultural Politics of Education, 2019, 40 (4).

[9] WENINGER C, KISS T. Culture in English as a Foreign Language (EFL) textbooks: a semiotic approach [J]. TESOL Quarterly, 2013, 47 (4).

[10] QIU X Y, LO Y Y. Content familiarity, task repetition and Chinese English learners' engagement in L2 use [J]. Language Teaching Research, 2017, 21 (6).

[11] ADAMSON B. China's English: A History of English in Chinese Education [M]. Hong Kong: Hong Kong University Press, 2004.

[12] HUTCHINSON T, WATERS A. English for Specific Purpose: A Learning-centred Approach [M]. Cambridge: Cambridge University Press, 1987.

[13] JOHNSTON B. Values in English Language Teaching [M]. Mahwah: Lawrence Erlbaum Associates, 2003.

[14] MCKAY S L, HORNBCRGER N H. Sociolinguistics in Language Teaching [C]. Cambridge: Cambridge University Press, 2003.

[15] CUNNINGSWORTH A. Choosing Your Coursebook [M]. Shanghai: Shanghai Foreign Education Press, 2002.

[16] WIDODO H P, PERFETO M R, CANH L V, et al. Situating Moral and Cultural Values in ELT Materials: The Southeast Asian Context [M]. Cham: Springer, 2018.

[17] UR P. A Course in Language Teaching: Practice and Theory [M]. Cambridge: Cambridge University Press, 1998.

[18] CURDT-CHRISTIANSEN X L, WENINGER C. Language Ideology and Education: The Politics of Textbooks in Education [M]. London: Routledge, 2015.

作者简介：徐锦芬，华中科技大学外国语学院，教授，博士生导师。研究方向：外语教育、二语习得、教师发展。

刘文波，华中师范大学外国语学院，讲师。研究方向：外语教育、教师发展。

资助基金：上海外国语大学外语教材研究院外语教材研究项目。

"大学英语"课程思政之理据探析

贾爱武 李 玲 韩 颖

浙江工商大学，杭州，310018

摘 要：课程思政既是一种理念也是实践。本文认为高校外语教育应主动服务国家发展战略，外语课程思政要把倡导和践行社会主义核心价值观融入外语课程全过程，拓宽外语学科教育领域，以有效传播中华文化，增强国家语言软实力为目标。本文从国家政策新话语、教育伦理新境界、课程思政新场域、外语学科新担当、校本实践新路径等五个维度，探讨"大学英语"实施课程思政之理据。

关键词：大学英语，课程思政，理据

1. 引言

2016年，习近平总书记在全国高校思想政治工作会议上强调，要用好课堂教学这个主渠道，使各类课程与思想政治理论课同向同行，形成协同效应。2018年全国教育大会开启了中国教育新时代。2020年5月28日，教育部印发的《高等学校课程思政建设指导纲要》指出，课程思政建设是全面提高人才培养质量的重要任务，明确了课程思政建设目标要求和内容重点，要求将课程思政融入课堂教学建设全过程。

每门课都有育人功能，每位教师都有育人职责与义务，应成为新时代高等教育事业的基本遵循。新时代浸润新思想。新时代背景下"大学英语"课程思政也蕴含着新理念和新认知，以下将从国家政策、教育伦理、课程场域和外语学科四个层面，分析"大学英语"课程开展思政教育教学之理据。同时，校本经验层面也为"大学英语"课程思政提供了实践之理据。

2. "大学英语"课程思政之理据探析

2.1 国家政策新话语

2021年3月，第五届全国高等学校外语教育改革与发展高端论坛上，教育

部高等教育司吴岩司长作题为"抓好教学'新基建'培养高质量外语人才"的主旨发言指出，发展外语教育是全球共识，国家发展也凸显着外语教育的工具性价值、人文性价值和国际性价值（吴岩，2021）。作为新文科建设的重要组成部分，高等外语教育应主动服务国家对外开放战略和"一带一路"建设需求，超前识变、积极应变、主动求变，立足新阶段、把握新要求、做出新贡献。外语课程思政中，要进行勘探、采掘、冶炼和加工，探准各门课程中真善美思政教育资源，深度挖掘生动有效的育人元素，与专业基本原理前沿知识有机融合，把课堂变成思政与专业无缝衔接的金课。

教育部高等学校外国语言文学类专业教学指导委员会原主任钟美荪（2019）提出，坚持立德树人，培养外语人才，外语类专业应切实做好课程思政工作；现教指委主任孙有中（2019）指出，外语类专业应着力加强课程思政和课程德育两方面的课程改革，把立德树人贯穿人才培养的全过程。在外语课程中进行课程思政具有得天独厚的优势。当外语教学从跨文化视角展开，外语学习便成为培养学生人文素养、价值取向、国际视野、文化自信乃至人类命运共同体意识的课程思政过程。高校大学外语教学指导委员会主任何莲珍（2019）指出，在全球化进程中，国家外语能力建设日显重要。大学外语教育作为高校通识教育的一个重要组成部分，对学生发展具有现实作用和长远影响。文秋芳（2020）指出，实际外语课程教学中的思政元素适合作为隐性目标，有机融入教学内容。

2.2 教育伦理新境界

在实践中，各国教育活动无不体现某种价值取向（Education is never value-free），即与价值观相统一的道德目的（Williams & Burden，2000）。针对中国的"思想政治教育"这一专门术语，西方类似研究主要包括道德教育、品格教育、公民教育和价值观教育等领域。当代道德教育研究大多是对 Kohlberg 的"道德认知发展理论"的继承与批判（王熙等，2017），偏重学生道德认知能力的培养；品格教育以培育"好人"的品格、能力和习惯为宗旨；公民教育以增强"好公民"参政议政的能力为主旨（卜玉华，2009）；价值观教育的复兴，是21世纪西方学校德育新特点（杨威，2016），其发展趋势是更加强调公共价值观、社会责任感的培育。Lovat 和 Clement《价值观教育与高质量教学：双螺旋结构》（2007）以及 Halstead（2000）都强调价值观教育与课程、教学和实践方法相联系。

同样，在语言教学研究领域，Zahorik（1986）提出，语言教学哲学观分为科学—研究教学观、理论—哲学教学观和艺术—工艺教学观。其中，理论—哲学教学观就包含了"什么在道义上更为正确"这一基于价值的理念。由此，教师首先理解对某系列教学行为起支撑作用的价值和信念,然后去选择与该价值和信念一致的教育手段,并监控教育手段的实施过程,以确保始终奉行该价值和信念。

可见,虽然各国教育活动的内容、形式和标准不尽相同,但其教育目的、功能和性质都有相似之处。无论是学校、教育、课程还是教学内容等领域,都受到当下社会情境和价值判断的制约。中国新时代"立德树人"是全部教育工作的价值基础,要把倡导和践行社会主义核心价值观融入教师教书的全过程,并转化为教师和学生坚定的内在道德信念和一切活动的行为准则(周治华,2019)。这一教育伦理思想揭示了"大学英语"教育教学价值的应然本质。

2.3 课程思政新场域

约翰·L. 蔡尔兹认为,教育是社会现象,必须面对未来。学校的课程不可能毫无偏见,因为它要发挥选择的功能。最终决定学校课程的还是社会价值。课程与思政教育是相辅相成的统一体。涂尔干曾呼吁要在学科教学中、在知识学习的过程中进行道德教育。课程德育是学校道德教育的基本途径。赫尔巴特"教育性教学"(2009)认为,知识和道德具有直接的和内在的联系,强调对学生情感和意志进行陶冶和训练,同时,这一过程必须与知识传授和智慧启发的过程相统一。

当前,课程思政是指高校教师在传授课程知识的基础上引导学生将所学的知识转化为内在德性,转化为自己精神系统的有机构成,转化为自己的一种素质或能力,成为个体认识世界与改造世界的基本能力和方法(邱伟光,2017)。可以说,课程思政是一种教育理念,是寓于课程、载于课程中的思政,是育人和教书的相融相洽,是工具理性和价值理性的有机统一。所以,课程思政的核心是育人,在课程中合理挖掘思政资源是先决条件,教学内容是载体,教师是关键,学生的真实体验和感受是最终目的,而学生接受度和精神成长是衡量课程思政走心入脑的根本标准。所以,关注包含诸多关系的特定场域建设是课程思政成功的客观条件。

英国著名应用语言学家Candlin(1987)曾指出,语言教学领域从来没有像现在这样如此迫切地需要一个教育基础体系来指导教学活动。这一体系就是指将语言学习转化为真正的全人教育活动。社会建构理论认为,教育是以教师、学生、任务为核心圈,以学校氛围、社会环境、政治环境、文化环境等为公共情境的同心圆。所以,语言教育不仅指关于语言教学的理论,更是帮助学生学会学习,掌握持续学习的技能和策略,使学习经历对每个学习者都具有意义和相关性,以促进全人的发展和成长(Williams & Burden,2000)。可见,国际上语言教育与教学领域同样闪烁着教书育人思想的光芒。

2.4 外语学科新担当

《大学英语教学指南》(2020)明确提出,大学英语课程是普通高等学校通识教育的一个重要组成部分,兼有工具性和人文性双重属性。语言既是文化的载体,同时也是文化的组成部分。同时,新的指南进一步强调,"大学英语教学应融入学校课程思政教学体系,使之在高等学校落实立德树人根本任务中发挥重要作用"(教育部高等学校大学外语教学指导委员会,2020:4)。可见,大学英语课程目标,不仅包括提高学生语言技能的工具性层面,更要充分认识和挖掘该课程所蕴含的丰富的人文内涵和思政教育元素,将狭义的思政教育研究范围拓展和延伸到外语学科教育领域,以促进中国高校思想政治教育与学科专业教育的有机统一。这一学科性质为"大学英语"落实课程思政的可行性和有效性提供了学理基础和内容保障。

同时,外语教学的特征也赋予了外语课程思政的责任担当。外语作为教学和研究对象,人们通常认为本族人对其语言的使用和理解才是地道的,外语学习者以操母语者的语言行为为理想参照。因此,课程内容的输入性与外源性特征,容易使大学英语教学在外源信息与内在认知图式之间形成一种张力,常会处于国外思想文化观念与国内教育规范的交叉灰色地带、敏感区域。

再者,由于我国以往外语教学多侧重语言技能的工具性,教学内容国际化,教与学的方法强调输入、模仿和记忆,这样势必造成学生从英语学习伊始就广泛接触英语国家的文化观念和思想意识,易于养成顺应和接纳对方一切的思维习惯和心理定式,缺乏怀疑态度和批判精神。而且,近年来,虽然有关中国故事等英文表述的相关成果逐渐增多,但其规范性和统一性以及对外宣传影响力还有待增强,如何将这些成果内化为大学生外显的英语表达能力,还需要加强落实。于是,这一定程度上导致了我国学生存在缺少对中国文化深入解读及传播的"中国文化失语症",缺乏正确评价英语国家文化和意识形态的视野和能力。由于外语类专业的教学内容大量涉及中外社会制度、价值观、宗教信仰、生活方式等文化层面,因而通过课程教学有效塑造学生体现中国文化的政治思想和道德品质,显得尤为重要和迫切(孙有中,2019)。

当代中国迫切需要培养学生既具有国际视野,又有中国眼光;既能出入各种文化,又坚持中国立场;既能用英语学习国外的先进文化思想,又能用英语将中国的文化传统与当代的中国特色介绍给世界(文秋芳,2012)。吴岩(2019)进一步指出:要坚定"四个自信",特别是文化自信;增强文化软实力,提高国际话语权,提出能够体现中国立场、中国智慧、中国价值的理念、主张和方案；让中国文化走出去，外语教育在其中发挥着重要作用。所以，以有效传播优秀中华文化，增强国家语言软实力为目标，寓中国文化主权意识和文化自信于提升学生英语技能之中，这不仅是开展大学英语课程思政的外在紧迫任务，更是大学英语课程本身的内在诉求。

2.5 校本实践新路径

校本实践是践行"大学英语"课程思政最有力的理据之一。2017年11月，浙江工商大学外国语学院正式启动"立德树人为本 能力培养为纲——《大学英语》课程思政教育教学实践体系"教学改革。

课程包含能力、知识和素质分目标，主要包括培养学生独立思考、分析问题和解决问题的能力，树立正确的学生观、学习观和教学观，培养学生的问题意识和形成主动学习、学会学习等良好习惯，并且有意识养成教师职业的神圣感、使命感，有追求理想教师境界的意识、价值观和信念。可见，该课程的主要指向是培养人和塑造人，是培养未来教师的职前素质类课程，即将思政理念、学科知识、教育理论与教育实践相结合，致力于培养新时代背景下具有良好的专业理念与师德、扎实的专业知识和专业能力的高素质英语教师。针对授课内容，现选取学习理论中人本主义学习理论这一教学任务，将思政教育与专业课内容有机融合，这有助于理解社会主义核心价值观之"和谐"概念的丰富内涵，它对我们倡导的全人教育和促进人的全面发展有着非常独到的借鉴意义。

在教学内容上，将社会主义核心价值观与单元教学内容有机融合，充分挖掘"大学英语"课程所蕴含的思政因素，多角度多形式地组织和开展课堂活动，引导学生从不同视角对社会问题进行思考和表达，将内隐的价值理念外显于英语课堂中教与学的行为表现和英语知识与能力的培养过程，激活大学英语教学内容的教化功能，使英语课堂更有灵魂和生机。《新时代高校外语教师育人行动研究——教师叙事文集》（2019）生动展示了33位教师如何将社会主义核心价值观融入英语课堂教学设计和具体环节的40个典型案例。

在教学方法上，根据单元主题等因素精心设计教学，采用具有实效性、突出个性化和自主性的教学方法，传承多年"注重口语交际能力的英语寝室与课堂互动"校本品牌教学模式，以"优秀英语寝室"评选为抓手，借助省级精品在线课程平台，实施并改进翻转课堂和线上线下混合式教学，拓展"大学英语"课程思政的时空维度。

在评价体系上，采用学—教—测一体化，过程性评价与终结性评价相结合的多维评价模式。将思政话题融入大学英语的各类测试和竞赛中。例如，继承

10多年来全校学生逐一口试的校本特色，将中国文化和社会主义核心价值观等内容体现在个人翻译和小组讨论的口试题目中，以及期中期末的写作和翻译的笔试题目中。同时，增加社会实践学分，开展面向全校学生的"Hello China"中国文化英语知识竞赛、手抄报比赛，以及"中国梦 我的梦""中国精神""浙江故事"等系列主题的视频大赛和英语实践活动。

在教材方面，本着恪守"英语教材，中国立场"的教材编写原则，确保英语原版素材与中国元素材料之间的数量均衡和选材的政治意识。对接《中国英语能力等级量表》和四六级考试来设计阅读，以传播中国文化为内容来设计汉英翻译，以弘扬社会主义核心价值观为思辨背景来设计写作题目，2019年出版的《新时代大学英语读译写教程》，得到广大师生的认可。

在学生成长和教师发展方面，大学英语课程思政是否能够走心入脑，学生反馈才是真实写照。20余万字的《学生心得素材》集中表达了学生通过英语学习在思想境界、道德品质和人格修养方面的成长点滴。课程思政的前提是教师思政。大学英语课程思政为教师专业发展注入了新的能量和活力。

3. 具体案例

3.1 案例描述

案例主题："和谐"与"我"的全面发展。

结合章节：第四章 人类学习（Human Learning），教材《语言学习与语言教学的原则》（*Principles of Foreign Language Learning and Teaching*，by H. D. Brown，外语教学与研究出版社，2002）。

3.2 教学设计

针对本节教学任务，依据以学生为中心和以成果为导向（OBE）的教育理念，根据任务型教学法（TBA），将教学分为任务前、任务中和任务后三阶段，具体包括阅读、翻译、讨论、写作、演讲等五种活动方式和步骤，以自愿分享、语音优美、书写美观、内容感人的过程性评价模式，来评定学生完成这一整体任务的效果（3学时）。本节的知识目标：使学生理解人本主义学习理论及其代表人物的观点。能力目标：提高学生英语听说读写译的语言综合应用能力和沟通能力；使学生获得发现自我、更新自我的认知能力和思辨能力，以及促进全面发展和全人教育的实践能力。素质目标：帮助学生正确看待自我，建立旧我与新我、个人与现实世界的和谐关系，培养自尊和自信的积极情感。

(1) 任务前

学生已掌握学习的概念以及学习的特点和分类，布置学生预习人本主义理论的相关内容。

(2) 任务中

导入环节由一位同学借助 PPT 用英文介绍人本主义代表人物 Carl Rogers。师生共同翻译和探讨课本中人本主义相关内容。比如，从严格意义上，人本主义不属于学习理论，但它对许多领域都产生了重大影响。罗杰斯认为"全人"（whole person）是肉体的、认知的，但更是情感的人。自我概念的发展及其对现实的个人感受，是促使个人行动的内在动因。人类行为的内在本质是一种适应并且朝着有利于自己生存方向发展的能力。"全面发展的人"（fully functioning person）是指能够在接纳自我的内在情感与坦然接受外在行为之间建立和谐的关系，有能力做自己并不断成就潜在的自我，以开放的态度接纳自己所有的经历，每做出一个决定或者行动，都在更新自我。

讨论时学生们各抒己见，大致分为三类看法。赞同观点为，该理论重视学习者的情感作用，在积极情感下，学习效率高，效果好，因此，教师要更关注学生的情感态度和身心健康，这对于建立良好的师生关系非常重要。反对观点为，该理论太过于理想化，缺乏验证，没有操作性，不适合竞争性环境，教师的主导作用非常重要，学生需要教师的引导。中立观点为，该理论优弊共存，一切掌握在自我手中，自主学习更为重要。

(3) 任务后

经过讨论，学生拓宽思路，结合自我经历，撰写自我成长作文。第二次课，学生自愿口头分享个人成长故事，并设提问和回答互动环节。最后，教师对学生的积极参与和坦诚分享给予肯定和点评，强调三点：①国家《英语课程标准》五大教学要素之一就是情感要素，师生关系融洽、学生价值观和态度培养、爱国主义情怀等都属于教育教学内容；②要学会正确认识自我、欣赏自我，与自我和谐相处，同时，要适应现实环境，建立不断更新的自我与现实环境的动态和谐关系；③全人教育不是孤立的，而是社会情境中的全面发展，要主动以社会主义核心价值观为追求目标，从而不断成就一个积极向上的更好的自己。

3.3 学生评价

有的学生这样评价道："在中国，全人教育理念已经流行多年，但实际上，主要落实在城市的学校。我来自农村，依稀记得体育课和音乐课都要让位于数学课，到高中时，发现周围同学大都多才多艺，而且善于处理同学关系。然而，学习成为一个全面发展的人永远都不晚，要了解自己和自己想成为什么样的人，只有这样，我们才能发展自我概念并对现实有清醒的认识。"

4. 结语

新时代迫切需要提高高校外语人才培养能力。外语课程与思政教育形成互构性存在关系，要有效发挥外语教育的育德功能，进一步外显外语人文性的隐性功能，增强外语教育教学的思想性和问题意识，在人文性观照下的工具性才是有价值的。"大学英语"课程作为外语课程中的重要组成部分，不仅是语言能力教学，也是价值教育、人文教育，更承载着社会责任、时代担当和历史使命。

参考文献

［1］邱伟光. 课程思政的价值意蕴与生成路径［J］. 思想理论教育，2017（7）：10-14.

［2］孙有中. 振兴发展外国语言文学类本科专业：成就、挑战与对策［J］. 外语界，2019（1）：1-7.

［3］王定华. 第四届全国高等学校外语教育改革与发展高端论坛开幕词［EB/OL］. 高等英语教学网，2019-03-24.

［4］王熙，王怀秀，高洁. 21世纪西方道德教育、品格教育和价值观教育研究的领域之辨：基于2001—2016年文献的共被引分析［J］. 全球教育展望，2017，46（8）：67-82.

［5］王晓珊，李艳君. 外语界积极推进"课程思政"教学改革［N］. 二十一世纪英语教育（电子版），2021-03-11（3）.

［6］文秋芳. 大学英语面临的挑战与对策：课程论视角［J］. 外语教学与研究，2012，44（2）：283-292.

［7］文秋芳. 高校外语课程思政理念与实施建议［R］. 北京：北京外国语大学本科一流课程建设系列工作坊，2020.

［8］吴岩. 识变 应变 求变：新使命 大格局 新文科 大外语［EB/OL］. 微信公众平台，2019-03-26.

［9］吴岩. 抓好教学"新基建"培养高质量外语人才［EB/OL］. 中国教育在线，2021-03-24.

［10］杨威. 好公民抑或好人？：当代西方学校价值教育的路径与困境［J］. 外国教育研究，2016，43（6）：105-108.

［11］钟美荪. 发挥外语专家指导作用，推动外语专业振兴发展［J］. 外语界，2019（2）：2-6.

［12］周治华，杜鹃. 新时代的教育伦理、立德树人与教师发展："全国第六届教育伦理学学术研讨会"观点述评［J］. 现代基础教育研究，2019，33（1）：234-239.

［13］何莲珍. 新时代大学外语教育的历史使命［J］. 外语界，2019（1）：8-12.

[14] 卜玉华.西方道德教育、品格教育与公民教育关系初探[J].教育学报,2009,5(3):84-90.

[15] 金立群.外语教学和国际人才的培养[EB/OL].高等英语教学网,2019-03-29.

[16] 中华人民共和国教育部.教育部关于加快建设高水平本科教育全面提高人才培养能力的意见[EB/OL].中华人民共和国教育部,2018-10-08.

[17] 教育部高等学校大学外语教学指导委员会.大学英语教学指南[S].北京:高等教育出版社,2020.

[18] 涂尔干.教育思想的演进[M].李康,译.上海:上海人民出版社,2003.

[19] 赫尔巴特.普通教育学·教育学讲授纲要[M].李其龙,译.北京:人民教育出版社,2002.

[20] 拉塞克,维迪努.从现在到2000年教育内容发展的全球展望[M].马胜利,译.北京:教育科学出版社,1996.

[21] CANDLIN C, MURPHY D. Language Learning Tasks [C]. Englewood Cliffs:Prentice Hall, 1987.

[22] LEICESTER M, MODGIL C, MODGIL S. Education Culture and Values, Vol. 4. Moral Education and Pluralism [C]. London: Falmer Press, 2000.

[23] LOVAT T, CLEMENT N. Values Education and Quality Teaching: The Double Helix Effect [M]. Ferrigal: David Barlow Publishing, 2007.

[24] WILLIAMS M, BURDEN R L. Psychology for Language Teachers: A Social Constructivist Approach [M]. Beijing: Foreign Language Teaching and Research Press, 2000.

[25] ZAHORIK J. Acquiring teaching skills [J]. Journal of Teacher Education, 1986, 27(2).

作者简介:贾爱武,浙江工商大学外语学院,教授,博士,硕士生导师。研究方向:英语教育教学、教师专业发展、国别与区域研究等。

李玲,浙江工商大学外语学院,副教授,博士。研究方向:外语教育、教师教育。

韩颖,浙江工商大学外语学院,副教授,博士。研究方向:英语教学。

资助基金:浙江省普通本科高校"十四五"教学改革项目"课程思政视阈下E-TIME职前英语教师培养体系构建与实践路径"(项目编号:jg20220255);浙江省普通本科高校"十四五"教学改革项目"《跨文化交际》案例教学新探索:教师案例教学与学生案例创作双螺旋模式"(项目编号:jg20220257);浙江工商大学2021年度本科教学改革项目"后疫情时代大学英语线上线下混合式DELC教学改革研究"(项目编号:1070XJ2921063)。

大学英语推进"课程思政"现状和问题研究

——以若干985高校为例

张雪珍　李　鑫

上海交通大学，上海，200240

摘　要： 大学英语作为大学生的一门必修的公共基础课程，兼有工具性和人文性双重性质，应该成为"全面推进高校课程思政建设"的重点课程之一。本文以若干985高校为例，对各高校大学英语课程目前所采用的教学大纲、重点教材内容、教学评价指标等进行了内容梳理和文本分析，并就各高校大学英语课程的教学目标、教学要求、教学内容、教学评价等环节进行了实证分析和比较研究，总结了有效做法和存在问题，并提出了相应的改进建议。

关键词： 大学英语，课程思政，教学改革

1. 引言

2016年12月，习近平总书记在全国高校思政会上指出，要把思想政治工作贯穿教育教学全过程。近年来，在教育部有力推动下，"课程思政"教育教学改革在上海试点经验的基础上，得到全国高校的积极响应和推广实施。教育部高教司明确提出："全面推进高校课程思政建设"，"充分发挥各类课程的育人功能，深入挖掘各门课程蕴含的思想政治教育内容，促进专业课与思想政治理论课同向同行，实现价值引领、知识教育和能力培养的有机统一"（教育部，2020：1）。

大学英语作为大学生的一门必修的公共基础课程，所占课时多、学生覆盖面广、授课方式集中、教材内容符合思想教育的原则。在大学英语教学中融入思想政治教育，可以发挥英语课程的隐性育人功能，即在培养学生综合素养过程中通过"润物细无声"的方式给学生浸润积极的理想信念（卢军坪，2019）。近年来，教育部相关文件也对大学英语在培养大学生文化素养、道德修养、健全人格等方面的要求逐步加强。2020年教育部《大学英语教学指南》明确提出："大学英语课程是普通高等学校通识教育的一个重要组成部分，兼具工具性和人文性。……其人文性主要体现在两个方面：进行跨文化教育；培养学生对

中国文化的理解和阐释能力，服务中国文化对外传播。人文性的核心是以人为本，弘扬人的价值，注重人的综合素质培养和全面发展。社会主义核心价值观应有机融入大学英语教学内容"（教育部，2020：3-4）。因此，要充分挖掘大学英语课程丰富的人文内涵和内在的育人功能，将社会主义核心价值观有机融入大学英语教学内容，实现大学英语工具性和人文性的有机统一。本文以若干985高校为例，对各高校目前所采用的教学大纲、重点教材内容、教学评价指标等进行了内容梳理和文本分析，并就各高校大学英语课程的教学目标、教学要求、教学内容、教学评价等环节进行了实证分析和比较研究，总结了有效做法和存在问题，并提出了相应的改进建议。

2. 大学英语课程落实"课程思政"状况分析

2.1 课程标准

收集梳理若干985高校大学英语课程的教学大纲（截至2020—2021学年），特别是分析其教学目标和教学要求，可以看出各校从课程标准层面对育人目标的规范要求（详见表1~表4）。其中，"育人要求"主要指的是教学目标和教学要求中涉及德育和思政的目标要求，"相关性"指的是前述"育人要求"与本课程应有的育人功能相比，所体现的相关程度（以"1~5"赋予相应分值，以对应其相关程度）。

表1　A高校大学英语课程的教学目标和教学要求

类别	具体描述	育人要求	相关性
教学目标	大学英语（某级）旨在帮助学生在听、说、读、写和翻译技能方面达到本校英语教学大纲中对（某级）学生的要求。包括计算机辅助学习在内的各种教学方法将被用来帮助实现这一目标。	无描述	极弱相关（1分）
总体要求	1. 词汇：学生将学习1200个新单词和短语。 2. 听力：学生能够以每分钟150个单词的速度掌握一般话题的对话、报告和讲座的主要思想和重要细节。 3. 演讲：学生能够就给定的话题进行2~3分钟的适度流利的演讲。 4. 阅读：学生能够以每分钟130个单词的速度阅读一般主题的文章，准确率为75%。 5. 写作：学生能够在30分钟内完成约180字的论文。这些论文将涵盖一系列主题。这些文章应该在语法上是正确的，在构思上是完善的和连贯的。 6. 翻译：学生能够借助字典以每分钟350个单词的速度翻译段落和短文。最终版本应该内容准确完整，表达自然，术语准确，语篇结构连贯，只有少数错误。	无描述	极弱相关（1分）

表 2　B 高校大学英语课程的教学目标和教学要求

类别	具体描述	育人要求	相关性
教学目标	1. 培养学生的英语综合运用能力，尤其是通用学术英语能力，使他们在今后的学习、工作和社会交往中能够用英语有效地交流信息； 2. 培养学生的跨文化交际能力，帮助学生开阔视野，扩大国际文化知识面，加深对世界的了解，提高综合文化素养，适应国际交流的需要； 3. 增强学生的自主学习能力，帮助他们掌握有效的语言学习策略和方法，养成自主学习的习惯，为他们进行终身学习创造条件； 4. 提升学生的思辨能力，帮助他们适应专业学习的需要。	培养跨文化交际能力，提高综合文化素养	弱相关（3分）
总体要求	通过收听、参加阅读和分析与主题相关的英语国家广播电视、讲座、报纸杂志书籍上有一定难度的材料，帮助学生熟悉不同的文体，强化学生的阅读理解能力和听力理解能力。 采用语言输入、输出相结合的方法，通过口头或书面复述、概括、评论输入材料内容，培养学生运用英语进行思维和表达的能力，提升学生的英语产出性语言技能和思辨能力。输入材料内容丰富，能够扩大学生的知识面，加深学生对中西方社会文化差异的了解，提升学生的跨文化交际能力。 通过完成针对课文内容所编写的大量语言练习，尤其是语块的学习，巩固、扩大学生的语言知识，夯实语言基础。 结合高水平学生的实际需要，对学生进行新闻听力、讲座听力、公众英语演讲技巧、托福口语、英语五段式议论文写作的系统指导，全面提高学生的通用学术英语能力，培养学生自主学习的能力与习惯。	加深对中西方社会文化差异的了解，提升跨文化交际能力	弱相关（3分）

表 3　C 高校大学英语课程的教学目标和教学要求

类别	具体描述	育人要求	相关性
教学目标	使学生具有较强的听、说、写、译能力，培养学生的英语综合应用能力，特别是听说能力，使他们能用英语交流信息；帮助学生打下扎实的语言基础，掌握良好的语言学习方法，提高文化素质，以适应社会发展和经济建设的需要。	提高文化素质	弱相关（3分）

续表

类别	具体描述	育人要求	相关性
总体要求	大学英语（某级）是基础阶段的英语学习，目的是让学生打好扎实的语言基础，通过提问和讨论，培养学生分析、推理、归纳、综合等思考能力和表述、研讨、争辩、应答等语言运用能力。 具体要求包括听力理解能力、口语表达能力、阅读理解能力、书面表达能力、翻译能力，详细描述略。	无描述	极弱相关（1分）

表4　D高校大学英语课程的教学目标和教学要求

类别	具体描述	育人要求	相关性
教学目标	指导学生获得规范的语言知识，提高学生的综合文化素质和跨文化意识；培养学生的英语综合应用能力，尤其是运用英语进行交际的能力；培养学生利用英语获得本专业文献信息的素养及利用英语进行专业领域内国际学术交流的能力；培养学生根据不同环境和条件，采用不同的语言交际策略；帮助学生掌握必要的英语学习策略，建立灵活使用英语的信心。	提高学生的综合文化素质和跨文化意识	弱相关（3分）
总体要求	尽管语言知识也非常重要，但我们更加注重语言知识运用的能力，即听、说、读、写、译的能力。毕竟，外语是边学边用的，而不是先学后用的。此外，我们还希望通过大学英语的学习，能够使你在将来的专业学习以及国际化交流中熟练地使用英语进行交际。为达到以上培养目标，我们对大学英语课程进行了科学的设置，但更为重要的是你应当尽自己最大的努力坚持完成教师布置的学习任务。	无描述	极弱相关（1分）

如前所述，为了便于研究，笔者对本节中的"相关性"以"1~5"赋予相应分值，以对应其相关程度。如果在教学目标和教学要求的具体描述中，有"思政""德育""价值引领"等直接描述，称为"强相关"，赋分为5；如果有"人文素养""综合素养"等间接描述，称为"弱相关"，赋分为3；如果仅有知识传授和能力培养方面的描述，则称为"极弱相关"，赋分为1。

据此，对上述表1~表4进行简要分析，可以看出：上述985高校在大学英语课程的教学大纲中，对于教学目标的具体描述，体现出与育人功能"强相关"的为0所（占比为0%），"弱相关"的有3所（占比为75%），"极弱相关"的有1所（占比为25%），从平均分值看，仅为2.5分；对于教学总体要求的具体描述，体现出与育人功能"强相关"的为 0 所（占比为 0%），"弱相关"的有 1 所（占比为 25%），"极弱相关"的有 3 所（占比为 75%），从平均分值看，为 1.5 分。

由此可见，即使是处于我国高校第一梯队的 985 高校，虽然多数高校在教学大纲层面提出了"人文素养""综合素养"等相对含蓄的育人目标和育人要求，但各高校均尚未明确提出"思政""德育""价值引领"等育人目标和育人要求；而部分高校的育人教学目标和教学要求，则仅停留在知识传授和能力培养方面，几乎没有"价值引领"等育人目标和育人要求。

2.2　教学内容

教材是大学英语最主要的教学内容，也是大学英语课程的重要组成部分，要发挥大学英语课程的思政作用，就必须注重教材的编写和完善（刘晓阳，2018）。那么，目前大学英语的主流教材是否符合课程思政的要求呢？笔者对两套大学英语主流教材进行了研究。

《全新版大学英语综合教程》由上海外语教育出版社出版，先后被千余所院校采用，成为我国高校英语教学的首选教材，并荣获全国高等学校第二届优秀教材特等奖和国家教委高等学校第二届优秀教材一等奖。

《新视野大学英语读写教程》由外语教学与研究出版社出版，是教育部"新世纪网络课程建设工程"优秀重点项目之一，是国内大学英语领域第一套立体化教材，先后被千余所院校采用，它也是教育部普通高等教育"十五"国家级规划教材、教育部大学外语类推荐教材，曾获得上海市优秀教材一等奖。

上述两套教材是高校大学英语课程使用率比较高的重点教材，也是本研究中几所 985 高校正在使用的教材。因此，研究这两套教材的育人因素及其与社会主义核心价值观的关系，对于强化大学英语的育人功能有较高的代表性和针对性。

社会主义核心价值观的基本内容是"富强、民主、文明、和谐，自由、平等、公正、法治，爱国、敬业、诚信、友善"共 12 个关键词，其中，"富强、民主、文明、和谐"是国家层面的价值目标，"自由、平等、公正、法治"是社会层面的价值取向，"爱国、敬业、诚信、友善"是公民个人层面的价值准则。根据这三个层面，笔者对《全新版大学英语综合教程》一共 6 册的 48 个单元 96 篇课文、《新视野大学英语读写教程》一共 4 册的 32 个单元 64 篇课文（两套教材各分册每单元均由 Text A，B 共 2 篇主题相近的课文组成）进行了文本分析，梳理总结了每篇课文的主题内涵（包含 Text A，B 两篇课文的共同主题），限于篇幅这里仅提供其中一册书的总结（见表 5），并就这些主题内涵与社会主义核心价值观的相关层面、相关因素和相关程度进行了分析（具体见表6~表7所示）。

表5 《全新版大学英语综合教程》课文主题分析（第一册）

单元	课文 A	课文 B	主题内涵	相关层面	相关因素	相关程度
1	为自己而写	一件奖给全优生的短上衣	求学经历；成长心路	个人	成长	间接
2	出租车司机拥有的就剩一封信	决不抛弃朋友	表达友谊；珍惜友谊	个人	友善	直接
3	公众科学观	如何理解科学	诠释科学；理解科学	国家	创新	间接
4	托尼·特里韦索诺的美国梦	他用自己的双手实现了梦想	自立自强；执着追梦	个人	自强	间接
5	公司人	假如……你也许就是个工作狂	工作生活；平衡有度	个人	职场	间接
6	爱情故事	钱包	爱情浪漫；终成眷属	个人	爱情	间接
7	动物到底想些什么	动物也有情？	动物思维；动物情感	国家	和谐	直接
8	关于懒散少年的寓言故事	扔了计算器	勤奋成才；务求实学	个人	成才	间接

表6 《全新版大学英语综合教程》教材内容与核心价值观相关性分析

	类别	单元数量	所占百分比/%
相关层面	个人	30	62.5
	社会	8	16.7
	国家	10	20.8
相关程度	直接	12	25
	间接	36	75

表7 《新视野大学英语读写教程》教材内容与核心价值观相关性分析

	类别	单元数量	所占百分比/%
相关层面	个人	24	75
	社会	3	9.4
	国家	5	15.6
相关程度	直接	7	21.9
	间接	25	78.1

根据表6，对《全新版大学英语综合教程》1~6册共48个单元96篇课文内容与社会主义核心价值观相关层面、相关程度进行分析，可以发现：与国家层面相关的课文有10个单元，占总单元数的20.8%；与社会层面相关的课文有8个单元，占总单元数的16.7%；而与个人层面相关的课文占了更大的部分，一共有30个单元，占总单元数的62.5%。直接相关的课文有12个单元，占总单元数的25%；间接相关的课文有36个单元，占总单元数的75%。

根据表7，对《新视野大学英语读写教程》1~4册共32个单元64篇课文内容与社会主义核心价值观相关层面、相关程度进行分析，可以发现：与国家层面相关的课文有5个单元，占总单元数的15.6%；与社会层面相关的课文有3个单元，占总单元数的9.4%；而与个人层面相关的课文占了更大的部分，一共有24个单元，占总单元数的75%。直接相关的课文有7个单元，占总单元数的21.9%；间接相关的课文有25个单元，占总单元数的78.1%。

对上述表6~表7进行简要分析，可以看出：《全新版大学英语综合教程》48个单元96篇课文、《新视野大学英语读写教程》32个单元64篇课文，基本上每篇课文都与社会主义核心价值观的培养具有一定的相关性。但是从相关性的结构来看，存在两个方面的不平衡现象：从与社会主义核心价值观相关层面看，目前主要集中在个人层面，而国家层面和社会层面的课文相对偏少，应该适当增加；从与社会主义核心价值观相关程度看，目前大多属于间接相关，而直接相关的课文相对偏少，也应该适当增加。

2.3 教学评价

教学评价是确定课程教学实际是否达到教学目标的过程，是教学中必不可少的重要环节（王东，2019）。《大学英语课程教学要求》明确指出："教学评估既是教师获取教学反馈信息、改进教学管理、保证教学质量的重要依据，又是学生调整学习策略、改进学习方法、提高学习效率的有效手段。"（教育部2008：15-16）因此，全面、客观、科学的评价体系对"大学英语"课程思政的实现至关重要。以下是对若干 985 高校大学英语课程的教学评价指标的分析（见表 8~表 11）。

表 8　A 高校大学英语课程的教学评价指标

类别	具体描述	育人效果	相关性
评价指标	1. 课程是否提供学业评价方法和标准？ 2. 课程提供的学业评价方法和标准是否完全合理？ 3. 每周我花费在本课程学习上的课外时间约为____ 4. 这门课我的缺课状况是____ 5. 我修读本课程后的学习收获是____（满分为 10 分） 6. 你对本课程的推荐程度是____ 7. 我对该课程感到满意的是____ 8. 我觉得该课程需要改进的是____ 9. 教学目标：老师能让我们了解本课程知识能力目标。 10. 教学理念：老师重视培养我们独立思考和解决问题的能力。 11. 教学组织：老师能按照教学大纲有组织、有系统地开展教学，不零散混乱。 12. 教学内容：老师能结合多方面知识，拓展我们的视野，加深对课程的理解。 13. 教学能力：老师能清晰讲解知识的重点、疑点和难点，深入浅出。 14. 教学方法：老师能采用有效激发我们学习兴趣和主动性的教学方法。 15. 课外指导：老师关注我们平时的学习情况，对问题与作业能给予有效的指导。 16. 对老师的总体评价____（满分为 10 分）	无描述	极弱相关（1 分）

表 9　B 高校大学英语课程的教学评价指标

类别	具体描述	育人效果	相关性
评价指标	1. 能使学生明确课程学习目的与要求。 2. 教学语言规范，知识面宽，满足学生学习需要。 3. 上课投入，富有激情与吸引力。 4. 教学有启发性，营造良好课堂气氛。 5. 教材选材丰富，有利于提高阅读与翻译能力。 6. 课后练习适当，有效提高学生口头或书面表达能力。 7. 评价学生公平公正，且注重学习过程考核。 8. 有良好的师德，教书育人，以身作则。 9. 我的语言运用能力得到提高，还受到人文精神的熏陶。 10. 我对这门课程感兴趣，非常喜欢学习该课程。	良好的师德，教书育人，以身作则 受到人文精神的熏陶	强相关（5 分） 弱相关（3 分）

表10　C高校大学英语课程的教学评价指标

类别	具体描述	育人效果	相关性
评价指标	1. 我很清楚这门课的学习目标。 2. 老师推荐的教材、参考书或补充资料对我的学习很有帮助。 3. 我很清楚这门课程的考核评价方式和课程学习成绩构成。 4. 课程开始时老师就明确告知了这门课的教学安排。 5. 课程组织安排合理，可以使我专心听讲。 6. 课程教学方法灵活多样，激发我的兴趣和深度思考。 7. 老师讲课条理清晰，我能清楚领会和掌握所讲的知识。 8. 课程内容丰富新颖，具有挑战性。 9. 通过这门课程的学习，我觉得很有收获。 10. 老师及时批改作业，对于我的提问能有效回答。 11. 老师学养深厚，知识渊博，我很喜欢。 12. 老师的教学方式方法有特色，效果很好。	无描述	极弱相关（1分）

表11　D高校大学英语课程的教学评价指标

类别	具体描述	育人效果	相关性
评价指标	1. 老师备课充分、认真，教学热情高。 2. 教学目标明确、教学内容丰富、教学方法与手段适当。 3. 老师布置课内外学习任务适量，并能及时反馈（包括作业、实验、项目等）。 4. 老师课内外能就本课程与学生进行有效互动（包括讨论、指导、答疑等）。 5. 从本课程中收获很多（包括知识、技能、思维、方法等）。 6. 本课程能激发你对本领域知识（或技能等）进一步探索的兴趣。 7. 你对本课程教学的满意度高。	无描述	极弱相关（1分）

为了便于研究，笔者对本节中的"相关性"也以"1~5"赋予相应分值，以对应其相关程度，具体赋分规则同第一节。据此，对上述表8~表11进行简要分析，可以看出：上述985高校关于大学英语的教学评价，共有45条具体指

标，体现出与育人效果"强相关"的为1条（占比为2.2%），"弱相关"的为1条（占比为2.2%），其余均为"极弱相关"，共43条（占比为95.6%），从平均分值看，仅为1.1分。由此可见，多数高校在大学英语的教学评价环节，不仅对于"价值引领"等育人效果没有明确的考核指标和评价要求，而且对于"人文素养"等相对宽泛的育人效果也没有明确的考核指标和评价要求，使得在教学管理环节上实现大学英语工具性和人文性相统一、发挥其独特的育人功能缺少必要的闭环设计。

3. 结语

综上所述，虽然"课程思政"的理念已经逐步受到各高校广泛认同并付诸实践，但是与高校其他各类课程相比，大学英语教学推进"课程思政"的力度和进度相对滞后；同时，在大学英语教学推进"课程思政"的过程中，与部分教师在课堂教学上先行开展的实践创新相比，本学科在课程标准、教材编写、教学评价中融入"课程思政"的力度和进度相对滞后。为此提出以下建议：

一是进一步明确育人目标，修订课程标准。从教育部历年的政策依据来看，从2000年前后开始对大学英语在培养大学生文化素养、道德修养、健全人格等方面的要求逐步加强。这个目标是比较明确和一贯的，而且最新的文件对这方面的要求更加具体、更加全面。这说明国家对大学英语的育人功能越来越重视。从专家学者的相关观点来看，各方面对大学英语教学"双重属性"的认识逐步加深并不断形成共识。

与此同时，各方面对大学英语教学育人功能的认识和落实还不平衡，特别是在学校尤其是学院层面、在教学要求指导方面还不明确、具体。"教学大纲是各门课程目标要求和教学标准的集中体现，它将对推进教育创新、推动大学英语教学改革、提高教学质量产生重要影响。"（王守仁 2016：3）因此，我们必须在进一步强化共识的基础上，将教育部关于"社会主义核心价值观应有机融入大学英语教学内容"（教育部，2020：4）和"实现价值引领、知识教育和能力培养的有机统一"（教育部，2020：1）指导思想，明确作为大学英语教学目标和教学要求，写入课程标准和教学大纲，并细化融入教学内容、教学过程、教学评价、教师发展各环节。

二是进一步完善教材内容，融入教学过程。如前所述，目前使用范围较为广泛的大学英语主流教材，基本上每篇课文都与社会主义核心价值观的培养具有一定的相关性，这为实现大学英语的价值引领育人目标提供了可能性。

同时，与教育部关于"社会主义核心价值观应有机融入大学英语教学内容"

（教育部，2020：4）的要求相比，目前大学英语教学主流教材内容还有很大提升空间。比如，国家层面和社会层面的课文相对偏少，应该适当增加；直接相关的课文相对偏少，也应该适当增加。必须充分结合大学英语教学的实际特点，对育人目标有机融入教学内容进一步具体化、结构化，把社会主义核心价值观三个层面、12个关键词具体分解到课程教材、教师参考书、教辅读本当中。

三是进一步细化评价指标，形成制度闭环。笔者曾对若干985高校大学英语教师进行过专项问卷调查，结果显示：大多数的教师（81.1%）认为大学英语教学"有一定的育人功能"，也有一定数量的教师（16.2%）认为大学英语教学"有很强的育人功能"。在教学实践中，相当数量的教师（91.9%）会"根据教学内容让学生反思自己的行为"；不少教师（54.1%）会"有意识地找相关育人话题让学生讨论"；还有一部分教师（45.9%）会"辅助补充一些强化育人功能的材料，如感人的歌曲等"。这说明，大学英语"课程思政"在教师中已有较好的自发行动和实践基础。

"课程思政"本质上就是"教书+育人"，很多老师本来就是这么做的。我们要努力推动把这种教学实践从局部的、自发的、探索性行为，变成全面的、有组织的、有理论指导的制度设计。在上述专项调查中，关于"现在大学英语教学中体现育人功能的主要问题"，相当数量的教师（67.6%）选择了"整个教学目标中没有相应的要求，也没有考核指标"。为此，必须进一步细化制度，从教学目标要求，教师培训、考核评价，到相关的激励措施，形成管理闭环。

以上是本研究对于大学英语教学推进"课程思政"的若干建议。当然，本研究仅为基于目前若干985高校大学英语教学大纲和教学评价相关描述、若干使用面较广的大学英语教材的研究，由于各高校"课程思政"建设正在不断深化，所以相关教学大纲、教材内容、教学评价也在不断调整。今后可以针对各高校大学英语"课程思政"建设最新进展进行跟踪研究，以便更好地了解其推进情况、借鉴其创新经验。

参考文献

[1] 教育部高等教育司．大学英语课程教学要求［M］．北京：高等教育出版社，2008．

[2] 教育部高等教育司．2020年工作要点（通知）［EB/OL］．中华人民共和国教育部政府门户网站，2020-2-20．

[3] 教育部高等教育司．高等学校课程思政建设指导纲要［EB/OL］．中华人民共和国教育部政府门户网站，2020-5-28．

[4] 教育部高等学校大学外语教学指导委员会.大学英语教学指南[M].北京：高等教育出版社,2020.

[5] 卢军坪.大学英语课程推进"课程思政"的可行性探索[J].上海第二工业大学学报,2019,36(6)：129-133.

[6] 刘晓阳.大学英语"课程思政"的实施路径研究[J].吉林工商学院学报,2018(5)：126-128.

[7] 习近平.把思想政治工作贯穿教育教学全过程 开创我国高等教育事业发展新局面[N].人民日报,2016-12-09(1).

[8] 王东.多元智能理论视角下"大学英语"教学评价体系的构建[J].淮海工学院学报（人文社会科学版）,2019,17(3)：135-137.

[9] 王守仁.《大学英语教学指南》要点解读[J].外语界,2016(3)：2-10.

作者简介：张雪珍，上海交通大学，副教授，博士。研究方向：应用语言学、传播学。

李鑫，上海交通大学，副教授，博士。研究方向：语料库翻译学、语言教学。

资助基金：上海学校德育创新发展专项研究项目"'课程思政'视域下的大学英语育人功能研究"（项目编号：2018-dycx-102）。

学术英语写作课程中的诚信教育方法探究

张 荔

上海交通大学，上海，200240

摘 要：学术诚信是学术研究的基本要求，在学术论文写作中必须杜绝学术抄袭。本研究使用定性研究的方法，对防止学术抄袭的具体做法进行分析，系统阐释了学术诚信教育的整个过程，包含学术诚信为何重要，何为学术抄袭，哪些行为属于学术抄袭，如何通过转述、总结、引用、列出参考文献、互评反馈、Turnitin 软件查重等方法避免学术抄袭。本研究所展示的教学实例为学术论文写作课程中诚信教育的实施提供了具体的可操作的方法。

关键词：学术诚信，学术抄袭，诚信教育，论文写作

1. 引言

诚信是社会主义核心价值观所包含的内容，学术诚信是高校的立身之本，关系着高校的学术声誉，也影响着高校的教学质量和风气（王崇恩等，2021）。学术诚信是指对诚实、信任、公平、尊敬与责任这五种基本价值观的承诺，可具体表述为：学生能够诚实地待己待人，教师能够坚持诚实的原则，为学生树立榜样；人们在相互信任的学术环境中交流思想、公平竞争、准确评价、赏罚分明；作者能够尊重他人的劳动，对他人劳动成果注明出处；学生、教师和管理人员需共同努力和监督以维护学术诚信（田德新，2003）。国务院于 2020 年 10 月印发的《深化新时代教育评价改革总体方案》中强调了学术诚信，明确指出对各类学术不端行为要严肃处理。

研究者就学术诚信问题展开了大量研究。一些研究者从法律和道德的角度阐述了学术诚信问题的复杂性和应对的困难性（Sonfield，2014），因此治理学术不诚信行为时法律不能缺位（王敬波，2016），也需要学术诚信监督的常态化（刘尧，2015）。Miron 等（2021）则认为学术诚信的维护需要通过教育和引导。当今数字化高度发展，学术诚信问题更为复杂，人们开始研究教师和学生对技术辅助学习与测试中学术诚信的认知（Alessio & Messinger，2021）以及如何防

止数字时代的学术不诚信的行为（Dawson，2020）。

当然，有关学术诚信的一个重点领域就是学术论文写作中的抄袭问题。国外学者对于学术论文写作中的抄袭问题的研究往往有两个截然不同的视角。一种把学术抄袭视作一种道德的滑坡和学术的腐败或欺诈（East，2010），是影响学术诚信的痼疾（Keefer et al.，2020），而治疗这一疾病最有效的方法是通过惩罚机制来实现（Mehregan，2021）。而另一种观点则是认为学术抄袭也有可能是语言发展的过渡阶段出现的问题，可通过教育的方法加以解决（Currie，1998；Flowerdew & Li，2007；Liu，2005；Pecorari，2003；Polio & Shi，2012；Sowden，2005）。王崇恩、马鑫淼（2021）则借鉴哈佛大学的做法，提出了构建健全的学术诚信规章制度，设立学术诚信监管机构和开展学术诚信教育课程的方法，其中一个就是学术写作中的诚信教育。Olusanya 等（2020）分析了导致学术抄袭的原因包含偷懒、不知道是抄袭、对基于文献的写作没有经验、没有学术论文写作技巧等。可以看出，有些是因不愿意投入努力导致的故意抄袭行为，而有些是因为缺乏经验导致的非故意行为。对于故意的欺骗性行为需要进行惩罚，而对于非故意的无知行为则需要通过教育来规避抄袭（Leask，2006）。教育部（2016）出台了《高等学校预防和处理学术不端行为办法》，提出"教育、预防、监督、惩治"四位一体的学术诚信体系，其中明确了教育在维护学术诚信中的重要性。

很多研究者认为，学术抄袭在英语为非母语的学习者中更为严重（Pennycook，1996；Sowden，2005）。Rets 和 Ilya（2018）发现，二语学习者即便能够指认抄袭行为，但是在实际写作中还是会出现抄袭问题。Divan 等（2015）认为，二语学习者因语言能力薄弱，可能比本族语学习者更加容易抄袭，因此早期开展学术英语教学并对抄袭进行干预是很重要的。Perkins 等（2020）也认为通过干预可以减少学术不诚信的抄袭行为。因此，人们就教师如何采取措施应对学术抄袭问题展开了研究（如 Pecorari，2013；Bloch，2012；Soto et al.，2004），但是对于教学的具体步骤、方法和内容还需要进一步探索。因此，本文通过对学术英语写作课程中如何规避学术抄袭的教学过程加以分析，从为什么要学术诚信、什么是学术抄袭、如何做才能防止学术抄袭三方面，展示了如何通过教育的方法培养学生的学术诚信。

2. 研究方法

本研究使用定性研究的方法，对上海交通大学通识核心课程"学术英语交际——写作与发言"中的学术诚信教育内容加以分析，从课程的开始阶段、进行阶段和总结阶段，系统阐释了学术诚信教育的整个过程，并对教学目标、教学方法以及教学效果进行了说明（见图1）。

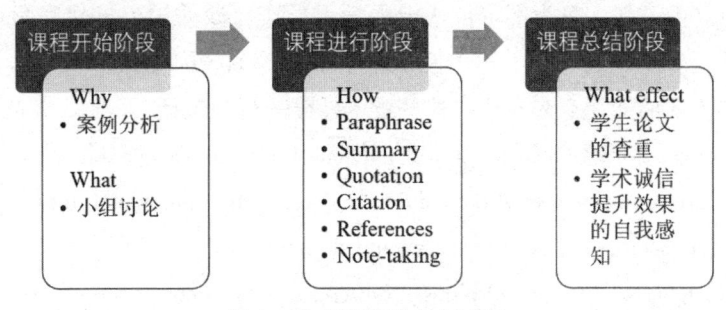

```
课程开始阶段          课程进行阶段          课程总结阶段
Why                  How                  What effect
• 案例分析           • Paraphrase         • 学生论文
                     • Summary              的查重
What                 • Quotation          • 学术诚信
• 小组讨论           • Citation             提升效果
                     • References           的自我感
                     • Note-taking          知
```

图1　学术诚信教育全过程

3. 研究结果和讨论

3.1　育人目标

根据一流课程对知识、能力和育人三种目标的要求，本课程明确了育人目标为树立正直、求实的学术诚信，提升社会责任感和对世界问题的关怀，提升批判性思维能力，提高知识探究能力，培养跨文化沟通能力，培养小组合作能力，培养健全的人格特征。其中学术诚信是重中之重，需贯穿于整个课程，使学生了解学术诚信为什么重要、什么是学术抄袭、学术抄袭会有怎样的后果以及如何避免学术抄袭。

3.2　教学方法

课程采用线上线下混合式教学、项目式教学法，贯彻从"做"中学的理念，体现从基于文献阅读及项目研究撰写、修改，到完成英语学术论文撰写并作口头学术报告的整个过程，并在此过程中融入学术诚信教育。

3.2.1　课程开始阶段

我们在课程开始阶段的第一次课就开展了学术诚信教育。学生课前通过"好大学在线"或"中国大学慕课"平台自主学习由任课教师录制的线上课程"学术英语写作与交流"中学术诚信的相关知识点。课中教师首先与学生讨论为什么要保持学术诚信（WHY），具体方法是：与学生分析几个国内外有名的因学术不诚信造成严重后果的案例，这些例子包含学术造假、学术抄袭、学术伦理等方面的内容，以便对学生进行全方位的学术诚信教育。学生进行小组活动，每组负责一个案例，通过上网搜索，了解具体事件的前因后果，在小组内互相交流，并由组长代表组员在班级汇报事件发生的状况和后果，使全班同学对这些案例的恶劣影响有所了解，并认识到学术不诚信所带来的严重后果，从思想上认识到学术诚信的重要性，在情绪上获得共鸣。

接着教师与学生一起探讨什么是学术抄袭以及哪些行为属于学术抄袭（WHAT）。由于很多行为都可被认定为学术抄袭，课前学生虽然通过微课自主学习，已经对知识点有所了解，但是印象未必深刻，因此课中学生需要通过小组讨论的方式使知识点内在化。这些学术抄袭的行为包括：

①Borrowing from the writer's own previous work without citation.

②Paraphrasing from multiple sources and fitting the information together.

③Citing some, but not all that should be cited.

④Changing key words and phrases but copying the sentence structure of a source.

⑤Copying words or ideas from someone else without giving citation.

⑥Turning in one's own previous work.

⑦Relying too heavily on the original wording and/or structure.

⑧Containing significant parts of text from a single source.

⑨Including proper citation to sources without original work.

⑩Mixing copied materials from multiple sources.

⑪Including citations to non-existent or inaccurate sources.

⑫Submitting someone else's work as your own.

学生被分为三人一组，每组收到以上12条学术抄袭行为的小纸条，小组成员一起通过讨论，以严重程度从高到低的顺序将这些行为加以排列，遇到意思不明确的表述可及时询问教师，等学生完成排序后，教师与学生一起讨论原因。由于有些行为的严重性比较明显，而有些行为严重性差异并不大，教师没有提供标准答案，而是给出很严重、比较严重和不太严重的类别，因为教师设计该任务的目的，并不完全是为了排序，即使最后的顺序不尽相同，学生也会互相讨论，反复斟酌内容，在此过程中，对各种行为有了更深的印象，也就能够理解和记住这些需要规避的学术抄袭行为，达到教学的目的。

在这节课临近结束之时，教师对本节课内容加以总结，学生观看学术诚信视频，根据视频内容进行答题。最后，学生还需要签订一份学术诚信协议，内容如下：

Academic Honesty Policy

Plagiarism in the academic writing course may take two main forms, which are clearly related to：

1. Steal or pass off as one's own the ideas or words of another. This theft may

take the form of a few words, a sentence, a paragraph, or an entire paper written by someone else.

2. Use a creative production without crediting the source. Sources may include web pages and interview information, as well as information in print. Credit must be given for every direct quotation, for paraphrasing or summarizing a work (in whole or in part) in one's own words, and for information which is not common knowledge. It is the writer's responsibility to ensure that submitted papers are free of plagiarism. Be aware that, because each student has his or her own writing style, and because convenient software exists to match online texts, plagiarism in a writing class is relatively easy for instructors to detect, and the consequences can be devastating to a student's academic career. Submitting work that you did not write with your name on it is grounds for failure in the course. Our course takes academic honesty very seriously.

I have read or will read the above statements about plagiarism in the Academic Honesty Policy and will abide by the policy.

Name _____
Date _____

课后，教师给学生提供了防止学术抄袭的自主学习网站（见图 2，网址：https://www.indiana.edu/~academy/firstPrinciples/certificationTests/index.html），上面有教学和测试内容，供学生进一步学习，学完后通过考试的话还可以获得证书。

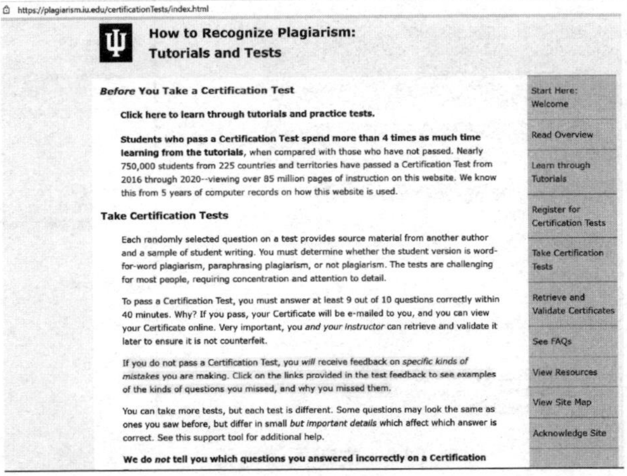

图 2　防止学术抄袭的自主学习网站

教师在课程开始阶段的论文选题教学中，还要求学生结合联合国的17个议题自由选择自己感兴趣的主题，并在确定主题后与教师进行交谈，以便进一步确认该主题对现阶段的学生是否可行，学生提出自己对题目的困惑并与老师进行交流，教师则帮助学生一起找到合适的切入点，使该切入点在学生能力可及的范围之内，因为超出学生能力的研究也可能成为学术抄袭的一个诱因（田德新，2003）。

3.2.2 课程进行阶段

学术诚信教育并不是讲一次课就有效的，需要在后续教学中不断加强。Keck（2014）认为，除了引起学生的重视外，教师还需要给学生讲授避免学术抄袭的方法（HOW）。学生需要学会：（1）保留文献阅读的信息轨迹；（2）对原文加以转述和总结；（3）进行文内引用和列出参考文献。

为了保留文献阅读的信息轨迹，学生在课前自主学习如何使用文献管理软件Endnote，如何进行文献阅读，在课中的文献阅读讨论过程中，教师要求学生对阅读的文献记录出处，并教授如何记笔记，从而避免学术抄袭。我们以一篇文献为例进行学术笔记记录方法的演示（见图3）及说明（见表1），要求学生注意以下五方面：（1）记录文献来源；（2）集中记录与自己研究主题有关的内容；（3）区分直接引用和已经做过转述的笔记内容；（4）边阅读边思考，并将思考后的评论记录下来；（5）区别自己的评论与原文的摘录，以防不小心抄袭。

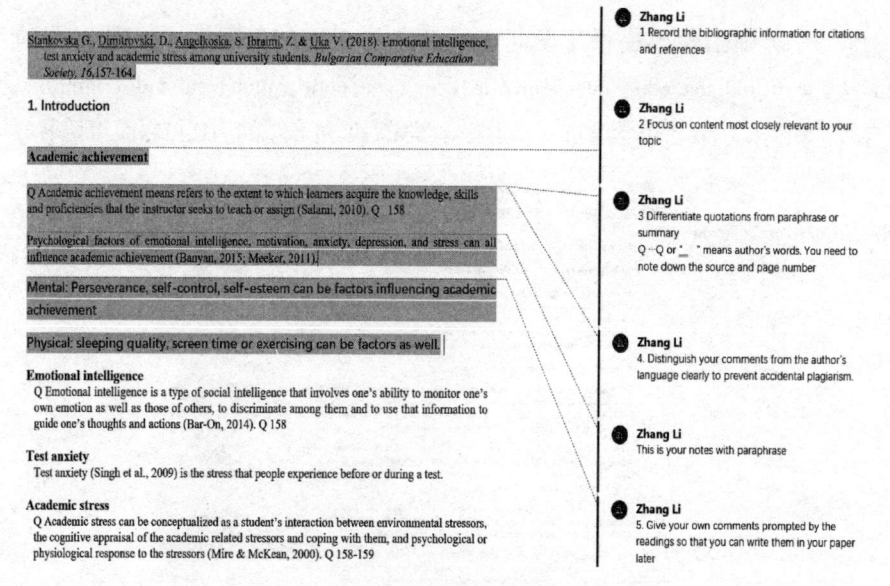

图3　文献阅读笔记

表 1 对文献阅读笔记的说明

笔记	说明
Research topic: Exploring the factors influencing life satisfaction at college	做笔记时需要针对自己的研究主题，无关的内容不需要记录
Stankovska G., Dimitrovski, D., Angelkoska, S. Ibraimi, Z. & Uka V. (2018). Emotional intelligence, test anxiety and academic stress among university students. *Bulgarian Comparative Education Society*, 16, 157–164	记录文献来源以便后期直接列入参考文献
Academic achievement Emotional intelligence Test anxiety Academic stress	集中记录与自己研究主题有关的内容（包括每个条目所包含的相关内容）
Q Academic achievement means refers to the extent to which learners acquire the knowledge, skills and proficiencies that the instructor seeks to teach or assign (Salami, 2010). Q 158 Q Emotional intelligence is a type of social intelligence that involves one's ability to monitor one's own emotion as well as those of others, to discriminate among them and to use that information to guide one's thoughts and actions (Bar-On, 2014). Q 158	Q…… Q+页码表示这是引用的内容，也可以用""+页码 这是直接摘自原文的内容，未经转述，如果用于自己的论文需要用引号和提供页码，由于论文写作中直接引用不宜过多，今后写作时也可以再进行转述
Psychological factors of emotional intelligence, motivation, anxiety, depression, and stress can all influence academic achievement (Banyan, 2015; Meeker, 2011)	这是用自己的语言转述后的内容，并且保留了原文的出处，以便今后进一步阅读相关文献
Mental: Perseverance, self-control, self-esteem can be factors influencing academic achievement Physical: sleeping quality, screen time or exercising can be factors as well	这是自己总结的观点，原文里不一定有，可以直接放入自己的文章，但是最好进一步提供这些观点的其他文章来源

教师在微课视频中，还讲授了如何做转述和总结。学生可以在课前进行自主学习，观看视频并且完成练习。教师在查看学生练习结果时发现，部分练习的错误比较多，就在课中有针对性地进行讲解。例如：

Please find out the most appropriate paraphrase among the 4 choices：

Original sentence：

The amphibia, which is the animal class to which our frogs and toads belong, were the first animals to crawl from the sea and inhabit the earth.

A. The first animals to leave the sea and live on dry land were the amphibia, such as frogs and toads.

B. Frogs and toads belong to the animal class amphibia.

C. The amphibia, the animal class to which frogs and toads belong, were the first animals that move from the sea to the earth.

D. Frogs and toads are the amphibia that comes from sea to earth.

教师通过学生的微课练习发现该题错误率比较高，几乎一半学生选择了 C，而答案应该是 A。于是教师在课上针对该题进行了讲解，由于 C 只是替换了部分单词，句子结构基本与原句没有差别，B 与 D 的意思发生了偏差，而 A 既保留了原句的意思，表达方式也有了比较明显的变化。通过从错误中学习（Huang et al.，2016）的方法，学生进一步明确了转述的原则：既要表达原文的意思，又要避免与原文雷同。

教师还通过文献阅读内容进一步强调学术诚信教育。为了达到潜移默化的效果，教师特别选择了有关学术抄袭的研究论文（例如：Copying, paraphrasing, and academic writing development: A re-examination of L1 and L2 summarization practices），在教授如何进行文献阅读和了解学术论文结构和要素的同时，通过文献内容进一步加强学术诚信教育，再一次对学术诚信问题进行了探讨。

教师还要求学生在课后对知识点加以运用，主要是通过项目式论文写作的真实活动，将课上学习的内容在运用中加以巩固。教师使用了过程写作的方式，要求学生提交初稿、二稿和终稿，以便在过程中及时发现抄袭的问题并加以指正，而不是到论文提交时才发现问题而加以惩罚。有的学生体现了良好的学术素养，而同组的其他同学可能做得不够好，所以进行了同伴互评。教师将同伴互评的检查表发给学生一一对照，并录制视频告知互评方法。检查表中包含了对规避抄袭的要求，例如：

Are all the borrowed ideas provided with citations and reference? Is there a match in citations and references? Are the citations and reference in APA format?

学生对初稿进行同伴互评，使用 Word "审阅"中的"修订"模式或"新建批注"保留了互评轨迹（见图 4），如果他们发现别人的观点没有提供出处，甚至有大段抄袭的问题,就在同伴互评中指出,然后将互评的内容发给同组学生阅读和修改。因此同伴互评的意义不仅体现在对论文语言、内容、结构等方面的作用(Maatouk & Payant, 2020),也对加强学术规范产生积极意义(Ledwith & Rísquez, 2008)。

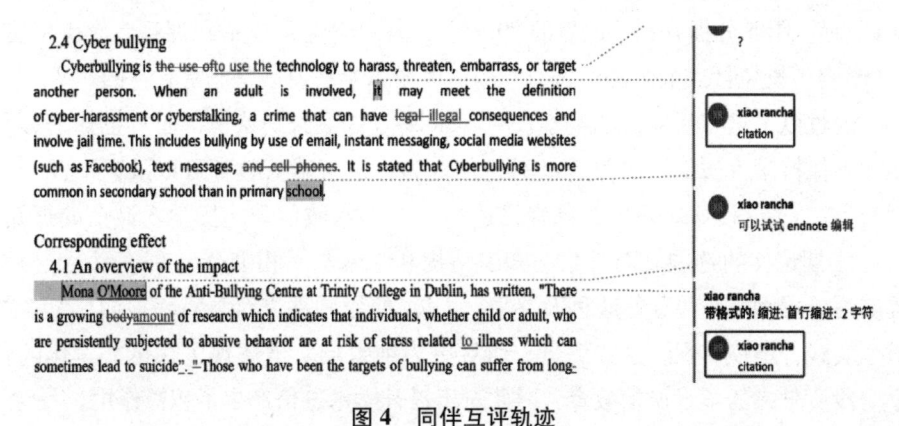

图 4　同伴互评轨迹

学生根据同伴反馈意见修改并提交二稿后,教师再进行笔头反馈,若仍然发现有学术不诚信行为就会再次指出,并约定时间分组与学生进行口头反馈。口头反馈的目的是通过探讨帮助学生理解笔头反馈的内容,也给予学生答辩的机会,使论文的内容更加清晰可理解。同时教师也会敦促学生对可能存在的学术抄袭问题进行修改,使学生通过写作实践,意识到自己在学术诚信方面可能产生的问题,并加以防范。

学生还在课前自主学习了文内引用和参考文献的 APA 格式,由于 Endnote 自动生成的文内引用和参考文献往往不能达到信息完全准确,需要手动加以个别调整,教师设计了改错练习,让学生在课中进行对应内容的练习和研讨,对常见的引用格式错误加以纠正。

3.2.3　课程总结阶段

在课程后期,教师使用 Turnitin 论文查重系统对所有论文进行查重,或要求学生提供查重报告,从而进一步杜绝学术抄袭。教师设定重复率不得超过 15%,对重复率超过 15% 的论文要求学生立即修改,最后学生的查重结果多数低于 10%,个别在 15% 内,基本达到了要求。Graham-Matheson 和 Starr(2013)认为,使用 Turnitin 查重可以帮助学生避免抄袭,并提出了以教学为目的的查重,即学生可以通过自查及时了解自己论文中的问题并做出修改。自 2013 年本课程开设以来,仅一名学生重复率太高而没有通过课程,原因是在新冠疫情期间,教师很难远程监督学生的学习,虽然在网上实施了同伴互评和教师反馈,仍有一位留学生在同伴和教师反复提出学术抄袭问题后大量抄袭，因此对于这样的故意抄袭行为我们也绝不姑息。

教师还使用问卷调查对课前课后学生的学术诚信进行自我打分，结果显示，所有学生都认为自己通过课程学习提升了学术道德和学术素养，从平均分来看，从课前的 81.5 分提升到了课后的 89.7 分，有的学生在 Canvas 课程系统中留言："我学会了避免抄袭的方法，这对于今后的学术生涯发展是非常有益的。"

通过以上这些活动，学生不仅对学术诚信有了深刻认识，而且也知道如何做才能保持学术诚信。田德新（2003）认为，学术诚信教育可以从以下几个方面着手：（1）教师一开始在课程描述中强调学术诚信和违反学术诚信的惩罚。（2）学期论文的选题宜与学生的知识结构和学术水平相吻合。（3）注重过程，提交写作提纲、一稿、修改稿及终稿。（4）使用软件进行重复率检测。笔者的教学实践，不仅体现了这些要点，而且更为细致翔实地体现了在论文写作的各个阶段所融入的学术诚信教育，因此对于提升学术诚信产生了积极作用。

4. 结语

学术诚信是学术研究和论文写作的基本要求，除了通过惩戒方法杜绝抄袭，学术诚信教育也十分重要。通过教育可以让学生了解为什么要保持学术诚信，哪些行为属于学术抄袭，如何做才能防止学术抄袭。而这一教育要贯穿学术写作课程的整个过程，通过教学活动的设计，将诚信教育融入学术写作的内容，包含文献阅读、文字转述、内容总结、文内引用和参考文献等步骤，使学生不仅从观念上对学术诚信加以重视，而且从能力上学会如何防止抄袭，已达到学术诚信的要求。本研究为学术论文写作课程中的诚信教育提供了范例。当然，学术诚信教育仍然需要与学术诚信规章制度和学术诚信监管相结合，才能取得最佳效果（王崇恩等，2021）。

参考文献

[1] 刘尧. 治理学术抄袭需要常态化 [J]. 社会观察，2015（12）：44-45.

[2] 田德新. 美国高校的学术自由与学术诚信 [J]. 外语教学，2003（4）：93-95.

[3] 王崇恩，马鑫淼. 哈佛大学学术诚信体系建设的做法及启示 [J]. 北京教育（高教），2021（4）：93-96.

[4] 王敬波. 治理学术抄袭 法律不能缺位 [EB/OL]. 科学网，2016-03-04.

[5] 中华人民共和国教育部. 高等学校预防与处理学术不端行为办法 [EB/OL]. 中华人民共和国教育部政府门户网站，2021-6-16.

[6] ALESSIO H M, MESSINGER J D. Faculty and student perceptions of academic integrity intechnology-assisted learning and testing [J/OL]. (2021-4-20) [2021-6-15]. https://www.researchgate.net/publication/350999613.

[7] BLOCH J. Plagiarism, Intellectual Property and The Teaching of L2 Writing [M]. Bristol: Multilingual Matters, 2012.

[8] CURRIE P. Staying out of trouble: apparent plagiarism and academic survival [J]. Journal of Second Language Writing, 1998, 7 (1).

[9] DAWSON P. Defending Assessment Security in a Digital World: Preventing E-Cheating and Supporting Academic Integrity in Higher Education [M]. London: Routledge, 2020.

[10] DIVAN A, BOWMAN M, SEABOURNE A. Reducing unintentional plagiarism amongst international students in the biological sciences: an embedded academic writing development programme [J]. Journal of Further and Higher Education, 2015, 39 (3).

[11] EAST J. Judging plagiarism: a problem of morality and convention [J]. High Educ, 2010, 59 (1).

[12] FLOWERDEW J, Li Y. Language re-use among Chinese apprentice scientists writing for publication [J]. Applied Linguistics, 2007, 28 (3).

[13] GRAHAM-MATHESON L, STARR S. Is it cheating or learning the craft of writing? Using Turnitin to help students avoid plagiarism [J/OL]. Research in Learning Technology, 2013, 21: 17218 (2013-03-06) [2021-06-15]. https://journal.alt.ac.uk/index.php/rlt/article/view/1273/pdf_ 1.

[14] HUANG J, HAO X D, LIU Y. Error Correction in Oral Classroom English Teaching [J]. English Language Teaching, 2016, 9 (12).

[15] KEEFER L A, BROWN M, ROTHSCHILD Z K. Framing plagiarism as a disease heightens students' valuation of academic integrity [J]. International Journal of Psychology, 2020, 55 (2).

[16] LEASK B. Plagiarism, cultural diversity and metaphor—implications for academic staff development [J]. Assessment & Evaluation in Higher Education, 2006, 31 (2).

[17] LEDWITH A, RÍSQUEZ A. Using anti-plagiarism software to promote academic honesty in the context of peer reviewed assignments [J]. Studies in Higher Education, 2008, 33 (4).

[18] LIU D. Plagiarism in ESOL students: is cultural conditioning truly the culprit? [J]. ELT Journal, 2005, 59 (3).

[19] MAATOUK Z, PAYANT C. Moving beyond individual peer review tasks: a collaborative written corrective feedback framework [J]. BC TEAL Journal, 2020, 5 (1).

[20] MEHREGAN M. How to deal with academic plagiarism more effectively [J]. Publishing Research Quarterly, 2021, 37 (1).

[21] MIRON J, EATON S E, MCBREAIRTY L, et al. Academic integrity education across the Canadian higher education landscape [J/OL]. Journal of Academic Ethics, (2021-5-11) [2021-06-11]. https://link.springer.com/article/10.1007/s10805-021-09412-6.

[22] PENNINGTON M C. Plagiarism in the academy: Towards a proactive pedagogy [J]. Writing and Pedagogy, 2010, 2 (2).

[23] PECORARI D. Good and original: plagiarism and patch writing in academic second-language writing [J]. Journal of Second Language Writing, 2003, 12 (4).

[24] PECORARI D. Teaching to Avoid Plagiarism: How to Promote Good Source Use [M]. Berkshire: Open University Press, 2013.

[25] PENNYCOOK A. Borrowing others' words: text, ownership, memory, and plagiarism [J]. TESOL Quarterly, 1996, 30 (2).

[26] PERKINS M, GEZGIN U B, ROE J. Reducing plagiarism through academic misconduct education [J]. International Journal for Educational Integrity, 2020, 16 (1).

[27] POLIO C, SHI L. Perceptions and beliefs about textual appropriation and source use in second language writing [J]. Journal of Second Language Writing, 2012, 21 (2).

[28] RETS I, ILYA A. Eliciting ELT students' understanding of plagiarism in academic writing [J]. Eurasian Journal of Applied Linguistic, 2018, 4 (2).

[29] SONFIELD M C. Academic plagiarism at the faculty level: legal versus ethical issues and a case study [J]. Journal of Academic Ethics, 2014, 12 (2).

[30] SOTO J G, ANAND S, MCGEE E. Plagiarism avoidance: an empirical study examining teaching strategies [J]. Journal of College Science Teaching, 2004, 33 (7).

[31] SOWDEN C. Plagiarism and the culture of multilingual students in higher education abroad [J]. ELT Journal, 2005, 59 (3).

作者简介：张荔，上海交通大学外国语学院教授，博士生导师。研究方向：二语习得，外语教学。

资助基金：本研究为教育部人文社会科学规划项目（项目号21YJA740051）"融入课程思政的学术英语线上线下混合式教学模式探究"的阶段性研究成果，特此表示感谢！

论文已发表于《外语与翻译》2021年第三期，经期刊同意收录于本论文集。

基于产出导向法的主题式演讲教学设计融入课程思政实践探索

——以高级大学英语综合课为例

何 琼　张 荔

上海交通大学，上海，200240

摘　要：大学英语教学在立德树人方面能够发挥重要的作用，教学设计有机融入课程思政尤为关键。本文聚焦微观教学设计，以高级大学英语综合课为例，提出基于产出导向法的主题式综合产出教学设计框架，详细阐述在框架指导下如何设计符合主题的产出大任务，并选取合适的语言材料，运用恰当的教学步骤引导学生完成大任务。本文旨在探索实践路径，深挖大学英语教学课程思政内涵。

关键词：产出导向法，演讲模式，教学设计，课程思政

1. 引言

《高等学校课程思政建设指导纲要》明确指出要在教学全过程融入课程思政，实现"价值塑造、知识传授和能力培养"三位一体的人才培养目标（教育部，2020）。语言是文化和价值观的载体，外语课程在实现育人目标上具有天然的优势，应该担负起重要的育人责任。《大学英语教学指南》（2020版）也清楚定位大学英语课程应主动融入学校课程思政教学体系，借助其量大面广的公共基础课的特点，潜移默化地影响广大学生群体，提高学生综合素质，从而在高等学校落实立德树人根本任务中发挥重要作用，助力于培养社会主义事业接班人。

近两年已有不少研究探讨大学英语课程思政建设。一些学者从理论层面加以研究，提出课程思政视角下大学英语改革模型（刘建达，2020）和大学英语课程思政理论框架（文秋芳，2021）。更多学者则从教学实践方面对思政视域下的教学目标、教学内容、教学设计等加以探索，倡议对课程思政背景下大学英语的教学内容进行重构（刘正光、岳曼曼，2020），探讨对英语课程教学素材的

思政内容建设（徐锦芬，2021），构建大学英语课程思政的人才培养目标全球胜任力模型（应慧等，2020），提出教学设计应遵循的四项原则以指导改进外语课程思政（胡杰辉，2021）。毫无疑问，这些研究都给外语教学一线的教师提供了宏观的指导和具体的示例，具有极大的参考价值，也引起了更多一线教师对课堂教学融入课程思政的思考。

同时，笔者也注意到，虽然主题式教学是大学英语课堂教学常用的组织模式，由 20 世纪 90 年代引入国内的内容依托教学模式发展而来（曹佩升，2012），但是针对同一主题进行体系化教学设计的探索并不多。在课程思政背景下，主题作为话题本来具有的丰富思想文化内涵为这种课堂教学组织方式注入了新的活力，我们可以从教学设计角度深挖主题式教学的思政元素，摸索出教学设计融入课程思政适用的实践路径。本文正是笔者结合多年教学经验在这方面进行的探究，尝试将产出导向法和主题式教学相结合，提出实用且有可操作性的教学设计框架，为实施大学英语课程思政提供新思路。

2. 基于产出导向法的主题式演讲教学设计与课程思政

教学设计是深化大学英语改革的关键，教学设计系统化——从确定教学目标、实施教学策略，到展开教学评价——有一个完整的体系，具有相当的科学性，可用于指导大学英语教学（毛伟、盛群力，2016）。教学设计分宏观、中观和微观三个层面，其中微观教学设计关注单元、模块和教学片段设计（盛群力，2010），直接作用于课堂教学，能给教师提供细致入微的帮助。

产出导向法（Production-Oriented Approach，简称 POA）是由文秋芳团队创建的、具有中国特色的外语教学理论（文秋芳，2017）。该方法遵循以老师为主导、学生为中心的基本理念，主要针对的是中高级外语学习者，其"产出"（production）既强调产出过程（producing），又强调产出结果（product），能够有机地在各个教学场景中灵活使用。产出导向法不仅是一种全新的具有中国特色的教学方法，更是有其理论体系的微观教学设计，可以广泛应用于各类外语课程。POA 指导下的教学设计能够帮助学生实现学习观念从学到用的转变，对于提高学生学习兴趣和能力都有所帮助。越来越多的同人们在教学实践中借鉴 POA 方法。笔者认为其使用潜能也可在思政教育方面得到发挥，因为这一理论体系（见图 1）的建构基础与课程思政内涵不谋而合。

POA 秉持的三大教学理念之一"全人教育"与大学英语课程的"人文性"的根本任务如出一辙，是外语课程思政的主要目标。文秋芳（2015）总结出三个实现人文性目标的主要手段：第一，认真选择产出任务的话题，确定其讨论

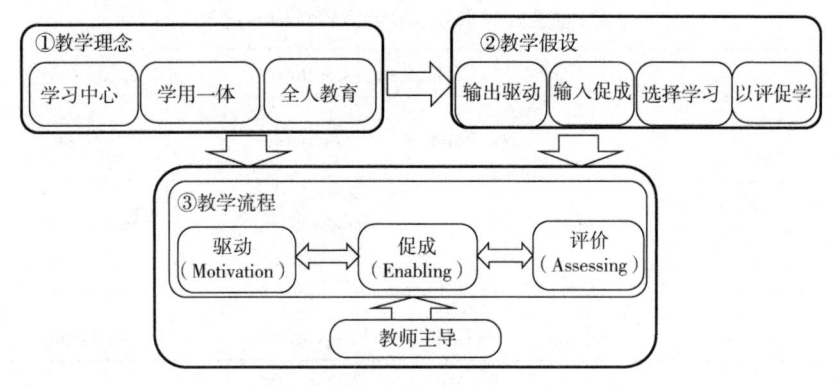

图 1　POA 的理论体系（文秋芳，2017：350）

的价值，关注产出任务的设计。第二，精心选择为产出任务服务的输入材料，保证材料的人文价值情怀。第三，巧妙设计教学活动的组织形式，以确保思维的逻辑性。这些手段要与各课程的实际情况相结合才能为教学设计如何有机融入课程思政提供探索方向。

根据笔者所在高校的大学英语课程设置，本研究选择英语演讲作为主题式教学设计的产出任务，原因有二：一是英语演讲为我校高级大学英语的课程目标之一，也是比较常见的产出性任务；二是学术英语背景下的英语演讲基本分为知识传授性和劝说性两种，考查比较高端的综合能力，既包括语言运用能力，也兼顾图书信息检索管理能力，亦即利用查找、理解、阐释和运用研究资料等技能开展研究的能力。思维能力也得到充足的训练，特别是劝说性演讲，其主体部分的逻辑组织有五种基本的演讲模式可选：解决问题型（problem-solution）、比较优势型（comparative-advantage）、符合标准型（criteria-satisfaction）、主张论证型（claim）和渐进激励型①（motivated sequence）(Hamilton, 2006)。

表 1 显示了四个主题所采用的不同的演讲模式。我们可以清楚看出其逻辑结构，而中间衔接步骤更是立足于全面看待问题以提高批判性思维。这些模式可以用来逻辑串联为实现产出大任务而设置的各项促成任务，开展有内部逻辑性的语言活动。

综合考虑以上情况，针对具体学情分析，并基于产出导向法和英语演讲模式的有机结合，笔者提出了 TIP（Theme-based Integrated Production）——主题式综合产出教学设计，搭建整个单元的听、说、读、写、译一体化框架，并通过案例分析来探索其中融入课程思政的实践路径。

---

① 渐进激励型演讲模式实际上涵盖整个演讲，但中间三步可视为主体部分。

表1 主题式演讲教学设计逻辑结构一览表

Theme	Step 1/ Part 1	Transition (Conflicts)	Step 2/ Part 2
Combating global warming	Problem	Conflicts of stakeholders	Solution
Achieving college success	Criteria	Values conflicts	Satisfaction
Parenting style	Comparison	Generational conflicts	Advantage
Volunteering	Need	Give-and-take conflicts	Satisfaction

3. 主题式综合产出教学设计融入课程思政案例分析

3.1 教学目标

在"三位一体"思想指导下，我们重新梳理高级大学英语综合课程的教学目标，分为能力模块、知识模块、育人目标三大模块（见表2）：

表2 教学目标三大模块

能力模块	目标一	能够熟练运用记笔记技能记录讲座、演讲、新闻等听力材料的要点，分辨主次信息，整理结构
	目标二	能够分析所读材料的篇章结构，梳理出大纲，并写出概要
知识模块	目标三	能够运用语言知识（词汇和语法等）完成学习任务
	目标四	能够理解并运用较高级的修辞手段，增强语言表达的生动性
育人模块	目标五	能够与同伴合作完成与国情相关的主题演讲，培养家国情怀
	目标六	能够通过讨论、提问、评价等活动培养批判性思维

3.2 教学步骤

主题式综合产出教学设计主要包括三个环节：首先，引入主题并布置真实的产出大任务（英语演讲），为语言输出创设真实情境，给学生提供自我表达的动力；其次，根据英语演讲的三大模块依序开展多样化综合性的促成语言教学活动（语言、内容和组织结构等方面），给学生提供细致的指导，发挥"脚手架"作用以帮助学生完成产出大任务；最后，通过师生和学生之间的评价对课堂现场演讲和课后观摩演讲视频进行评估，实现以评促学。

在此，笔者以第一个环保主题的综合产出教学设计为例，展现三周六个课时教学实践的各个环节，以探索其中蕴含的思政元素。

环节一：产出大任务的设计

产出导向法中的产出任务要能够激励学生们使用语言做事,所以任务设计尽量要真实并具有潜在交际价值,同时有挑战以激发学生的学习兴趣和投入程度,可以是现在或将来要完成的任务(文秋芳,2020)。因此,本设计选取"应对全球变暖"(combating global warming)为单元主题,在绿色可持续发展的全球背景下该选题具有现实意义。笔者创设的产出大任务是为国际会议遴选演讲发言代表,介绍中国为实现2060年"碳中和"的宏伟目标而做的种种努力,如聚焦某一具体倡议或做法,分析其针对的问题和解决方案。具体的任务场景描述和指令说明如下:

> China-UK Low Carbon College of our university (LCC, 中英国际低碳学院), a cradle of talents for low carbon industries aimed to support the development of low carbon fields with cutting-edge technologies, is holding a speech contest with the theme of **Combating Global Warming** in order to choose a team to attend an international conference next year. Low-carbon development is an inevitable choice for China and the rest of the world in dealing with global warming. Therefore, the competition requires that student delegates introduce an initiative/case study that illustrates China's green development strategy in the hope of achieving carbon neutrality in 2060. The initiatives must be focused and specific, encompassing a wide range of topics: renewable energy, industry, agriculture, and transportation, etc., which are listed below (yet not limited to):
> - *Clean energy (nuclear) / Renewable energy: wind, solar and hydro*
> - *Solar Energy in architecture / Low-carbon construction*
> - *Electric vehicles / Transportation / Lifestyle*
> - *Tree planting /afforestation vs. deforestation / combating desertification*
> - *The use of green packaging in the delivery industry*

在这个环节中,驱动材料的选择使用对于顺畅布置产出任务至关重要,既要提供必需的背景知识,又需服务于教学目标,还能够极大地激励学生的内生动力。根据上述演讲产出任务的要求,我们要帮助学生了解中国近期做出的"碳承诺",并准备适当的暖身活动唤醒学生再次关注全球变暖问题。为此我们选择了荣获奥斯卡奖的英语纪录片"An inconvenient truth"的预告片和"The polar bear in danger"的短视频作为听力素材,设计了相关听力任务。随后,我们选用了CGTN报道的习近平总书记与法、德两国领导人会谈新闻音频作为楔子(leading with action),增强学生对我国致力于全球环境保护决心的了解,同时使用微课视频"China's path to carbon neutrality by 2060"介绍中国实现"碳中和"面临的挑战。学生们不仅通过视听材料了解了必要的背景知识，还要完成听力练习训练相关的语言技能。口语活动紧随听力任务之后，学生分组讨论，先集思广益总结全球已有的环保举措，再聚焦中国，了解国内绿色低碳发展情况，为产出大任务埋下伏笔。最后笔者发放任务卡，并进行必要的铺垫和说明，至此完成了驱动环节的实践教学。

回顾整个过程，我们发现话题和选材是提取课程思政元素的关键，如运用恰当既能引起学生兴趣，还能引导学生关注国内外时事并采取行动，培养全球化视野和家国情怀。

环节二：促成环节过程化设计

在POA"驱动—促成—评价"的教学流程中，促成环节的实施过程直接关系到产出任务的完成质量，要同时兼顾语言、内容和结构三方面的促成。在综合产出教学设计中，采用的逻辑框架是问题解决型劝说性演讲，因此促成环节按演讲模式逐一展开（见表1）。也就是说，实际教学按三部分演讲内容依次进行：描述问题、聚焦冲突和讨论解决方案。这种组织结构旨在培养学生全面思考问题的视角和批判性思维能力。

在本案例中，学生聚焦的绿色低碳举措其实是比较宽泛的解决方案，比如电动车的研发、植树造林、绿色包装等。我们期望学生在组织演讲时要思考其针对的环保问题具体表现如何，同时还要对这一举措"质疑"，包括其中牵涉的考虑不周或实施难处等，最后对该举措的实施细节和成果进行介绍。因此，促成环节的具体任务都有明确的指向，构成符合要求的演讲主体结构：

Topic：*Green Manufacturing in Steel Industry*

Body Part

I. Problem：*Traditional steel manufacturing methods will lead to severe pollution and emission of greenhouse gases.*

1. *Diagram from Ministry of Ecology and Environment.*

2. *A Tangshan resident's complaints about air quality.*

II. Conflicts：*Reforming the steel industry will cause enormous economic loss.*

1. *A video about interviewing an officer.*

2. *The statistics of steel output in Hubei and Anhui Province.*

III. Solution：*Promote green development of steel industry.*

1. *Lower output, higher profit.*

2. *New job opportunities.*

3. *Mergers and acquisitions.*

结构促成活动主要以教师为主导、学生为主体逐步完成，而语言促成和内容促成则密不可分，融入结构促成的每个步骤。"全人教育"的理念同样取决于输入材料选择和设计的相应语言活动。另外，还根据需要添加了大量的选择性学习材料供学生课后学习。我们围绕全球变暖和绿色低碳这两个紧密联系的环保话题，选择分别属于演讲主体结构两个部分——问题和解决模块的高质量素材，设计综合性语言教学活动，既夯实语言基础，又加深对内容的理解。下面笔者根据促成环节教学设计表（见表3）进行详细阐述。

表3 促成环节教学设计表

问题描述	1. 文章 The Venus syndrome 导读，完成以下三部分内容：（1）mind-mapping 导致金星综合征的部分；（2）反驳写作教学（The sunlight 的部分）；（3）课文中的概要部分	课上：按三部分内容逐一完成任务检查学生理解并精讲
	2. 修辞手段类比 analogy（课文中对火炉般热的描述）并布置作业；扩充词汇（disaster）	课下：布置课文 summary writing 和使用 analogy 的小写作，上传 canvas
聚焦冲突	3. 承上：复习讲解示范（summary 作业）；课文延伸讨论问题：Is the Earth going to face the same destiny as the Venus? 启下：What can be done to accomplish the mission of achieving carbon neutrality by 2060? 4. 深挖冲突（Addressing conflicts）： a. 内容、语言、结构促成：听力 Three factors 和 The second misconception；阅读 Amazon Deforestation；段落翻译等 b. 以植树为例示范并安排学生分组讨论（brainstorm the focus issues related to their topic）；挑选两组进行反馈	课上：检查上节课的 summary 作业；学习视频并检查 analogy 作业；语言拓展学习；课堂讨论所选话题下可能出现的冲突 课下：每组提供一个头脑风暴后主题演讲的大纲（标明聚焦的冲突问题）
解决方案	5. 精听 Magic bamboo houses 和 Fell in love with fish 完成两个大纲填空（包括问题原因、冲突、解决方案）并进行口语练习 6. 选择性学习材料，继续进行内容促成。英文：electric cars / renewable energy / lifestyle / building technology（听力），中文：治沙、交通、新能源等绿色发展（阅读）	课上：精选两段介绍 bamboo house 和 fish farm 进行讲解和课堂练习 课下：完成视频的其他练习；排练主题演讲并提交简单内容介绍

在讲解问题描述时，利用阅读文章 The Venus syndrome 让学生了解全球变暖

将导致致命的危险（比如，地球像金星一样环境变得恶劣不宜居，并练习写作概要和议论文中的反驳段落），还初步学习修辞手段类比（analogy）。值得一提的是，为了增强价值引领，在知识模块聚焦类比的讲解中，我们从《习近平谈治国理政》有关环保的论述中选取了以下使用了类比的篇章：

原文：纵观人类文明发展史，生态兴则文明兴，生态衰则文明衰。工业化进程创造了前所未有的物质财富，也产生了难以弥补的生态创伤。杀鸡取卵、竭泽而渔的发展方式走到了尽头，顺应自然、保护生态的绿色发展昭示着未来。

译文：The rise or fall of a society is dependent on its relationship with nature if we see it from a historical perspective. Industrialization, while generating unprecedented material wealth, has caused serious damage to nature. Development without thought to the future of the Earth is not a sustainable way to progress—**like killing the goose that lays the golden eggs or draining the pond to get all the fish**. Green development that focuses on harmony with nature and eco-friendly progress shows the way to the future.

在聚焦冲突时选材涵盖也特别广泛，根据话题选取了不同的音视频和阅读文章。首先是从驱动环节中已经使用的纪录片中剪辑了两个听力片段"Three factors causing the collision between the Earth and our civilization"和"The second misconception: Do we have to choose between the economy and the environment"，设计听力回答问题和填空，也选用习近平总书记讲话中经常提到的"绿水青山就是金山银山"中文段落进行英汉互译等练习，帮助学生领悟"冲突"的意义，也明晰了国家基本的环保主张。

原文：坚持绿色发展。绿水青山就是金山银山。保护生态环境就是保护生产力，改善生态环境就是发展生产力，这是朴素的真理。我们要摒弃损害甚至破坏生态环境的发展模式，摒弃以牺牲环境换取一时发展的短视做法。

译文：We must be committed to green development. Green mountains are gold mountains. To protect the environment is to protect productivity, and to improve the environment is to boost productivity—the truth is as simple as that. We must abandon development models that harm or undermine the environment, and must say no to shortsighted approaches of going after near-term development gains at the expense of the environment.

完成翻译任务后还给学生提供了一个全球关注的环境问题的阅读篇章，聚焦亚马逊热带雨林遭破坏的缘由，引导学生认识到关注任何事物都具有两面性，最后以有四十多年历史的中国植树节为例子，深挖这个似乎完美的绿色环保倡议中可能面临的冲突问题——"造林的痛点"（见图2）。通过这一系列输入语料和语言活动，学生们对演讲的组织结构有了清楚的认识，不再从单一视角，而是力求辩证全面地看待问题。这种思辨能力是大学生综合素养重要的组成要素，也是理工科专业学生必备的科学思维能力。

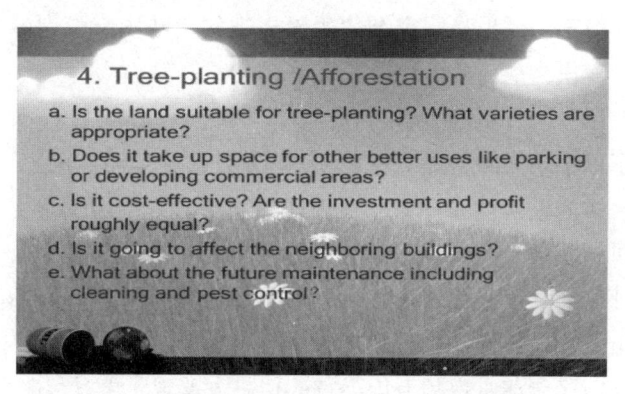

图2　"聚焦冲突"教学PPT：以植树为例

为了帮助学生准备演讲主体的第三部分，笔者提供了大量的国内外绿色低碳材料，讲解如何将解决方案展示清楚，特别强调要与第二部分冲突的处理办法达成一致。首先是精选了两个TED演讲（Magic bamboo houses 和 Fell in love with fish），分别是建筑业和养殖业的绿色可持续发展的具体事例，让学生依据演讲结构理顺听力内容，完成大纲梳理练习。课后提供选择性学习材料继续进行内容促成。这些素材和语言小任务为阐明要点并完成产出大任务服务，而不是单纯地学习语言本身，有别于任务教学法（文秋芳，2020），这应该是大学英语课程创新教学设计努力的新方向。

本设计中的教学组织采用主题式演讲模式，更有创意，而且逻辑脉络清晰，环环相扣，不再人为割裂听说读写练习，也不局限于传统的从词到句到段到篇章的语言学习课堂，而是以真实的典型交际任务为目的组织教学，摆脱了为学语言而学语言的枯燥形式，在"做"中学语言，对学生更有挑战度，更能满足高水平学生的需求。

显然，这种教学组织形式契合教学目标，能训练学生思维能力，达到育人目的。毋庸置疑，选取合适的材料仍然是促成环节中融入课程思政的有效手段。在确保语言和内容高质量输入的同时，我们也设计了丰富多彩的教学活动，采

53

取灵活贴切的教学方法和手段，最终完成一系列促成任务。当然还需兼顾课上课下、课堂内外：课前提供广泛的素材以刺激学生头脑风暴寻找具体的环保举措并完成预习；课中开展课文分析，英汉互译、小组讨论、听力记笔记，写大纲，阅读后发表观点、回答问题、完成个人/小组演讲等活动；课后借助线上平台发布不同类型的促成练习，既有写作概要，又在线上教学管理平台canvas讨论板块分享语言活用，以及上传演讲提纲供学生批评指正或借鉴学习。整个过程学生在完成一项项教学活动中锻炼了各项能力，并逐步完成产出大任务的各个部分，最后呈现的成果是一个结构逻辑清晰的反映国家发展的主题演讲，这个高质量语言输出为前面的语言输入赋予了现实意义。

环节三：课堂内外评价活动

学生除了以小组为单位提交整个演讲提纲外（见以下示例），还要现场进行演讲，因为演讲的成功很大一部分在于现场表现。为了增强学生参与度，我们布置了听演讲画思维导图的练习。为保证教学评价的即时性和公平性，教学评价包括师生评价和学生互评，学生在学习了演讲评价标准后开始听演讲，随后分组讨论，给出评定结论和证据，老师给出补充点评，同时也要求其他未上课演示的小组课后录制演讲视频上传至canvas供大家观摩学习和评判。

例

Introduction

Attention-getter: Do you remember the Shanghai World Expo? It is the first low-carbon building complex to appear in the public view in China.

Background: Domestic development of green architecture and specific examples.

Definition: Concept and characteristics of green architecture and connection between green architecture and carbon neutralization.

Thesis: Green architecture helps achieve carbon neutralization goal.

Body

I. Problem:

(1) Large amount: the carbon emission of our construction industry ranks the third in the world.

(2) High intensity: the emission per unit output value of construction industry is large.

(3) It is difficult to form an accurate understanding of the carbon emission of

the whole industry.

(4) People don't know the definition of green architecture.

II. Conflict:

(1) Other industries are related: the impact of reform is wide, affecting people's livelihood.

(2) People are sensitive to house prices, worried that green building will increase housing costs.

(3) Changing existing buildings into green architecture needs multi-party negotiation, which is difficult to reach.

III. Solution:

(1) Investigate the current carbon emissions in order to formulate a unified greenhouse gas emission standard for real estate enterprises.

(2) Strengthen publicity to popularize the benefits of green building to the public.

(3) Give subsidies to the buyers and real estate enterprises who purchase houses that meet the green building standards.

(4) Improve the standard of land auction and give priority to the real estate enterprises with green concept.

(5) Increase governmental support for scientific research and break through technical barriers.

Conclusion

Green architecture is of great help to achieve the goal of carbon neutral, and it has gradually come into the public view in recent years. I believe that in the near future, green building will bring great help to the carbon neutral plan of China's construction industry.

借助师生和学生间评价，老师可以在教学过程中直接观察学生表现，并通过产出的成果综合考量学生的各项能力——英语应用能力、批判性思维、小组合作和自主学习能力以及考虑演讲对象为外国人的跨文化交际意识等。这个评价环节是产出导向法使用全过程的最后一环，通过现场提问以及讨论评判等活动培养学生的批判性思维和高阶的分析能力，是本设计发挥育人功能不可或缺的一环。

3.3 教学效果

上面详述了此次教学设计的实践探索过程。为了了解教学设计的实施效果，笔者做了问卷调查，其中包括对育人效果的感知。四个教学班 120 人参与教学，共收回 109 份有效问卷。通过问卷我们了解到学生对主题式演讲教学设计的看法（见图 3），也要求学生对演讲任务、国家环保情况了解、批判性思维训练、投入程度等教学效果相关陈述进行反馈，选择不同意、一般或同意（数据分析时分别对应 1、2、3 分）。

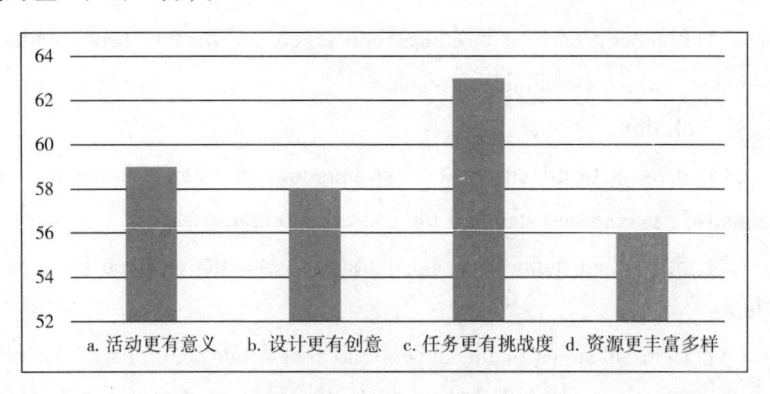

图 3　学生对主题式演讲教学设计的看法

调查结果显示（见表 4）：主题演讲的任务需要关注国情，选取的课外教学资源也更多围绕绿色低碳话题，极大增进了学生对于环保以及中国政府坚决减碳排放目标的了解（均分 2.826/3），无形中发挥了大学英语课程的课程思政育人作用。其次，设计的教学活动切实为课程的教学目标服务，更为具体实用。以培养学生的思维能力为例，通过聚焦冲突这一教学环节强化批判性思维意识和训练，98 名学生认同这一点（均分高达 2.89/3），认为这一任务更具挑战性。这一发现与国外学者研究问题解决法教学设计理念（Problem-based approaches to instruction）结果一致。有关学习的研究和理论表明，学生通过体验解决问题的过程能够更好地掌握相关学习内容和思维策略（Savery，2009）。

表 4　教学效果描述性统计表

效果维度	人数	平均数	标准差
任务合适度	109	2.789	0.4109
增加环保了解	109	2.826	0.3811
提高思维能力	109	2.890	0.3426
融合学习过程	109	2.853	0.3555

续表

效果维度	人数	平均数	标准差
课堂更集中注意力	109	2.743	0.4389
投入更多学习时间	109	2.826	0.3811

基于产出导向法的主题式综合产出教学设计提倡从做中学、学用一体，有效提升学生英语学习兴趣和效果，也使得教学内容和形式的内在联系更为明确紧密。从表3也可以看出，由设计的产出任务串联起听说读写模块的学习，并以语言输出为最终目的，使得学生不仅在课堂上注意力更集中（81/109，均分2.743/3），而且课后比以前投入了更多时间学习英语（90/109，均分2.826/3）。这些都表明有效的教学设计可以提高学习效果，保证课堂内外思政教育发挥应有的作用。

本设计在综合课上取得如此教学效果也不意外，与POA两个实证研究结果一致：POA用于写作教学可以促进学生吸收和使用新学的语言（张文娟，2017）；在大学英语口语教学中使用POA能够帮助学生实现学习观念从学到用的转变，增强课堂交流意愿，提升单元产出任务质量，对于提高学生英语口语学习兴趣和能力都有所帮助（万玮敏，2020）。可以说，POA的使用前景值得期待。

4. 结语

本文主要通过案例分析展示如何在基于产出导向法的主题式演讲教学设计中有机融入课程思政，其关键在于设计符合主题真实语境的挑战性大任务，并选取合适的语言材料、运用恰当的教学步骤和提供充足的"脚手架"支撑，一步步引导学生完成任务。在此过程中，我们运用确立主题、选择材料、设计活动三个主要手段充分发掘教学中蕴含的课程思政内涵，让学生既学有所获，又心有所感。

参考文献

[1] 曹佩升. 大学英语CBI主题教学模式有效性的实验研究[J]. 外语电化教学，2012（3）：51-55.

[2] 胡杰辉. 外语课程思政视角下的教学设计研究[J]. 中国外语，2021，18（2）：53-59.

[3] 中华人民共和国教育部. 高等学校课程思政建设指导纲要[EB/OL]. 中华人民共和国教育部政府门户网站，2020-5-28.

[4] 教育部高等学校大学外语教学指导委员会. 大学英语教学指南[M]. 北京：高等教育出版社，2020.

[5] 刘建达. 课程思政背景下的大学外语课程改革 [J]. 外语电化教学, 2020（6）: 38-42.

[6] 刘正光, 岳曼曼. 转变理念、重构内容, 落实外语课程思政 [J]. 外国语, 2020, 43（5）: 21-29.

[7] 毛伟, 盛群力. 聚焦教学设计: 深化我国大学英语教学改革的关键 [J]. 外语学刊, 2016（1）: 106-109.

[8] 盛群力. 现代教学设计论 [M]. 杭州: 浙江教育出版社, 2010.

[9] 万玮敏. 基于"产出导向法"的大学英语口语教学研究 [J]. 山东外语教学, 2020, 41（6）: 60-68.

[10] 文秋芳. 构建"产出导向法"理论体系 [J]. 外语教学与研究, 2015, 47（4）: 547-558.

[11] 文秋芳. "产出导向法"的中国特色 [J]. 现代外语, 2017, 40（3）: 348-358.

[12] 文秋芳, 毕争. 产出导向法与任务型教学法的异同评述 [J]. 外语教学, 2020, 41（4）: 41-46.

[13] 文秋芳. 大学外语课程思政的内涵和实施框架 [J]. 中国外语, 2021, 18（2）: 47-52.

[14] 徐锦芬. 高校英语课程教学素材的思政内容建设研究 [J]. 外语界, 2021（2）: 18-24.

[15] 应慧, 马少静, 谢天宇. 从人文性视角探究大学英语课程思政方法 [J]. 高教学刊, 2020（31）: 181-184.

[16] 张文娟. "产出导向法"对大学英语写作影响的实验研究 [J]. 现代外语, 2017, 40（3）: 377-385.

[17] HAMILTON C. Essentials of Public Speaking [M]. 3rd ed. Belmont: Thomas Wadsworth, 2006.

[18] SAVERY J R. Problem-based approach to instruction [C] //REIGELUTH C M, CARR-CHELLMAN A A. Instructional-design theories and models (Volume III). New York: Routledge, Taylor and Francis, 2009.

作者简介: 何琼, 上海交通大学外国语学院, 讲师, 博士。研究方向: 语言测试、外语教学。

张荔, 上海交通大学外国语学院, 教授, 博士。研究方向: 二语习得、外语教学。

资助基金: 上海交通大学教学发展中心 "2021年课程创新教学设计专项 CTLD21D 0010"。

课程思政视域下英语专业口译课程的目标框架与实践路径

王譞

西北工业大学，西安，710129

摘　要：语言是文明交流互鉴的纽带，在全球化的背景下，语言类课程在高等教育中的价值日益凸显。口译课程作为英语专业的核心课程，应率先进行教育教学改革，构建符合新时代需要的育人目标。本文结合纲领性文件、指南和量表，提出"三维五度"的目标框架，秉持着学以致用的基本理念设置了"时空双线"的实践路径。旨在帮助学生提升思政素养、提高语言能力、掌握口译策略，为未来成为可以阐释中国好故事和传播中国好声音的译员打下良好基础，从而服务于对外改革开放和国家战略发展的需求。

关键词：口译课程，课程思政，目标框架，实践路径

1. 引言

习近平总书记在2016年全国高校思想政治工作会议上强调，要用好课堂教学这个主渠道，各类课程都要与思想政治理论课同向同行，形成协同效应。教学目标是课程建设和发展的基石，教师需结合学科定位和内容设置，科学合理地构建目标框架并探究实践路径。口译是熟练运用外语讲好中国故事和参与国际谈判的主要技能（陈菁、陈谱顺，2021），在课程思政的要求下，课程教学目标也应除旧布新，不再拘泥于传统的知识传授，而是转型为服务于"立德树人"根本任务的育人理念。

2020年颁布的《普通高等学校本科英语专业教学指南》（以下简称《指南》）指出口译课程旨在培养"能熟练掌握口译的基础理论和常用的口译策略与技巧；具有扎实的语言文化知识和流利的语言表达能力"的外语人才。口译课程体系的设置经历如下演变，根据难度梯度的传统分类可划分为基础口译、交替传译、视译、同声传译；根据《指南》，课程涵盖英汉/汉英口译、交替传译、翻译技术、专题口译以及同声传译。由于各个高校课程建设的阶段和师资

配备不同，与口译相关的专业必修、选修课程并非全面开设。除翻译技术之外，其他口译相关课程的技能培养阶段相似，只是教学重点不同，所以本文以英语口译课程统称口译相关课程，将其视为一体纳入讨论。

2. 口译课程目标框架的结构原则

教育部2020年印发了《高等学校课程思政建设指导纲要》（以下简称《纲要》），强调任何课程的教师都有思想政治教育的责任。外语类课程的授课对象是来自不同地域常年学习外国语言文学文化的大学生，如何能够设定课程目标、统筹工作资料、建立课程思政资源库是翻译类课程教育教学改革的"卡脖子"问题（秦和，2021）。口译课程应在目标框架构建的最初就讲理论、有体系、抓落实，从根本上引领大学生塑造正确的价值观。

2.1 理论性

口译课程目标框架的第一个重点就是明确框架的具体维度。《纲要》明确指出"落实立德树人根本任务，必须将价值塑造、知识传授和能力培养三者融为一体、不可割裂"。第二个重点就是依照政策、文件和理论，明确塑造什么价值、传授什么知识和培养什么能力。就价值塑造而言，《纲要》明确指出了要求和重点内容：推进习近平新时代中国特色社会主义思想进教材进课堂进头脑、培育和践行社会主义核心价值观、加强中华优秀传统文化教育、深入开展宪法法治教育、深化职业理想和职业道德教育。就知识传授而言，结合仲伟合（2001）构建的口译技能分解阶段和《中国英语能力等级量表》（以下简称《量表》），可以分为信息处理、信息转化、信息表达、口译策略和综合训练五个模块。就能力培养而言，基于"双一流"建设中高校外语学科的五大定位（沈骑、邓世平，2018），口译课程应在教育教学、科学研究、社会服务、文化传承和国际视野五个方面设计能力培养的重点。依据以上论述，口译课程的目标框架为"三维五度"的立体化课程思政教学有机体（见图1）。

2.2 系统性

口译课程是包括语料选取、课堂讲授、自主学习、能力评价和口译实践五个主要环节的教学活动，课程思政需要在各个环节相辅相成、融会配合。首先，语料选取要结合线上线下优质教学资源，提炼课程思政蕴含的价值基因，逐步囊括思政元素中的全部重要时政议题。语料选取不仅要参照高质量教材，也应整合优质的线上资源。例如，新华社双语金句专栏"What President Xi says"《习近平说》和CHINADAILY微信公众号"小康中国"栏目的文章都可以成为阅读周报的素材供学生精读精析。学生立足于当下国际社会的跨文化交际现实，

[图表：口译课程"三维五度"的目标框架，包含三个维度：价值塑造、知识传授、能力培养]

价值塑造	知识传授	能力培养
明确《高等学校课程思政建设指导纲要》建设目标要求和内容重点		
价值维度	知识模块	文本语类	口译专题	学科定位	能力结构
习近平新时代中国特色社会主义思想	信息处理	翻译口头论述	演讲	教育教学	知识创新能力
社会主义核心价值观	信息转化	翻译口头说明	祝词	科学研究	跨学科研究能力
中华优秀传统文化教育	信息表达	翻译口头描述	礼仪	社会服务	团队协作能力
宪法法治教育	口译策略	翻译口头叙述	会议	文化传承	跨文化交际能力
职业理想和职业道德	综合训练	翻译口头互动	访谈	国际视野	批判性思维能力

（中间列涉及"口译技能教学的实际操作阶段"、"中国英语能力等级量表中的口译能力"、"《普通高校学校本科英语专业教学指南》"、"'双一流'建设中高校外语学科的五大定位"）

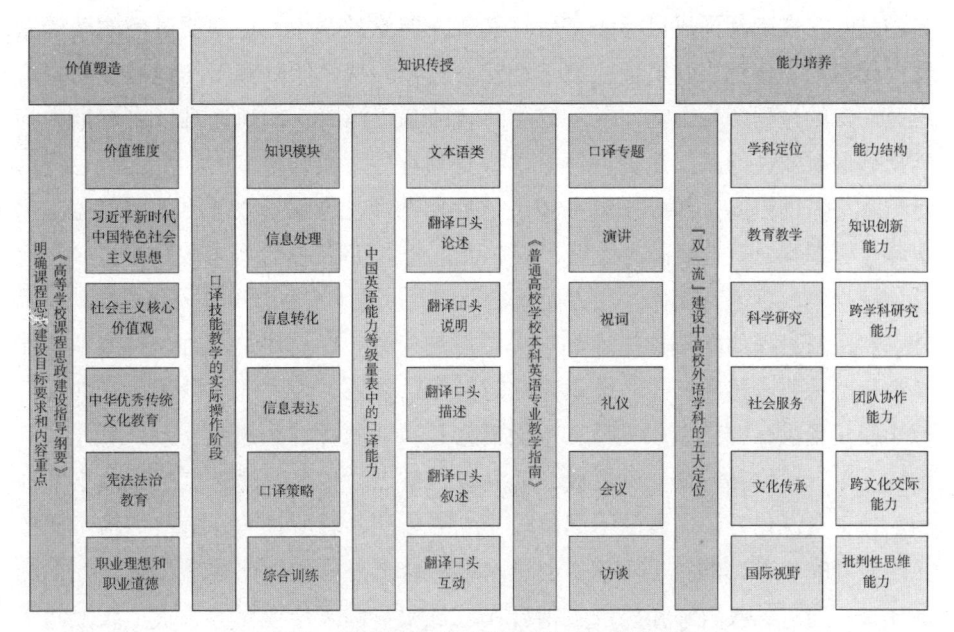

图1 口译课程"三维五度"的目标框架

了解社会民生最前沿的讯息，有助于推动"中国文化走出去"，在对外译介中国故事的过程中掌握发声的主动权。其次，要按照课堂教学模式和自主学习模型的特征特性，分配译本教学和练习的重点难点，合理规划比重，从而提升学习效率。时政文本翻译资料涉及范围广，法制制度、政治经济、国际事务等部分内容需要专业背景，学习难度较大，所以翻译重点应放置在课堂教学中由师生讨论，翻译难点应通过翻转课堂教学模式改革的探索由学生团队攻关。最后，要对学生学习效果进行合理、科学的教学评价，将形成性评价和终结性评价相结合，将正式性评价和非正式性评价相结合，将自我评价、小组评价和教师评价相结合。口译的过程是复杂的语言信息处理过程，单纯看一次考试的结果无法全面了解学生的思政素养和口译技能的掌握程度，需要结合核心词汇系列测试、小组主题翻译实践、译后有声思维实验以及书面和口头反馈等多种形式对课程教学效果、学生口译能力和学习效果进行评价。除此之外，应扩展课程思政线下课堂的教学环境内涵，以习近平新时代中国特色社会主义思想为指导，鼓励学生运用口译知识和技能参加思政社会实践和创新创业训练计划，全面构建外语课程思政教育理论和实践体系。

2.3 时效性

有别于缓慢变迁的语言知识，外语课程的思政元素有很强的时效性，这就需要教师和学生高频率长时段地学习和领悟。及时判断重要议题，快速获取关键信息并在准确翻译成目标语言后将其融入课堂教学中,这需要过硬的政治素养、长期的语言积累和丰富的教学经验。教师的从教年限和工作地域会对提炼思政元素的过程产生影响,资历较浅的教师和资源匮乏的地区难以在短期内探索出确保时效性的多元途径。外语学科是拥有外籍教师最多的学科之一,为满足国际交流的需要,部分信息必须经过后期翻译,这就导致了时效的延迟。为保障口译课程思政选材的时效性,应加快完善"互联网+课程思政"模式,构建外语课程思政育人共同体。一方面要借助"互联网+"动态实时平台,推动时政外宣和文献翻译的案例数据库和口译试题题库建设,有序、及时、高效地构建囊括权威重要论述和核心时政议题的对外话语体系,为系统地设计口译课程的教学模式提供标准化参照。另一方面需搭建口译教师课程思政互动、互学、互助线上平台,弥补教育资源短板,解决教学重点,化解教学难点;兼顾不同地域的教育资源建设及发展的不同阶段,统筹分配各有所长的外语教师给不同的教学对象完成各异的教学任务,创建网络平台上外语教师课程思政同伴互助的新模式;通过思政教师和外语教师合作教学和"圆桌论道"等方式,线上线下同步系统化、标准化地构建口译课程中时政要闻的话语分析模式,做到专业能力提升与思政素养提高同向同行。

3. 口译课程目标框架的基本内涵

"三维五度"的内涵如下:三维指"价值塑造、知识传授、能力培养",五度指"三维"之下各设五个方面的内容。具体而言,价值塑造包含:推进习近平新时代中国特色社会主义思想进教材进课堂进头脑、培育和践行社会主义核心价值观、加强中华优秀传统文化教育、深入开展宪法法治教育、深化职业理想和职业道德教育。知识传授包含:信息处理、信息转化、信息表达、口译策略和综合训练。能力培养包括:在教育教学方面培养知识创新能力、在科学研究方面培养跨学科研究能力、在社会服务方面培养团队协作能力、在文化传承方面培养跨文化交际能力和在国际视野方面培养批判性思维能力。

3.1 口译课程价值塑造的内涵

价值塑造是大学课程的核心目标,直接决定课程的选材方向和内容。《纲要》明确指出了课程思政建设目标、要求和重点内容:(1)推进习近平新时代中国特色社会主义思想进教材进课堂进头脑。(2)培育和践行社会主义核心价值观。(3)加强中华优秀传统文化教育。(4)深入开展宪法法治教育。(5)深化职业理想和职业道德教育。就口译课程而言,首要任务就是结合时政背景,在以上五个方面系统地、及时地挖掘口译教学素材,选取服务国家战略需求和体现时代新风貌的翻译文本,引领大学生塑造正确的价值观。时事政治和对外宣传相关文献的翻译应成为教学数据库的重要组成部分。表1详细说明了口译课程的知识体系构建和语料选择情况。

表1 口译课程价值塑造的内涵及语料示例

价值塑造	语料示例
习近平新时代中国特色社会主义思想	国家主席习近平在"一带一路"国际合作高峰论坛开幕式上的演讲
社会主义核心价值观	习近平总书记在庆祝中国共产党成立100周年大会上重要讲话
中华优秀传统文化	Beijing Cuisine
宪法法治教育	Authorities target illegal border activities(信息来源:China Daily)
职业理想和道德	钟南山院士接受路透社采访

3.2 口译课程知识传授的内涵

口译过程主要分为信息接收、信息转化和信息产出三个阶段,前一阶段为后一阶段的基础,需按序训练,不可逾越(王丹,2017)。传统口译课程基于口译技能的发展阶段布局成四个模块,分别是信息处理、信息转化、信息表达和综合训练。基于Bachman和Palmer(2010)对语言策略的界定和分类,国家语委在《中国英语能力等级量表》(以下简称《量表》)中设立了口译策略量表和规划、执行、评估与补救四个分项量表。《量表》颁布后,构建口译课程的知识体系不仅要遵循口译能力的客观发展规律,也要对标《量表》面向应用的要求,有效提升学生的口译能力。所以,口译课程的教学内容可以予以扩充,形成囊括信息处理、信息转化、信息表达、口译策略和综合训练五个模块的知识体系。结合《指南》建议的"礼仪、祝词、会议、访谈、演讲"五大模块,《量表》"翻译口头描述、翻译口头叙述、翻译口头说明、翻译口头指示、翻译口头论述、翻译口头互动"六种语类,选取相对应的语料进行讲解和训练。表2详细说明了口译课程的知识体系构建和语料选择情况。

表2 口译课程知识传授的内涵及语料示例

知识模块	文本语类	口译专题	语料示例
信息处理	翻译口头论述	演讲	习近平总书记在全球健康峰会上的讲话
信息转化	翻译口头叙述	祝词	习近平总书记2021年新年贺词

续表

知识模块	文本语类	口译专题	语料示例
信息表达	翻译口头描述	礼仪	《花开中国》：苏州园林艺术的点睛之笔
口译策略	翻译口头说明	会议	"一带一路"科技创新国际研讨会
综合训练	翻译口头互动	访谈	王毅就当前中美关系接受新华社专访

3.3 口译课程能力培养的内涵

外语教育的内涵经历了"语言知识—语言技能—语言能力"的演变，语言类课程不仅要传授知识和训练技能，更需要提升学生的综合能力和素养。口译的相关课程主要面向英语专业高年级本科生开放，口译作为一项以实践为导向的语言活动，其课程设计应基于学生就业需求和研究生专业化培养的要求，科学、系统地设计能力培养范式。基于"双一流"建设中高校外语学科的五大定位（沈骑、邓世平，2018），口译课程应在教育教学、科学研究、社会服务、文化传承和国际视野五个方面设计能力培养的重点，再辅以配套的教学组织、教学方法和评价方式提升学生的综合能力。表3详细说明了口译课程的学科定位和能力结构情况。

表3　口译课程能力培养的内涵及教学活动示例

学科定位	能力培养	教学活动
教育教学	知识创新能力	口译笔记工作坊
社会服务	团队协作能力	陕西省十个地级市的中英文微介绍
文化传承	跨文化交际能力	"中国范儿"十大民间艺术瑰宝的中英文推广介绍
国际视野	批判性思维能力	词条摘译测试
科学研究	跨学科研究能力	同传箱实践模拟

3.3.1 教育教学：知识创新能力

口译教学和实践由来已久，在辅助技术和研究成果层出不穷的情况下，让身处校园的同学紧跟时代潮流发展口译技能就尤为重要。知识创新能力的培养既需要教师开展教育教学改革，也需要学生进行口译实践的探索。守正创新是实施外语学科教育教学模式改革的基本理念，是外语课程落实立德树人根本任务的关键环节。口译课程教师应以辩证唯物主义为指导思想，积极推进教育教学模式的变革，形成"双一流"建设下口译课程的教学新理念。教师应基于对《外国语言文学类教学质量国家标准》《普通高等学校本科外国语言文学类专业教学指南》《中国英语能力等级量表》的认识，根据口译活动新的时代特征，帮助学生从语言使用与交际能力两方面加强对语言能力的理解，从而找准口译活动的定位和目标，创新性地培养学生的口译技能。

知识创新主要包括知识本体创新和概念系统创新两方面。就知识本体而言，信息处理的方式和笔记符号的演变都是不断创新的过程。虽然教师在课堂教学中会对口译的实际操作流程和常用笔记符号进行讲解，但是在口译实践中口译员总会遇到未曾训练过的信息内容，这就需要口译员随机应变，结合已有信息创新性地设计笔记符号，有效记录信息。就概念系统而言，除语言本身呈现的意义之外，文化传统与情景语境也影响着口译的内容。这就要求口译员有创新意识和应变能力，能够敏锐判定，准确表达讲话者的意图。例如，在政商谈判的口译实践中，谈判双方会根据谈判进展逐步表达观点，口译员就需要跳出固有的思维模式，在新的局势下快速了解谈判双方的立场和底线，调动语言知识遵照源语言进行翻译。

3.3.2 科学研究：跨学科研究能力

口译实践包含规划（译前准备）、执行（信息整理与记忆）、监控（监听译语表达）、补救（自我纠正）等多个环节，其中多个步骤需要运用跨学科的知识。以听力分析的实际训练为例，课堂教学中会使用音频、多媒体和仿真场景全方位地展示口译实景，学生在观摩过程中可以结合系统功能语言学、媒体多模态分析以及翻译心理学等多种理论对语料的内容、立场和目的进行综合分析。随着信息技术不断革新，口译技术不断发展，翻译不再拘泥于纸笔之间的互动。新时代的VR、AI、5G等辅助技术冲击了传统的口译方式，这就要求学生不断提升信息素养并及时更新口译策略，选择更有效、准确并便捷的方式完成口译工作。

3.3.3 社会服务：团队协作能力

口译需要在实践中锻炼。对于尚在积累中的口译学习者而言，借助学校已搭建的社区导入平台，积极参与社会实践、志愿服务、国际化普及、企业实习等多种共建活动是提升口译能力的有效方式。在这些活动中，口译员不再"单打独斗"，而是与团队成员协作完成任务，这也有利于口译员开展后续的口译实践。口译是一种需要团队协作的语言活动。例如，在口译训练过程中两两结对完成双语转换；团队成员分主题收集材料完成译前准备工作；在口译实践中，衔接同传箱内外紧密配合。在这些翻译实践活动中，学生不仅通过团队协作强化了合作意识，还把个人价值寄托在对祖国的大爱与奋斗中，积极践行社会主义核心价值观，弘扬家国情怀。

3.3.4 文化传承：跨文化交际能力

母语（中文）对口译来说，不仅是"天花板"，更是生命线。中国近现代知名学者严复、林语堂、钱锺书和许渊冲，在学习外语之前，都具有深厚坚实的国学根底。口译教师应结合专业知识深入挖掘家国情怀、文化传承、民族精神等育人元素，通过寓情于史、寓情于物、古今对比等方式以文化人。口译教师还可以通过案例教学、情感引导、文化熏陶、画龙点睛、榜样激励等方法，培养学生的跨文化交际能力，从而增强学好外语、做好口译的底气，在新时代以强大的文化自信走向世界。

作为口译教学中的常用教学法，案例教学法能够为整体性、系统性地贯彻课程思政提供场域。例如，在讲授译前规划策略时，以"Director's Speech at the Opening Ceremony of Pearl Buck House at a University"为语料，在资料搜集和听力分析过程中，以赛珍珠女士的生平和作品为案例分析的对象，探讨她具有前瞻性和开拓性的跨文化书写、阐释和传播策略。赛珍珠是以中文为母语之一的美国著名作家，也是因书写中国题材而荣获诺贝尔文学奖的第一人。她在镇江度过了人生的早期岁月，因此称镇江为"中国故乡"。赛珍珠是中国古典文学名著《水浒传》第一部英文全译本的译者。她虽然身处一个大量译介西方文本的时代，但她敢于采用异化翻译策略以突显《水浒传》的中国话语风格与特色，从而挑战了西方文学翻译的强势话语，向英语读者展示出中国文学之美。

3.3.5 国际视野：批判性思维能力

口译教师的首要任务是带领学生了解国家战略发展和国家在国际事务中的立场。口译课程每四周会进行一次核心词汇双语翻译测试，每次测试40词条，中英各占20条，一个学期四次测试共占总成绩的20%。测试词汇来自《中国共产党简史》、《政府工作报告》和《人类减贫的中国实践》等文件的中英文版本。此外，在口译过程中，教师应培养学生的批判性思维能力，引导学生审慎思考多样化的信息，在文明交流互鉴中坚守中华文化立场。口译教师还可以通过半结构性访谈、书面感想和口头反馈等形式了解学生对课堂中思政元素理解的程度，系统梳理并分析学生反馈后，进一步完善课程设置。开阔学生的国际视野，旨在帮助学生在了解国情民生，通晓国际规则的基础上，在"一带一路"倡议的鼓励下，树立"助力中国文化走出去"和"向国际社会讲好中国故事"的远大理想。

4. 口译课程育人目标的实践路径

4.1 扎根大地，盘活空间资源

口译课程应当因地制宜地挖掘课程思政元素，充分发挥地方红色文化资源的育人价值，用外语讲好中国故事，传播中国声音。以陕西为例，陕西是中华民族和华夏文明重要发祥地之一，也是中国革命的摇篮，又是新时代生态文明建设的重要地区。在"信息转化"教学模块，口译教师借助对"深圳概览"的讲解和训练，组织学生讨论和完成了陕西城市微简介的翻译，为今后讲好西安故事做好准备。经历了"小组分工—信息收集—中文撰写—中文润色—英文撰写—英文润色—汇报展示—宣传册制作—音频视频制作"一个学期的翻译实践，同学们完成了陕西省十个地级市的中英文微介绍："一江清水供北京"的安康、见证扶眉战役胜利的宝鸡、历经秦汉唐宋"三筑两迁"的汉中、秦岭生态明珠的商洛、"北有照金"的铜川、"华夏之根"的渭南、古丝绸之路陆路起点城市的西安、中国向西开放的前沿阵地的咸阳、中国红色革命圣地的延安以及全国生态保护与建设示范区的榆林。高校外语课程思政要提炼中华文明的文化基因，重温中国革命的光辉历程，这种课堂翻译实践有助于新时代中国特色社会主义思想铸魂育人。用外语讲述地方风貌，不仅可以提升学生对地方文化的认同感和自豪感，还可以加强地方的对外宣传，从而推动区域国际化。

4.2 立足历史，发掘时间宝藏

在英语口译课程中，我们曾组织学生按照自己的兴趣选择撰写"中国范儿"十大民间艺术瑰宝的中英文推广介绍：凝聚中国风雅文化的琴棋书画、充满意蕴情致的中国戏曲、集风物大成古朴别致的剪纸、演绎人间悲欢离合的皮影戏、诉说着农耕土地传承的泥塑、以"技"彰于人不断超越自我的杂技、承载炎黄情思翱翔无阻的风筝、惟妙惟肖和微言大义的木偶戏、同出一源永无止境的中国结，以及体现美好祝愿的舞龙舞狮。这些翻译实践不仅可以帮助学生在翻译过程中了解"树状与竹状""静态与动态""主语与主题"等中英语言差异，还可以培养学生对剪纸、泥塑等非物质文化遗产民间艺术瑰宝的兴趣，将兴趣与责任相结合，可以增强学生传承文化的使命感。

5. 结语

受到社会环境和时代变迁的影响，作为课程建设和发展的基石，教学目标一再面临着改革与创新的挑战。在"培养什么人、怎样培养人、为谁培养人"的深刻三问下，教学目标不应再拘泥于传统的知识传授，而是转型服务于"立德树人"根本任务的育人理念。习近平总书记希望广大教师不忘立德树人初心，牢记为党育人、为国育才使命，积极探索新时代教育教学方法，不断提升教书育人本领，为培养德智体美劳全面发展的社会主义建设者和接班人做出新的更大贡献。作为高校外语课程的重要组成部分，英语专业口译课程应顺应时代要求，以专题语料为抓手，以翻译策略为手段，以课程思政为升华，从而塑造价值、传授知识、培养能力，从根本上推进复合型高级外语人才的培养进程。

参考文献

［1］陈菁，陈谱顺. 口译评价的信息化创新路径［J］. 外语界，2021（5）：50-57.

［2］沈骑，邓世平. 教育语言学视域下的中国高校外语学科"双一流"建设［J］. 中国外语，2018，15（5）：25-33.

［3］秦和. 翻译专业课程思政的认识理念、实践路径与发展展望［J］. 中国翻译，2021，42（5）：73-76.

［4］王丹. 口译专业教学体系中的技能教学：广外口译专业教学体系理论与实践（之二）［J］. 中国翻译，2017，38（1）：61-67.

［5］仲伟合. 口译训练：模式、内容、方法［J］. 中国翻译，2001，22（2）：30-33.

［6］BACHMAN L F, PALMER A S. Language Testing in Practice：Developing Language Assessments and Justifying Their Use in the Real World［M］. Oxford：Oxford University Press，2010.

作者简介：王諲，西北工业大学外国语学院，助理教授，博士，硕士生导师。研究方向：二语词汇习得、外语测试与评估、英语教学法。

资助基金：2020年西北工业大学"课程思政"示范课《同声传译》成果；2023年西北工业大学教育教学改革研究项目《民族团结进步教育资源融入高校外语教育研究》（项目编号：2023JGY39）成果。

在翻译专业课程开展爱国主义教育的"三位一体"方志敏精神育人模式

巢 鹏

上饶师范学院，上饶，334001

摘 要：《高等学校课程思政建设指导纲要》指出，课程思政建设内容要紧紧围绕坚定学生理想信念，以爱党、爱国、爱社会主义、爱人民、爱集体为主线。但在翻译专业课程开展爱国主义教育的研究目前学界鲜见，亟待学人关注。我校应用科研引领、课堂融入、实践养成"三位一体"方志敏精神育人模式在翻译专业课程开展爱国主义教育，"科研引领"指以翻译政治学作为理论依据，"课堂融入"指以集成音视频文本的多模态语料库形式有机融入方志敏《可爱的中国》翻译案例，"实践养成"指学生在翻译实践中将爱国情、强国志转化为报国行。我校分别在这三个领域取得了一系列成效，具有理论意义与现实意义。

关键词：爱国主义教育，翻译专业课程，"三位一体"，方志敏精神育人模式

1. 引言

2020年1月教育部党组印发《教育系统关于学习宣传贯彻落实〈新时代爱国主义教育实施纲要〉的工作方案》（以下简称《工作方案》），指出要挖掘各门课程所蕴含的爱国主义教育元素和所承载的爱国主义教育功能，增强知识传授的道德教化功能，构建爱国主义教育与知识体系教育相统一的育人机制。《工作方案》对建立爱国主义教育工作体系提出了四点要求。一要在明理上下功夫，准确把握新时代爱国主义精神的丰富内涵。爱国主义的本质就是坚持爱国、爱党和爱社会主义高度统一。要深刻认识爱国主义精神的实质和丰富内涵，切实加强理论研究与科学阐释。二要在共情上下功夫，涵育爱党爱国爱社会主义的真挚情感。三要在弘文上下功夫，加强爱国主义教育的氛围营造和文化浸润。四要在力行上下功夫，推动爱国精神转化为强国报国的自觉行动。

2. 在翻译专业课程开展爱国主义教育的背景

当前我国进入了新时代，习近平总书记多次指出，"当今世界正处于百年未有之大变局""意识形态工作是一项极端重要的工作"。而当前国内、国际意识形态工作都有待加强。

国内网上舆论生态良莠不齐，尤其是敌对势力的恶意造谣，诋毁污蔑英烈的现象在网上仍时有发生。2017年1月20日，方华清与家人来到方志敏原籍地，以革命英烈直系亲属身份，向江西弋阳县公安机关报案，最终查获了上饶市境内涉及传播侵权网帖人员20多人。对于涉案的这20多人，方华清进行了实事求是的分析。他觉得，如果说他们都是受到境外敌对势力的指使或怂恿，显然也不是事实，但是前些年对革命英烈事迹和我党光荣历史宣传的缺失，确实是他们参与传播这些恶毒信息的重要客观原因。恰如方华清所言："今天的年轻人，更应该了解我党苦难辉煌的历史，更应该了解革命先烈的光辉业绩，否则任凭历史虚无主义肆虐，若干年后我们的党，我们的英烈在青年一代眼里，还是什么？"（慈爱民、刘文韬，2018：26-27）

国际上，话语格局西强我弱的力量对比使中国在国际事务中处于十分被动的局面，话语缺失导致中国经常受到不公正的指责、诋毁甚至攻击，"挨骂"成了常态（秦龙、肖唤元，2018：64）。

2014年10月23日，习近平同志在中共十八届四中全会第二次全体会议上的讲话《把中国故事讲得愈来愈精彩，让中国声音愈来愈洪亮》指出："加强统筹协调，整合各类资源，推动内宣外宣一体发展，奏响交响乐、大合唱，把中国故事讲得愈来愈精彩，让中国声音愈来愈洪亮。"2021年5月31日下午，中共中央政治局就加强我国国际传播能力建设进行第三十次集体学习（新华社，2021）。中共中央总书记习近平在主持学习时指出：要加强对中国共产党的宣传阐释，帮助国外民众认识到中国共产党真正在为中国人民谋幸福而奋斗，了解中国共产党为什么能、马克思主义为什么行、中国特色社会主义为什么好，努力塑造可信、可爱、可敬的中国形象。要加强高校学科建设和后备人才培养，提升国际传播理论研究水平。

作为翻译工作者，我们的新时代使命是什么呢？其中之一就是"讲好中国故事、传播好中国声音"。翻译工作者不仅要继承优良的翻译传统，还要勇担时代重任，不忘初心，继续前进，将个人职业与国家的事业、民族的追求和文明的进步结合起来，为中华民族伟大复兴和构建人类命运共同体做出新的贡献。在中国近代的历史语境下，翻译曾担任过推动社会进步的"革命力"，进步知识分子通过大量引译西学，将西方的科学、民主、自由与共和的观念引入中国，并以这些先进的观念来推动当时中国的改革、革命与民族救亡运动；在如今全球化的背景之下，翻译可以成为推动中国文化"走出去"、扩大中国国际影响力的"软实力"（蒋洪新，2018：6-7）。

因此，有必要在翻译专业课程开展爱国主义教育，提高翻译专业学生的政治站位，促使他们将爱国情、强国志转化为报国行，投身于"讲好中国故事、传播好中国声音"的伟大历史使命中。

3. 在翻译专业课程开展爱国主义教育的国内外研究现状

以"爱国主义教育"+"国外"为主题，查阅知网，检索到44篇论文，其中核心论文10篇。有的引用英国学者埃克里·霍布斯鲍姆的话："只要有可能，国家和政权都应该把握每一个机会，来加强爱国主义教育。"美国高校认为，合格公民的最基本素质就是爱国主义精神。历届美国总统都在多种场合强调培养公民的爱国精神（冯仰生，2017），美国从争取独立到现在成为世界头号强国，一直在抓政治教育，它的爱国是与爱资本主义统一在一起的（陈立思，2002）。当今世界各国德育都力求通过本民族的创业史、斗争史及整个历史发展过程，唤起青年一代的民族自尊心和自豪感，培养他们爱祖国、爱人民的情感，培养他们的民族意识和国家价值观念，以使他们成为本民族的接班人，并为自己祖国的繁荣富强做出贡献（刘新生，2005）。西方国家没有"政治教育"这个名词，但其"思想、政治、道德教育"的思想和理论非常活跃，并隐蔽在有关教育学科中不断发展，成为人才培养的重要教育内容（李义军，2008）。

以"翻译专业"或"翻译课程"+"爱国"为主题词，查阅中国知网文献，没有结果。这说明学界在翻译专业课程开展爱国主义教育上的研究是空白的。而以"翻译专业"+"课程思政"为主题词，查阅中国知网文献，所有期刊论文共67篇，核心论文共8篇，而以"爱国主义"+"专业课程"为篇名，查阅知网，所有期刊论文共56篇，核心期刊论文3篇。有的研究论证爱国主义教育与专业课程渗透的必要性（汪俊辉、肖勇，2005），有的研究提出爱国主义渗透到"电子技术"课程中的实施方法（侯玉真，1997）。

综上所述，学界对在翻译专业课程开展课程思政进行了一定的研究，但缺少了在翻译专业课程开展爱国主义教育的研究。而2019年11月12日中共中央、国务院印发了《新时代爱国主义教育实施纲要》，指出在普通高校将爱国主义教育与哲学社会科学相关专业课程有机结合，加大爱国主义教育内容的比重（新华社，2019）。教育部2020年5月印发的《高等学校课程思政建设指导纲要》

指出：课程思政建设内容要紧紧围绕坚定学生理想信念，以爱党、爱国、爱社会主义、爱人民、爱集体为主线（教育部，2020）。这说明爱国主义教育在课程思政中处于核心地位，亟待关注。

国内外研究在开展爱国主义教育的必要性上达成了共识，国内研究对关于在专业课程开展爱国主义教育的实施方法进行了一定的探究，但是只关注了课堂融入层面。这与工作方案中构建爱国主义教育与知识体系教育相统一的育人机制的四点要求——"明理""共情""弘文"和"力行"相比有差距，只做到了"共情"（涵育爱党爱国爱社会主义的真挚情感）和"弘文"（加强爱国主义教育的氛围营造和文化浸润），缺少了"明理"（切实加强理论研究与科学阐释），缺少了"力行"（推动爱国主义精神转化为强国报国的自觉行动）。

4. 在翻译专业课程开展爱国主义教育的"三位一体"方志敏精神育人模式

"爱国"是方志敏精神的中心主题（刘国云、吴晓东，2018：44）。"古往今来，在中国历史上和中国共产党历史上不乏爱国主义的仁人志士，方志敏是其中杰出的代表，他的爱国情怀和爱国思想，铸就了一座爱国主义丰碑"（刘国云，2012：47-48）。我校现已形成较为成熟的科研引领、课堂融入、实践养成的"三位一体"方志敏精神育人模式。2018年2月，时任江西省委副书记、现任江西省政协主席姚增科给发表在江西省高校思想政治工作领导小组办公室编的《思政前沿》的论文《上饶师院："三位一体"传承与弘扬方志敏精神》做了重要批示：上饶师院的探索好！应走在全省前列，叫响全国。2018年5月，学校出台《关于创新推进方志敏精神育人工作系统化常态化长效化的实施方案》。学校团委与方志敏纪念馆、闽浙赣根据地旧址管委会、上饶集中营名胜区、怀玉山清贫园等地签约挂牌，建设了爱国主义教育、思政教育基地。这为"实践养成"环节打下了基础。2018年6月13日，中国教育电视台曾专题报道了上饶师范学院"三位一体"传承方志敏精神取得的一系列成果。2019年9月，中央主题教育工作领导小组秘书组主办的《教育工作情况》第21期刊登了《上饶师范学院推进方志敏精神育人系统化常态化》的专题文章（上饶师范学院方志敏研究中心，2018）。

教改应用科研引领、课堂融入、实践养成的"三位一体"方志敏精神育人模式，依托我校江西省哲学与社会科学重点研究基地方志敏研究中心的研究力量，构建了在翻译专业课程开展爱国主义教育的"三位一体"方志敏精神育人模式，以响应工作方案中建立爱国主义教育与知识体系教育相统一的育人机制的四点要求：明理、共情、弘文、力行。

"科研引领"指以翻译政治学作为在翻译专业课程开展爱国主义教育的理论依据，指导"课堂融入"和"实践养成"环节的开展。该环节响应了工作方案中构建爱国主义教育与知识体系教育相统一的育人机制的"明理"要求：切实加强理论研究与科学阐释。翻译超越语言和文字转换的简单层面，因而是一种政治策略，充满政治和意识形态等文化批判的意义（Spivak，1993）。翻译背后总有一种社会文化和政治动机起作用，并完成意义的建构。从选择文本到翻译解释的行为是一种有意识的过程，人们无法抗拒社会文化和政治力量的影响（桂清扬，2016）。在翻译文学和翻译活动中，翻译政治学的作用无处不在（桂清扬，2018）。翻译的政治属性，一方面体现在译者翻译时替政府把好文化关，扮演好意识形态卫士的角色；另一方面体现在译者以跨文化专家的角色效力祖国，做好跨语言和跨文化参谋，因为一名合格的译者不仅意味着熟练掌握两种语言和文化，更要体现出对民族的高度责任感和对国家利益的维护（谢旭升，2018）。历史上有多位翻译家的成就与其爱国主义思想有关，如朱生豪翻译莎士比亚取得巨大成功最根本的原因，就是他的爱国主义思想（孟宪强，1992）。

　　"课堂融入"指在翻译专业课程教学中以集成音视频文本的多模态语料库形式有机融入方志敏《可爱的中国》翻译案例，潜移默化进行爱国主义教育，填补翻译专业课程中爱国主义教育的空白。课程思政的要求之一就是"润物细无声"，这是区别于思政课程的重要特点，而要做到这一点，就要从课程思政的融入方式上进行创新。现有的翻译专业课程思政建设研究与实践，其融入方式多采用文本融入的方式，而鲜有应用现代信息技术，特别是应用大数据技术的研究与实践。教育部2020年印发的《高等学校课程思政建设指导纲要》就指出要创新课堂教学模式，推进现代信息技术在课程思政教学中的应用，激发学生学习兴趣，引导学生深入思考（教育部，2020）。习近平总书记在哲学社会科学工作座谈会的讲话中指出："哲学社会科学研究范畴很广，不同学科有自己的知识体系和研究方法。对一切有益的知识体系和研究方法，我们都要研究借鉴，不能采取不加分析、一概排斥的态度。马克思、恩格斯在建立自己理论体系的过程中就大量吸收借鉴了前人创造的成果。对现代社会科学积累的有益知识体系，运用的模型推演、数量分析等有效手段，我们也可以用，而且应该好好用。"由此，课程思政也要与时俱进，立足大数据，用数据说话，这样可以提高课程思政的话语权，有机融入课堂教学。基于多模态语料库开展以爱国主义教育为主题的课程思政，就是借助计算机分析工具，将方志敏《可爱的中国》等书籍英译本以音视频、文本多模态语料库的形式有机融入课堂教学，即以多模态语料库的多模态、数据化、规律化的呈现形式来对教材上某个语言知识点或某项语言技能、翻译技巧进行深度教学。语料库具体形式为单语语料库和翻译语料库。创建单语语料库是为了单独分析源语言或目的语言的语言规律，而创建双语平行语料库是为了对比分析源语言与目的语言的规律性差异和翻译技巧的应用情况。因此，本课程创建了四种语料库：《方志敏全集》单语语料库与术语库，方志敏《可爱的中国》单语语料库与术语库，方志敏《可爱的中国》英文版单语语料库与术语库，方志敏《可爱的中国》翻译语料库与术语库。此外，让学生站在翻译政治学的视角看待自己的翻译学习和未来将从事的翻译工作，将其上升到政治站位和政治责任感的高度。在做英译汉时，努力避免翻译腔，维护汉语的生态；在做汉译英时，探索使用异化的翻译方法，响应习近平总书记"讲好中国故事、传播好中国声音"的号召，打造融通中外的新概念、新范畴、新表述。该环节响应了工作方案中构建爱国主义教育与知识体系教育相统一的育人机制的"共情"和"弘文"要求。2014年10月15日，习近平在文艺工作座谈会上的讲话指出，"拥有家国情怀的作品，最能感召中华儿女团结奋斗"。在2019年纪念五四运动100周年大会上的重要讲话中，习近平同志强调："当代中国，爱国主义的本质就是坚持爱国和爱党、爱社会主义高度统一。"《可爱的中国》英文版（方志敏、徐思阳，2015），由方志敏后人徐思阳翻译，外文出版社发行，全书共4万字，生动体现了爱国主义的本质。因此，在翻译专业课程教学中融入方志敏《可爱的中国》翻译案例，能涵育爱党爱国爱社会主义的真挚情感，即做到"共情"；方志敏《可爱的中国》翻译案例按照翻译技巧分门别类，可以贯穿翻译专业课程教学全过程，加强爱国主义教育的氛围营造和文化浸润，即做到"弘文"。

"实践养成"指学生将爱国情、强国志转化为报国行，运用所学翻译技能在翻译志愿服务网络平台Translators Without Borders上提供线上翻译志愿服务，为当地国际赛事和红色旅游景区提供线下翻译志愿服务，以此践行爱国主义。该环节响应了工作方案中构建爱国主义教育与知识体系教育相统一的育人机制的"力行"要求：推动爱国精神转化为强国报国的自觉行动。

5. 成效

"三位一体"模式之"教研引领"环节。以本课程为课程思政教改试点的《在翻译专业课程开展爱国主义教育的研究与实践》获2019年江西省高等学校教学改革研究课题，《在翻译专业课程开展爱国主义教育的"三位一体"方志敏精神育人模式研究》获2021年江西省高校人文社会科学研究思想政治工作专项项目立项，教研案例入围了由中国翻译协会、中国翻译研究院举办的"学党史、译党史，讲好党的故事"优秀案例评选。课题负责人受邀在上海交通大学首届"国家意识与外语课程思政建设研讨会"介绍在翻译专业课程开展爱国主义教育的"三位一体"方志敏精神育人模式。

"三位一体"模式之"课堂融入"环节。完成了方志敏《可爱的中国》中英文版翻译教学案例的编写，并将其以集成音视频、文本的多模态语料库形式有机融入平时的翻译专业课程，填补了翻译专业课程教育中爱国主义教育的缺失，发挥了专业课程的育人功能，引导学生听党话、感党恩、跟党走，在潜移默化中厚植爱国主义情怀，培养学生用英语向世界讲好方志敏故事、传播好方志敏精神的能力。课程主讲教师获外语课程思政江西省优秀教学案例二等奖、第二届江西省高校教师教学创新大赛校级比赛中级组一等奖、学校首届课程思政课堂教学竞赛二等奖。翻译专业学生在爱国主义的激励下，将爱国情、强国志转化为报国行，更加认真学习翻译专业课程，在江西省翻译大赛中展现风采。江西省翻译大赛竞争异常激烈，参赛选手为全省各高校选拔出来的本科生和研究生，共计400余人。我校派出5名本科生参赛，他们突出重围，分别获得了一、二、三等奖。

"三位一体"模式之"实践养成"环节。引导学生将爱国情、强国志转化为报国行，积极投身公益事业，参与志愿服务，践行爱国主义精神。我校多名同学赴新疆阿克陶县红柳中学进行了为期一个学期的顶岗支教实习；多名学生在玉山斯诺克世界公开赛上担任翻译志愿者，定期在农村小学义务支教，志愿去敬老院看望老人。此外，在翻译专业课程教师指导下，该课程学生主持申报的创新创业训练计划项目"《可爱的中国》英语说"获省级立项，他们用英语向世界讲好方志敏故事、传播好方志敏精神，响应了习近平总书记于2018年8月在全国宣传思想工作会议上发表的重要讲话精神："要推进国际传播能力建设，讲好中国故事、传播好中国声音，向世界展现真实、立体、全面的中国，提高国家文化软实力和中华文化影响力。"响应了习近平总书记2021年5月31日下午主持中共中央政治局就加强我国国际传播能力建设进行第三十次集体学习的讲话精神："要加强对中国共产党的宣传阐释，帮助国外民众认识到中国共产党真正为中国人民谋幸福而奋斗，了解中国共产党为什么能、马克思主义为什么行、中国特色社会主义为什么好"，"努力塑造可信、可爱、可敬的中国形象"。

6. 结语

现实意义层面上，一方面，本研究构建了可供复制的爱国主义教育与知识体系教育相统一的育人机制，即在翻译专业课程开展爱国主义教育的"三位一体"方志敏精神育人模式。国内其他院校也可以结合当地的红色文化资源，应用"三位一体"育人模式，在翻译专业课程开展爱国主义教育，形成地方特色。另一方面，在该模式中，翻译专业课程教育与爱国主义教育两者相得益彰。在翻译专业课程开展爱国主义教育，发挥了专业课程的育人功能；在开展爱国主义教育中又提升了翻译专业课程教育质量。学生在爱国主义的激励下，将爱国情、强国志转化为报国行，更加认真学习翻译专业课程，坚定翻译工作的政治站位，助力红色文化对外传播，讲好中国故事。

理论意义层面上，一方面将"三位一体"方志敏精神育人模式的研究范围扩大到了在翻译专业课程开展爱国主义教育上，填补了在翻译专业课程开展爱国主义教育的研究空白。另一方面按照《工作方案》中"明理"和"力行"的要求，切实加强了在翻译专业课程开展爱国主义教育的理论研究与科学阐释，并推动爱国精神转化为强国报国的自觉行动。

参考文献

[1] 陈立思. 爱国教育在国外 [J]. 求是, 2002（17）：49-52.

[2] 慈爱民, 刘文韬. 革命英烈不朽英名岂容侮辱亵渎：方志敏烈士长孙方华清用法律武器捍卫英烈名誉纪实 [J]. 党建, 2018（8）：25-27.

[3] 方志敏. 可爱的中国 [M]. 徐思阳, 译. 北京：外文出版社, 2015：16-61.

[4] 冯仰生. 内容·方法：国外高校德育及其借鉴 [J]. 江苏高教, 2017（11）：104-107.

[5] 桂清扬. 胡风对满涛、吕莹等翻译家的影响研究 [J]. 中国翻译, 2016, 37（6）：18.

[6] 桂清扬. 翻译政治学视角下的满涛翻译人生研究 [J]. 翻译研究与教学, 2018（1）：72-81.

[7] 侯玉真. 把爱国主义教育渗透到"电子技术"课程之中 [J]. 中国高等教育, 1997（2）：25.

[8] 蒋洪新. 新时代翻译的挑战与使命 [J]. 中国翻译, 2018, 39（2）：5-7.

[9] 李义军. 国外学校思想政治教育现状分析及启示 [J]. 国外理论动态, 2008（9）：91-94.

[10] 刘国云, 吴晓东. 方志敏精神：思想和行为的统一体 [J]. 红色文化学刊, 2018（4）：44-49.

[11] 刘国云. 方志敏在中共党史上的十大贡献 [J]. 上饶师范学院学报, 2012（4）：41-49.

[12] 刘新生. 国外道德教育的走向及其启示 [J]. 山东师范大学学报（人文社会科学版），2005（3）：148-151.

[13] 孟宪强. 朱生豪与莎士比亚 [J]. 中华莎学，1992（4）：3.

[14] 秦龙，肖唤元. 人类命运共同体话语的多维考量 [J]. 学术论坛，2018，41（2）：63-69.

[15] 汪俊辉，肖勇. 浅议高校爱国主义教育与专业课程的渗透 [J]. 教育与职业，2005（29）：55-56.

[16] 吴传毅，金庭碧. "百年未有之大变局"的中国意识形态安全战略 [J]. 当代世界与社会主义（双月刊），2018（6）：33.

[17] 谢旭升. 翻译的政治性与有效性 [J]. 翻译界，2018（2）：1-3.

[18] 习近平. 在文艺工作座谈会上的讲话 [EB/OL]. 新华网，2015-10-15.

[19] 习近平. 在哲学社会科学工作座谈会上的讲话 [M]. 北京：人民出版社，2016：10.

[20] 新华社. 习近平出席全国宣传思想工作会议并发表重要讲话 [EB/OL]. 中国政府网，2018-08-22.

[21] 习近平. 在纪念五四运动100周年大会上的讲话 [EB/OL]. 中国政府网，2019-04-30.

[22] 习近平. 习近平在中共中央政治局第三十次集体学习时强调 加强和改进国际传播工作 展示真实立体全面的中国 [EB/OL]. 中共中央党校，2021-06-01.

[23] 新华社. 中共中央国务院印发《新时代爱国主义教育实施纲要》[EB/OL]. 中华人民共和国教育部政府门户网站，2019-11-12.

[24] 中华人民共和国教育部. 教育部关于印发《高等学校课程思政建设指导纲要》的通知 [EB/OL]. 中华人民共和国教育部政府门户网站，2020-5-28.

[25] 中华人民共和国教育部. 中共教育部党组印发《教育系统关于学习宣传贯彻落实〈新时代爱国主义教育实施纲要〉的工作方案》的通知 [EB/OL]. 中华人民共和国教育部政府门户网站，2020-1-20.

[26] SPIVAK G C. Outside in the Teaching Machine [M]. London and New York：Routledge，1993：79-200.

作者简介：巢鹏，上饶师范学院，讲师，硕士研究生。研究方向：课程思政、翻译教学。

资助基金：江西省高等学校教学改革研究省级课题（JXJG-19-16-14）；江西省高校人文社会科学研究思想政治工作专项项目（SZZX21141）；上饶师范学院人文社科课题（202124）；江西省大学生创新创业训练计划项目（S202110416001）。

初中英语教学中的德育渗透路径及教学设计

厉佳宜　胡萍萍

浙江师范大学，浙江金华，321004

摘　要：在学科教学中进行道德教育是当下教学的重点及使命，英语学科也不例外，因此寻找适合英语学科的德育渗透路径具有重要现实意义。本研究以多元读写理论提出的实景实践、明确指导、批评框定、转化实践为教学框架，以隐性课程理论为基础，探讨了初中英语教学中的德育渗透路径，并结合初中英语教材进行具体的教学设计，从而发挥英语学科的德育价值，实现英语学科工具性与人文性的统一。

关键词：初中英语，德育渗透，德育路径，多元读写理论，隐性课程理论

1. 引言

在应试教育的长期影响下，许多教师形成了功利性的教育观念，一味追求考试高分而忽略了对学生的道德教育。2017年颁布的《义务教育英语课程标准》强调了英语学科具有工具性和人文性双重性质。就人文性而言，英语课程承担着提高学生综合人文素养的任务，即学生通过英语课程能够开阔视野，丰富生活经历，形成跨文化意识，增强爱国主义精神，发展创新能力，形成良好的品格和正确的人生观、价值观。另外，《国家中长期教育改革和发展规划纲要（2010—2020年）》也明确提出要坚持德育为先，把德育渗透于教育教学的各个环节。由此可见，寻找适合英语学科的德育路径已成为英语教育教学的重要内容。

2. 德育路径理论基础

2.1 多元读写理论

信息技术的快速发展使学生可以通过多模态的方式，如图像、视频、音频等方式来获取、应用知识（New London Group，1996）。传统的以语言为中心的

读写能力需要向现代的多元读写能力发展，即利用语言、视觉、听觉等多模态形式获取、理解各种信息。New London Group（1996）提出了多元读写理论，探讨如何利用多模态、多媒体化的环境进行教学，促进学生多元读写能力的发展。他们也提出了多元读写能力的教学模式，主要包括四个要素：实景实践、明确指导、批评框定、转化实践。实景实践（situated practice）即让学生沉浸在真实语境之中，教师所选取的事例或语料应真实，贴近学生的生活，尽量避免无情景语境的教学。明确指导（overt instruction）并不意味着灌输、训练、死记硬背，它强调的是教师积极干预、引导学生进行思考，帮助他们发现道德问题，并传达给学生正面的价值观。批评框定（critical framing）就是使学生在实景实践中通过教师的明确指导，了解语篇中的价值观与意识形态。需要指出的是，批评框定并不是让学生持负面态度对事物进行批判，其核心是培养学生的批判分析能力，使他们能够对教材中蕴含的社会文化现象进行客观理性的分析（邢春燕、冯德正，2019）。转化实践（transformed practice）指的是学生能在新的语境中运用、反思所学到的知识，将其用于解决实际问题；教师可组织分组讨论、演讲等活动让学生在新的情境中实践所接受的价值观。

在多元读写理论研究方面，一些学者侧重于介绍多元读写理论的起源、教学框架及其对中国教育的启示（朱永生，2008；葛俊丽、罗晓燕，2010）。还有一些学者将多元读写理论的教学模式具体应用于课堂教学之中，按照实景实践、明确指导、批评框定、转化实践四个步骤来进行课堂教学设计（吴晓楠、吴玲娟，2012；冯德正，2017；闫旭东，2019；吴玲娟、张德禄，2019）。

值得一提的是，冯德正（2015）提出将多元读写理论的教学模式应用于德育教学之中，以此为道德教育提供更具实操性的方法。他提出，首先将抽象的道德问题置于真实的语境事件中，引发学生的情感投入与认同。其次，通过教师的明确指导使学生理解教学材料中的正面价值观。再次，挖掘教学材料中的负面价值观，培养学生的批判性思维与道德推理能力。最后，在转化实践中回归真实情景，引导学生自主运用这些价值观指导新的实践，解决新的问题。大多数学者将多元读写理论的教学框架运用于读写教学之中，而很少有人将多元读写这一教学框架与德育教学联系起来。另外，以往的德育路径研究所提出的德育方法大多是根据实际教学经验总结概括得出，而该研究所提出的德育方法建立在具体理论之上，以多元读写理论为指导，使德育路径研究突破了经验交流的层面。受到其启发，笔者认为多元读写理论的教学框架为探寻德育路径提供了重要的借鉴参考意义，可以进一步探讨如何将该教学框架具体应用于学科德育之中。

2.2 隐性课程理论

20 世纪 60 年代，美国学者杰克逊在 *Life in Classrooms* 一书中首次提出了 hidden curriculum 这一概念，用来指代那些与官方课程不同的、相对处于隐蔽状态的、对学生产生潜移默化影响的教育因素。但至今为止，国内外学者对于 hidden curriculum 这一概念的名称、定义仍没有统一的说法。学者们将其翻译成"隐蔽课程""潜在课程""内隐课程""隐性课程"等等。在其定义方面，美国学者 Wallance（1974）认为隐性课程是系统发生的，但却没有在任何公开的教育原则中明确提出的东西。这些东西是非学术性的，但却是学校重要的教育成果。Gordon（1982）将各种关于隐性课程的定义分为三大类。他将第一种隐性课程定义称作结果性定义，因为它是根据结果来对隐性课程进行定义的。这种定义将学校中的教育结果分成两种互相排斥的类型，即与显性课程相关的学术性结果和与隐性课程相关的非学术性结果，如态度、价值观等。第二种是环境性定义。这种定义类型将学校环境分为两种相互排斥的部分，一种是与显性课程联系的认知环境，另一种是与隐性课程联系的物质、社会环境。第三种定义类型将学校中的影响模式分为两种，即有意识的影响和无意识的、非预期的影响。这种定义类型倾向于将隐性课程看作学生受到非预期、非公开影响而习得的东西。史光孝（2011）认为隐性课程是指学校情景中进行和发生的，相对于明确陈述和预先计划的显性课程而言，处于隐蔽状态的教育内容。根据以上定义，我们可以概括出隐性课程的若干特点：相对显性课程来说，它是无意识的、非预期的，其结果通常是非学术性的，在环境中潜移默化发生影响的教育内容。

在德育隐性课程方面，季诚均（1997）指出各种环境因素构成的隐性德育课程是依靠环境育人的精神作用机制来实现的。例如，利用情境陶冶、舆论监督、环境暗示、行为模仿、人际交往、情绪感染等原理施教，对学生品德的形成和发展发挥着独特的不可替代的作用。他认为隐性课程有三大德育功能：认识导向、情感陶冶和行为规范。薛丽（2005）提出可以从以下几方面设计隐性德育课程：（1）物质—空间类。学校的建筑物、文化设施、校园规划、生态环境、班级教室等物质形态的校园文化是隐性课程最直接的外在表现形式。（2）组织—制度类。包括学校德育的组织系统，如少先队、共青团等组织。或是学生守则、日常行为规范等制度。这些都蕴含着学校管理者的价值观念，向学生传递着某种价值观、道德观。（3）文化—心理类。她认为文化心理类的隐性课程是属于精神形态的，是整个隐性课程体系的核心，具有更强的渗透力和感染力。这一类型的隐性课程应注重校风、班风的开发设计，发挥教师的人格作用，建设良好、民主的人际关系。柴辉（2013）提出了五点德育隐性教育的措施：抓好英语课堂中的隐性教育，在课堂上开展讨论，渗透德育理念；重视英语教材中的隐性教育，对于蕴含正面隐性教育资料的文章，要点明主题思想，而对于蕴含负面隐性教育资源的文章，应剔除糟粕，指出其问题所在；重视外语教师的行为性隐性教育在隐性英语课程中的作用，通过教师良好的文化修养、学术水平、价值观使学生在学习过程中获得较好的德育学习效果；构建第二课堂的英语隐性教育，如课外活动、英语角、英语竞赛、英语社团等；重视虚拟网络和移动技术在英语隐性教育中的重要辅助作用，使学生在开放性、交互性的环境中受到潜移默化的德育影响。

目前学者们对于德育隐性课程研究大多停留在宏观层面上，提出的原则、方法也较为笼统，没有说明如何将这些原则具体应用到教学中，对学科德育的实际指导意义有限。基于此，本研究将借鉴德育隐性课程的相关原则、方法，将其与初中英语教材相联系，进行具体的教学设计，使这些方法与原则更具操作性与实践性。

3. 初中英语教学中的德育渗透路径及教学设计

3.1 基于多元读写理论的德育渗透路径及教学设计

新目标七年级（下册）第 11 单元 "I'd like some noodles"，这一单元的许多对话与餐厅点菜有关，而当下我国又在大力提倡节约粮食，许多报刊都就此发布专题文章，外卖平台也推出了"半份菜"的服务。教师可根据这一热点话题展开道德教育。(1) 实景实践：首先教师可通过拍照或搜集图片，向学生展示学校食堂、外卖平台推出半份菜服务这一现象，给学生以浸润式体验，引出节约粮食这一主题。(2) 明确指导：接着，教师可以向学生展示相关文章（如几十年前的饥荒、袁隆平团队研发超级水稻的艰辛等等），或者列出相关数据、图表（如我国每年粮食浪费总量、粮食生产总量等等），以更加直观的方式使学生明确节约粮食的必要性，向他们传达节约粮食这一正面价值观。(3) 批评框定：之后，教师可组织学生对当前浪费粮食这一现象进行批判思考，鼓励他们自由发表意见，分析其背后的原因，通过对负面价值观的批判来帮助学生树立正面价值观。(4) 转化实践：最后集体提出几个节约粮食的具体措施，并且组织学生以英语手抄报、照片或视频的形式来记录自己的家庭在日常生活中是如何响应节约粮食这一政策的。教师还可以邀请若干同学分享自己的成果，为学生提供语言输出的机会。

新目标九年级第 13 单元 "We're trying to save the earth!" 旨在增强学生保护环境的意识。教师可联系学生的日常生活，鼓励他们从身边小事做起，为保护环境贡献自己的力量。（1）实景实践：教师可拍摄生活中所见到的污染的河流、工厂排放的污水、被破坏的植被等等。这些照片都来自学生们熟悉的日常生活，因此也更能激发他们的情感共鸣。（2）明确指导：教师可通过列举数据或者对比图片等方式，向学生们展示当前环境污染的严重性，使他们意识到环境保护的重要性。（3）批评框定：接着，教师引导学生们分析造成环境污染、破坏的各种原因，特别关注人们的日常行为对环境造成的影响，如使用一次性筷子、塑料吸管，垃圾不分类等等，以此帮助学生们对一些日常行为进行批判性思考。这种做法能使他们在日常生活中更加关注自己的微小行为对环境造成的不利影响，纠正那些不当的行为。（4）转化实践：最后，同学们可积极讨论如何在日常生活中保护环境，如减少使用一次性餐具、做好垃圾分类、随手关灯等等。教师还可鼓励学生们以小组为单位制作一份英文倡议书，将这些保护环境的措施记录下来，号召更多的同学从身边小事做起，为环境保护做出自己的贡献。

3.2 基于隐性课程理论的德育渗透路径及教学设计

3.2.1 情感熏陶法

隐性课程具有情感熏陶的功能，教师对学生真挚的情感流露具有强大的感染力，能够引起学生的情感共鸣，产生积极的体验。因此教师在进行道德教育时可通过自身或他人事例，向学生展示正确的、积极向上的行为，并分享这些行为所带来的快乐。通过教师情感渲染与熏陶，教师可以向学生传递正面的价值观，在潜移默化之中激发、培养学生的道德情感。教师所分享的事例最好是自己亲身经历的，这样在表达情感传递时也会更加真挚，更富有感染力。

在新目标七年级（上册）第8单元"When is your birthday？"中，教师可以向学生分享自己如何给父母过生日，有条件可以以视频的形式分享，让学生更直观地看到父母收到子女祝福时脸上的幸福与喜悦。这样的情感是最强烈与直观的，对学生的感染力也最为强大。在分享过后，教师应引导学生主动了解、记住父母的生日，并鼓励他们在父母生日时准备些小惊喜。相比于道德说教，教师自身的经历、真实的感情更能打动学生，激发他们的道德情感。

3.2.2 角色扮演法

隐性德育课程可以对学生的道德行为起重要的约束、规范作用。学校中的制度设置渗透着学校的道德要求与教育意志，并且舆论、从众等特殊机制会对学生产生潜在的心理压力，使其感受到规章制度的要求并按照这种要求去规范、约束自己的行为，而且这种影响不带有强制性。在这种环境中学生会觉得自己是一个被尊重的道德主体，从而主动地接受外部影响。

新目标七年级（下册）第4单元"Don't eat in class"主要讨论学校中的行

为规范。教师可以让同学们担任班委的角色，赋予他们制定规则的权力，并让每位同学都主动参与其中，为班级制定规章制度。讨论过后，教师与同学们一起确定班级的十大规章制度。同学们自己成了规则的制定者，遵守规则变成了他们对自己的要求，而不是别人硬性强加的，因此遵守规则变成了一件主动而非被动的事，从而有利于班级内形成良好的舆论监督。另外，教师也可以邀请平时爱捣乱的同学来担任纪律委员的角色，教师扮演自修课上爱说话的学生，要求纪律委员担负起职责，对那些不遵守秩序的同学进行劝导。通过角色扮演，爱捣乱的同学按照纪律委员的角色行事，他也能体会到纪律委员维持秩序的不易，因此也会更加注意自己的行为。

3.2.3 小组展示法

新目标九年级第2单元"I think that moon cakes are delicious!"主要介绍各个国家的节日，其中有一篇文章专门介绍中秋节的来源。教师可在课前要求学生以小组为单位，每组搜集关于中秋节的某一具体方面资料，如一小组介绍中秋节的来源，另一组搜集与中秋节有关的古诗、歌曲，在课上介绍和播放这些资料，其他组可以整理中秋节的风俗。最后各小组以PPT的形式在全班进行汇报展示。待同学们展示过后，教师再进行总结概括，帮助学生们深刻了解中国的传统节日。在进行课外阅读、搜集相关资料以及课上聆听歌谣、故事，阅读古诗的过程中，同学们会认识到中华文化的源远流长、丰富多彩，无形之中建立起文化自信和民族自豪感，在潜移默化之中接受爱国主义教育。

3.3 初中英语教学中进行德育渗透的总结

多元读写理论的教学框架为道德教育提供了切实可行的指导，同时也为教师进行德育渗透带来了一定启发。首先，道德教育不能只是空泛的说教，应努力创设真实情境，联系学生生活，使抽象的道德具体化、实践化。其次，道德教育要基于教材，同时也要联系当下社会热点，引导学生进行思考，发表自己的意见，培养其批判性思维。另外，教师也应努力为学生提供输出机会，使他们在新情境中能够适当地、创新地运用所学知识。

隐性课程强调润物细无声的效果，因此在进行道德教育时，教师应注意用自身真实的情感，或通过角色互换来打动、熏陶学生，而不能冷冰冰地灌输道德价值观。另外，教材是英语教学中进行德育渗透的重要途径。教材不仅承载着语言知识，更蕴含着丰富的文化内涵、社会规范、道德价值观等。而对于教材中蕴含的负面隐性教育资源，教师应引导学生去其糟粕，辩证地看待问题。英语学科往往强调向学生介绍国外的文化和风俗，有可能在一定程度上过度美化西方文化，挫伤同学们的民族自尊心。因此，对于教材中宣传中国传统文化的部分内容，教师可以通过各种渠道深度挖掘其隐性教育资源，让学生们在无形之中受到爱国主义思想的教育。

4. 结语

本研究在借鉴多元读写理论的教学框架和隐性课程理论的基础上，紧密结合初中英语教材，探讨了初中英语教学中的具体德育渗透路径：运用实景实践、明确指导、批评框定、转化实践框架进行德育教学设计；挖掘教材中的隐性德育资源，通过情感熏陶法、角色扮演法、小组展示法进行德育渗透。本研究提出的德育渗透路径有具体理论指导，一定程度上避免了主观经验交流的弊端。此外，本研究将这些路径、方法与初中英语教材相联系，进行教学设计，从而使其更加具体化、实践化。

强调英语学科中的道德教育不仅能促进英语学科自身发展，实现其工具性与人文性的统一，而且对提高学生的道德素养也有重要意义。在未来的研究中，我们需要进一步探讨英语学科中的德育渗透措施，寻找更多理论依据，从而使德育渗透路径更加系统化，更具科学性。

参考文献

[1] 柴辉.大学英语隐性课程中的德育教育浅析［J］.兰州交通大学学报，2013（5）：185-187.

[2] 戴佳敏.基于英语学科特点的德育路径探寻［J］.上海教育科研，2014（7）：62-63，72.

[3] 符文忠.高校德育与隐性课程建设［J］.课程·教材·教法，2006（5）：74-78.

[4] 冯德正.英语教学中的人文道德教育：正面价值观的多模态语篇建构［J］.外语界，2015（5）：27-34.

[5] 冯德正.基于多元读写理论的课堂教学设计：以英语语言学课程为例［J］.中国外语，2017（3）：55-63.

[6] 葛俊丽，罗晓燕.新媒介时代外语教学新视角：多元识读教学法［J］.外语界，2010（5）：13-19.

[7] 胡萍萍.大学英语教学中教师隐性课程的个案研究［J］.外语电化教学，2016（4）：20-25，31.

[8] 季诚均.试论隐性德育课程［J］.课程·教材·教法，1997（2）：9-13.

[9] 李大建.论高校隐性课程的建设［J］.中国大学教学，2008（11）：64-66.

[10] 史光孝.基于隐性课程的大学英语课程设计研究［D］.上海：上海外国语大学，2011.

[11] 沈金花. 多元读写理论指导下的高中英语阅读教学探究 [J]. 考试周刊, 2019 (91): 101-102.

[12] 吴玲娟, 张德禄. 基于雨课堂的通用英语设计学习模式研究: 兼论多元读写能力的培养 [J]. 现代教育技术, 2019, 29 (3): 78-84.

[13] 吴晓楠, 吴玲娟. 多元读写理论指导下的高中英语写作教学研究 [J]. 南方论刊, 2020 (2): 101-103.

[14] 薛丽. 隐性课程德育功能探析 [D]. 长春: 东北师范大学, 2005.

[15] 邢春燕, 冯德正. 多媒体环境下大学英语课堂教学设计与评估: 多元读写理论视角 [J]. 山东外语教学, 2019, 40 (3): 41-51.

[16] 闫旭东. 多元读写模式在高中英语教学中的应用研究 [J]. 教学与管理, 2019 (18): 104-106.

[17] 朱永生. 多元识读能力研究及其对我国教学改革的启示 [J]. 外语研究, 2008, 25 (4): 10-14.

[18] 曾小珊. 大学英语课程实施中的教师隐性课程研究 [D]. 上海: 上海外国语大学, 2013.

[19] 中华人民共和国教育部. 国家中长期教育改革和发展规划纲要 (2010—2020年) [M]. 北京: 北京师范大学出版社, 2010.

[20] 义务教育英语课程标准 [M]. 北京: 人民教育出版社, 2017.

[21] 人民教育出版社. 义务教育教科书英语 (学生用书) [M]. 北京: 人民教育出版社, 2013.

[22] CHAPELLE C A. A hidden curriculum in language textbooks: are beginning learners of French at US universities taught about Canada? [J]. The Modern Language Journal, 2009, 93 (2).

[23] CUBUKCU Z. The effect of hidden curriculum on character education process of primary school students [J]. Educational Science; Theory & Practice, 2012, 12 (2).

[24] GORDON D. The concept of the hidden curriculum [J]. Journal of Philosophy of Education, 1982, 16 (2).

[25] VALLANCE E. Hiding the hidden curriculum: An interpretation of the language of justification in nineteenth-century educational reform [J]. Curriculum Theory Network, 1972, 4 (1).

[26] New London Group. A pedagogy of multiliteracies: designing social futures [J]. Harvard Educational Review, 1996, 66 (1).

作者简介: 厉佳宜, 浙江师范大学外国语学院, 硕士研究生。研究方向: 英语课程与教学论研究。

胡萍萍, 浙江师范大学外国语学院, 副教授, 硕士生导师。研究方向: 外语教学理论与实践、教师专业发展研究。

基于学生需求的课程思政建设探索与实践
——以法语课程群建设为例

曹 慧 杜 燕

上海交通大学，上海，200240

摘 要：随着课程思政建设的全面推进，探索课程思政建设的优化路径变得十分重要。本研究通过问卷调查，了解学生外语系列课程中的课程思政需求，结果表明：学生对外语课程的课程思政需求高；现有外语系列课程的课程思政教学方式有待改进；多数学生期待在外语系列课程全流程中得到价值引领。基于问卷调查，立足"双一流"建设大背景，本研究结合法语课程群课程思政建设的实践对外语教学全面推进课程思政背景下的师资培养、教材研发、教学设计及教学评估等相关问题的启示进行了讨论，并提出当下外语课程思政建设急需优化升级，需要从现有的、自下而上的单门课程的思政元素挖掘转向自上而下的基于专业及学科培养目标的课程群课程思政布局及实践。

关键词：课程思政，学生需求分析，外语课程群

1. 引言

习近平总书记指出："高校立身之本在于立德树人。"全面推进课程思政建设，是落实立德树人根本任务的战略举措（孟庆瑜，2021）。课程思政在发展过程中具体要求包括但不限于课程结构立体多元、课程方法显隐结合、课程思维科学创新。当下，外语教学中的课程思政已成为衡量外语教学质量和培养方式的重要指标。

近年来，学界高度重视外语课程中的课程思政理论建构和实践探索。岳曼曼（2020）、徐锦芬（2021）等分别围绕外语课程思政的内涵、实现路径、教材编写、课程设置等内容进行了探讨。文秋芳（2021）提出兼顾思政范围、课程任务、关键策略及内容链、管理链、评价链、教师言行链的"四纵四横"双维

度外语课程思政框架,为一线教师提供了可执行的教学范式。相关研究还包括以《美国文学课程》(杨金才,2020)、《语言学课程》(文旭,2021)等为例的具体教学实践,这些研究和观点都颇具真知灼见,为外语教师探索外语课程思政的实施和建设提供了重要参考。

通过分析外语类课程思政研究的现状,可以清晰地发现,目前已经取得的相关成果较多集中在"宏观"和"微观"层面,但对于类型丰富、方向多样,且在培养目标、学习主体、思政内涵等方面存在众多共通性的外语课程群建设中,缺乏"中观"层面的系统规划、协同创新。

上海交通大学外国语学院法语教学团队,培育了1门国家级一流优质在线课程"法国语言文化入门",1门上海市一流课程及上海市重点课程"法语及英语词汇中的文化"和3门校级一流课程。其中法语系列课程的课程思政融合得到了较高评价,在中国大学慕课和每日法语听力平台共拥有超过30万法语学习者。法语教学团队基于学生需求建课,下文将分享外语课程群课程思政需求调查并以法语课程群建设为例,提出基于调查的外语课程群建课思考,以助力我国外语专业的一流学科建设。

目前,外语教师对开展课程思政建设的必要性有广泛的共识,对本专业教学内容和教学语言的特殊性大多也有清醒的认识,然而,现存的外语课程思政教学还存在一系列问题:首先,教师对课程思政的理解不够充分,课程思政意识及课程思政教学能力还有待提高。其次,外语教学的课程思政缺乏系统及完整的执行体系。最后,外语系列课程的课程思政不仅教学内容缺乏系统性,教学方法也比较生硬,教学过程糅合牵强。总的来说,外语类课程思政教学的系统性不足是现存外语课程思政教学的明显缺陷。

此外,目前的研究主要从教师视角强调课程思政的理据,而基于学生需求视角的课程思政研究凤毛麟角,不真正了解学生的实际需求以及他们现实的知识结构和真实的知识渴求,我们就无法满足学生的求知欲,进而激发学生的学习兴趣,真实有效地提高外语系列课程的课程思政效果。基于此,从学习者需求分析出发,探索课程思政全覆盖的外语课程群建设路径,才能够为外语课程群系统化地推进课程思政教学提供重要启示和依据。

本研究以了解学生课程思政需求为目标编制了学生问卷,调查当前大学生对外语系列课程思政教学的实际需求。由于学生们对于"课程思政"这个新名词较陌生,问卷以《大学生外语系列课程中道德素养提升的需求调查》为题展开,并对问卷进行数据计量分析,旨在通过本研究引起国内学界对外语课程群全面推进课程思政背景下的教学设置、教材研发及师资培养等相关问题的系统化关注。

2. 研究设计

2.1 问卷设计

本研究问卷共包括 23 个题项，采用 Likert 五级量表：①非常不同意；②基本不同意；③基本同意；④同意；⑤非常同意。调查者可以对这些选项加以选择，并发表看法。通过 Cronbach's α 系数分析（姜玉莲，2017），本问卷量表的信度系数在 0.9 以上，故认为本问卷题项设置合理，问卷调查数据真实可靠（表1）。

表1 问卷信度调查

量表	可靠性统计	
	克隆巴赫 Alpha 0.957	本问卷基于标准化项的克隆巴赫 Alpha 0.959

此外，检测数据的有效性（表2），其中 KMO 值大于 0.7，巴特利特球形度检验统计值的显著性是 0.000<0.01，因此可以认为本次问卷的数据效度良好（肖倩倩，2021）。

表2 问卷效度调查

KMO 和巴特利特检验		
KMO 取样适切性量数		0.923
巴特利特球形度检验	近似卡方	1819.465
	自由度	78
	显著性	0.000

2.2 研究对象

本次问卷的研究对象为上海交通大学 125 名学生，其中本科生 114 名，硕士生 8 名，博士生 3 名，他们分别来自生命科学、数学科学、农生科学、航天航空、电子工程、机械工程、电气自动化、环境工程、船舶与海洋、风景园林、经济学、法学、管理学、临床医学、文化产业管理、国际与公共事务、媒体与设计、外国语言文学、中国语言文学、历史学、教育学、理学 22 个专业。

2.3 数据收集

调查问卷通过"问卷星"发布，问卷的设计包括了三个维度：(1)研究对象的个人基本信息；(2)学生对于外语系列课程中包含价值引领的教学内容的整体态度；(3) 现有外语系列课程中有关价值引领的教学内容的实际状况。

3. 研究结果

3.1 学生对课程思政的需求高

为使样本数据具有真实性和区分度，本调查问卷设置了性别、学历、专业等变量，采取匿名问卷方式进行调查，对有效样本进行了基本特征分析（表3）。

表 3 受试基本特征及对道德素养融入教学的认可度调查

变量	分类	个案数	百分比/%
性别	男	49	39.20
	女	76	60.80
年龄	18岁以下	2	1.60
	18~23岁	119	95.20
	24~26岁	3	2.40
	27~30岁	1	0.80
	30岁以上	0	0.00
教育阶段	本科	114	91.20
	硕士研究生	8	6.40
	博士研究生	3	2.40
对道德素养融入教学的认可度	认可	113	90.40
	不认可	12	9.60

表3的数据清晰地表明，有超过90%的学生认为在外语系列课程的教学中应该引入道德素养提升相关的教学内容，这充分说明学生对外语系列课程中进行课程思政的需求度高。

3.2 现有课程思政的教学方式有待改进

对现有外语系列课程中"包含价值引领的教学内容和教学方式"进行考察时，问卷表明（见表4），认为"教学内容中没有道德素养元素"的比例达到25.6%，同时认为课程群缺乏协同发展、"教学内容重复""上多门课程后听到的都是同样的思政案例，很容易产生疲劳"的比例高达64%，此外认为"教学内容"中的"思政元素"在课堂中融入方式"生硬、机械"的比例（62.40%）亦超过半数。

究其原因，这可能是国内高校的外语"课程思政"改革主要聚焦于教师个体对某单一课程育人元素的探索和初步实施，主讲教师个人对材料的解读和加入思政内容的随机性很强，缺乏系统和深入的考量（崔戈，2019），现阶段的课程思政主要呈现的是基于课程内容自下而上的思政元素挖掘，而不是基于专业和学科的整体培养目标和课程体系的自上而下的课程思政教学的整体布局。

问卷呈现的需求（90.4%）与现状之间的显著背离说明了教师对于外语系列课程进行教学改革并建立系统、完整的执行体系，同时开展体系化的外语课程群课程思政建设的必要性和紧迫性。

表4　大学外语系列课程包含价值引领内容的教学现状

变量	分类	个案数	百分比/%
现存价值引领教学时的问题	教学内容中没有道德素养元素	32	25.60
	教学内容中有道德素养元素，但没有融入知识传授和能力培养中，比较生硬、机械	78	62.40
	教学内容中有道德素养元素，但上多门课后，听到的都是同样的思政案例，很容易产生疲劳	80	64.00
	教学内容中有道德素养元素，但对教学内容中的道德修养元素不感兴趣	57	45.60

3.3　多数学生期待外语系列课程全流程进行价值引领

图1的统计数据显示，多数学生认为外语系列课程中价值引领内容应该在所有教学环节中进行全流程融合。多数学生认为不仅应该在"课文讲解"（73.6%）中融入相关内容，也应该在"视听说练习"（64.8%）、"课堂小组讨论和展示"（64.8%）、"词汇学习"（57.6%）等教学环节中进行价值引领的相关教学内容的融合，当然，选择"课后书面表达练习"的比例偏低（仅47.2%），这可能源于学生各科学业负担繁重，他们更愿意在课内完成书本内容学习。

在对学生进行"价值引领的有效方法"的调查中，我们发现，选择"创造性使用现代信息技术主动适应学习方式的转变"的比例高达83.2%，而选择"创新以多样性为主要特点的第二课堂教学形式"比例也高达69.6%（见图2）。

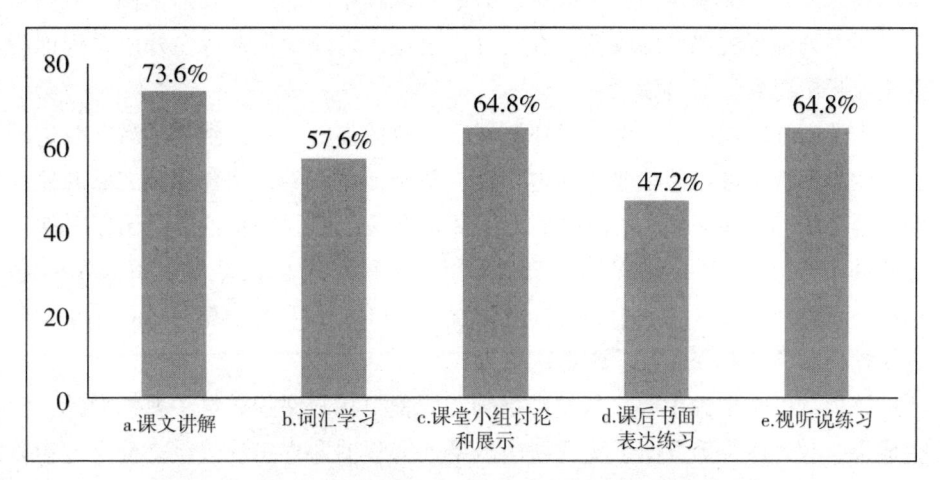

图1 "学生视角"外语系列课程中适合价值引领的教学环节

（a.课文讲解 73.6%；b.词汇学习 57.6%；c.课堂小组讨论和展示 64.8%；d.课后书面表达练习 47.2%；e.视听说练习 64.8%）

由此可见，新时代的学生对于现代信息技术的接受度和适应度高，并且渴望参加第二课堂形式的教学。因此，外语课程群的课程思政建设应该将第一、第二课堂进行有机融合，外语课程可以通过社会实践、志愿服务、语言实训、学科竞赛等方式有效满足学生多元化、多层次的学习需求。

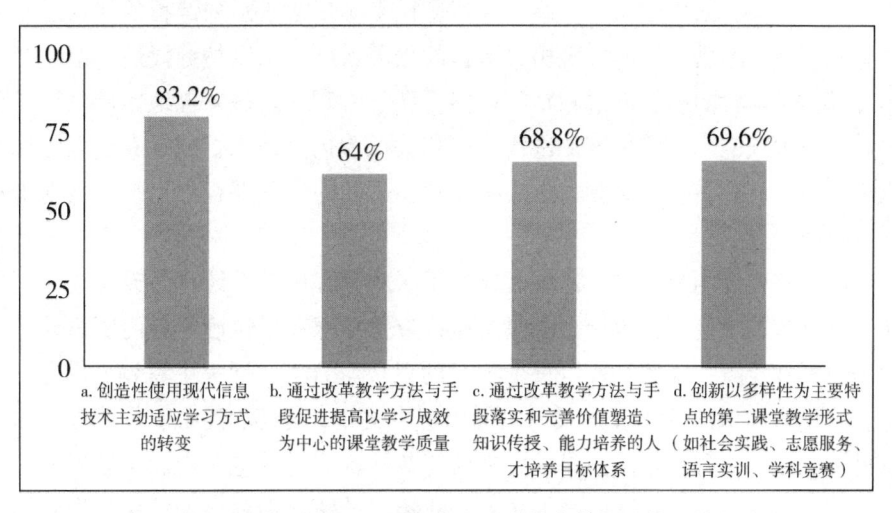

图2 "学生视角"外语系列课程中开展道德素养提升教育的有效方法

（a.创造性使用现代信息技术主动适应学习方式的转变 83.2%；b.通过改革教学方法与手段促进提高以学习成效为中心的课堂教学质量 64%；c.通过改革教学方法与手段落实和完善价值塑造、知识传授、能力培养的人才培养目标体系 68.8%；d.创新以多样性为主要特点的第二课堂教学形式（如社会实践、志愿服务、语言实训、学科竞赛）69.6%）

4. 基于学生需求的法语课程群课程思政建设实践

4.1 基于学生需求的法语课程群"课程思政"建设TBDIOA模型的构建

上述问卷对上海交通大学125名学生进行了外语系列课程"课程思政"建

设的需求调查，结果表明：学生对外语系列课程中的课程思政需求高，但是现有外语系列课程的课程思政教学方式有待改进，多数学生期待在外语系列课程的全流程中得到价值引领。

上述问卷既说明了学生对于外语课程思政的高需求，又阐明了教师改进现有课程思政教学现状的必要性和迫切性。基于上述问卷，结合相关文献的梳理和内容分析，上海交通大学法语教学团队根据法语课程的特点以及国家对课程思政的要求，构建了课程思政背景下法语系列课程改革的 TBDIOA 模型（Teacher 教师、Book 教材、Design 教学设计、Input 课程内容输入、Output 学生成果输出和 Assessment 教学评价）。

该模型以学生为中心，从教师培训、课程目标、课程教材、教学设计、学生成果、教学评价等方面系统规划法语系列课程的课程思政建设，整个过程以法语教学团队为依托，实施协作、共建、共享。此模型不是基于单个课程的课程思政教学方案，而是以系部和教学团队为单位，基于系列课程的课程思政系统化建设范式。

从团队管理的角度来说，法语教学团队通过系统的培训、说课、讲课、听课等教学研讨过程，对所有教师进行一对一课程思政建设指导，优化教学设计，创新教学方案，采用多元化评价方法等途径来实现法语系列课程的课程思政建设的全面系统推进。根据法语相关课程的培养目标，深度挖掘提炼法语系列课程知识体系蕴含的思想价值和精神内涵，科学合理、渐进系统地拓展法语相关课程思政育人的广度和深度，重构法语相关课程内容体系，制定专业课程思政内容大纲，有效指导法语教学团队的教师在不同的法语课程中系统全面地推进课程思政建设。

从课程建设的范围来说，法语教学团队的课程思政系统化建设覆盖法语团队所有课程的全流程，包括：课程前通过集体备课和讨论确定各门法语课程的培养目标和重点，准备好具体每个单元的思政融合点；课程中说课、讲课、听课，将语言知识的传授和语料承载的思想、文化、情感、道德、价值观等因素良好地融合到课程教学中；课程后贯彻有效课程评价并进一步加强教研成果的开发和转化，同时构建可向全国法语专业推广的法语系列课程的课程思政语料库及素材库。具体实施路径如图 3 所示。

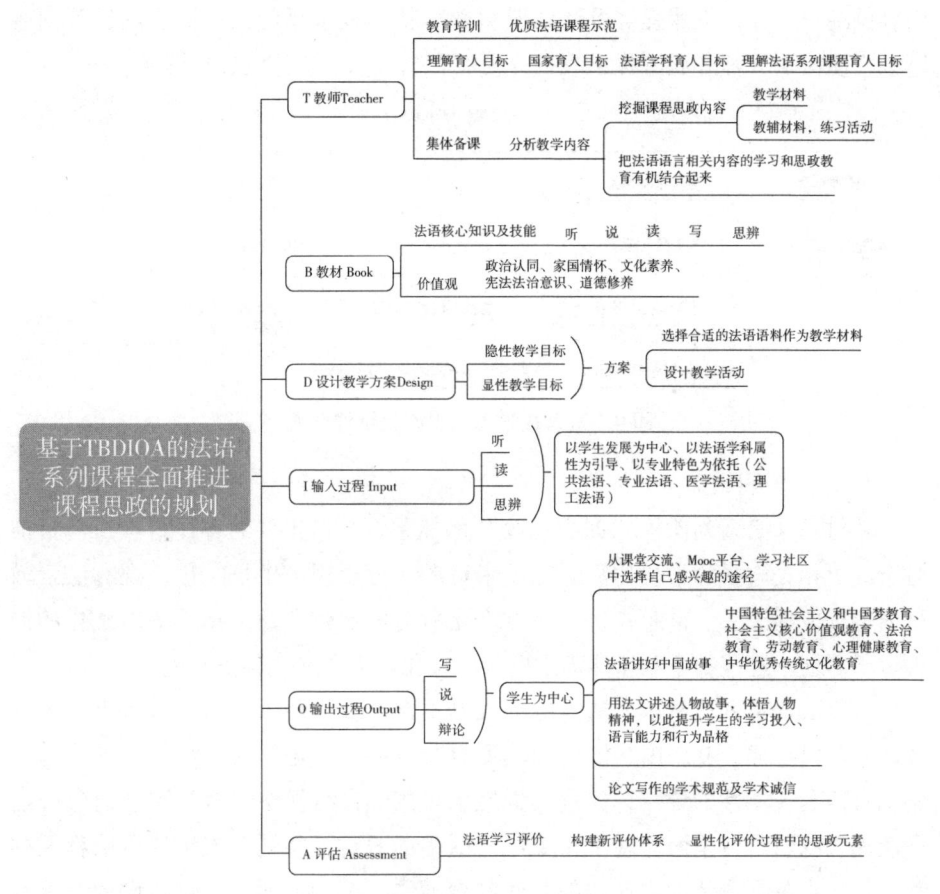

图 3　基于 TBDIOA 模型的法语系列课程全面推进课程思政的规划图

4.2　法语课程群课程思政建设的实践

4.2.1　教师培训及集体备课

法语教学团队为了加强教师的课程思政能力建设，建立了法语系列课程的课程思政集体教研制度，开展示范课教学，通过教师培训鼓励法语教师进行系统的说课交流。通过集体备课和教学研讨，法语教学团队促进教师不断学习，主动提升，力争更加系统地掌握课程思政的精髓，并且通过教学观摩和集体讨论，在法语系列课程中全面化、系统化和规范化地推进课程思政。课程思政对价值、知识和能力"三合一"的要求，实际上要求法语专业教师重新审视，乃至重构法语系列课程的知识体系。法语教师根据法语专业人才培养目标，共同重构系列法语课程内容体系，结合各门课程的特点，制定相关课程的思政内容大纲。在此基础上，法语教师再将教材和相关语料转化或开发为法语课堂教学内容，优化和创新课程思政教学方案，落实课程思政教育内容，深化课程思政内容供给。这样，从课程群设计到课堂教学就形成了每门法语课程的思政内容体系，使法语教师开展课程思政教育更加有据可循。具体流程见图4。

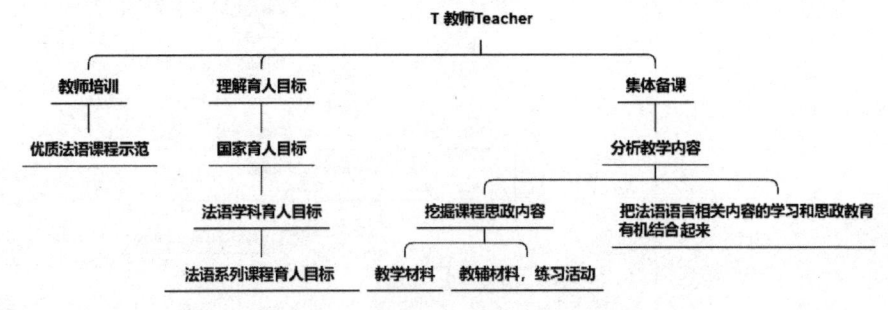

图 4 法语教学团队教师培训详解图

4.2.2 教材改革

教材是法语系列课程"课程思政"的抓手，是最重要的客体材料，但目前对于法语相关教材的思政功能研究还未得到充分重视。中华文化在现有法语教材内容选取的源头上被忽视，中西方文化所占的比例严重失衡，中国文化的展现过于薄弱，这些都不利于培养学生的跨文化能力和文化自信。

确定法语系列教材素材选择的标准是关键。现行法语系列教材有丰富的思政元素可以挖掘，其广度、深度和温度有很大的空间可拓展。法语系列课程强调工具性与人文性的统一，注重人文性和思想性，故而法语教学团队通过开展广泛深入的研讨，全面梳理了相关法语课程的教材，共同发掘出法语课程系列教学材料中蕴含或者可供比较的思政教育元素，汇编成册，同时建设动态课程思政语料库，包括：（1）时政资源语料，主要是党的全国人民代表大会等重要会议文件的中法对照版；（2）党史党章语料，主要是党史知识和党章的内容；（3）领导人用典语料库；（4）传统经典语料，主要是国学经典、优秀古典诗文中的精华语句；（5）当代中国文化语料，主要包括当代中国衣、食、住、行、婚等文化语料。我们所建的课程思政语料库，根据需要，及时动态更新，使思政内容融入有据可依，实现教书育人并重，提升课堂的温度。教师将相关语料及素材融入课程教学的同时将价值引领分层次分阶段融入法语系列课程的知识体系中；并且组织法语专业教师根据内容体系（大纲）编写教材，形成与法语系列课程相匹配的课程思政素材库，突出法语思政素材的思想性、时代性，紧密结合更高水平对外开放的需要，体现中国特色，优化课程思政内容供给。对于教材素材的选择根据图5的标准：

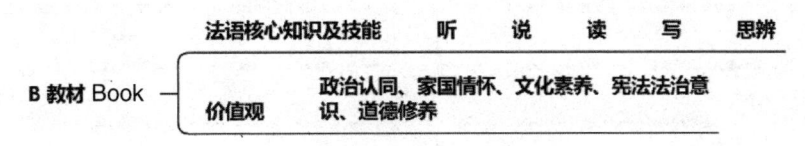

```
                         法语核心知识及技能    听    说    读    写    思辨
  B 教材 Book ─┐
                         价值观    政治认同、家国情怀、文化素养、宪法法治意
                                   识、道德修养
```

图 5　法语教学团队教材选用及编写标准图

　　法语系列课程思政教材的开发以课程特色为依托。法语系列课程的课程思政建设坚持将各门课程的特色及定位与"三全育人"的教学目标进行有机结合，这就要求法语教师要先了解学生，熟悉学生的情况。面对不同的学生和不同的课程，课程思政的内容体现出一定的差异性，这就需要我们分析学情，如学生的原有基础、学习相关课程的有利因素和存在的问题、学生的差异等。

　　例如，法语二外的学情分析如下：（1）课程面对英语专业学生，学生对于外语学习充满热情，但是法语起点为零；（2）有一定的中西文化对比知识，但是对于中法文化对比尚比较陌生；（3）作为思想成熟、知识储备完善的成年人，教学内容的选择需要充分重视思想性，需要加强学生的问题意识及思辨意识。

　　基于以上分析，我们对于针对法语二外和法语二专的学生开设的基础法语和中级法语课程的教学内容进行了初步整合，具体可参照图 6 及图 7。

```
Unité 7
  L'origine des mois en français 法语中月份的由来
  La Saint-Valentin et la fête chinoise des amoureux 西方的情人节和中国的七夕节

Unité 8
  La Braderie de Lille 里尔旧货节
  Le Marché de Noël en France et la Foire du Temple chinoise 法国的圣诞集市和中国的庙会

Unité 9
  Le Guide Michelin 米其林指南
  La crêpe française et le rouleau de printemps chinois 法国的可丽饼和中国的春卷

Unité 10
  Quelques plats traditionnels français 法国传统菜肴
  Deux adjectifs exprimant le plaisir de manger : "鲜"et «délicieux»
    中文的"鲜"和法文的«délicieux»

Unité 11
  Claude Monet et la fondation Monet 克洛德·莫奈和莫奈花园
  Les jardin du style classique en France et en Chine 法国和中国的古典主义园林

Unité 12
  Les vacances des Français 法国人的假期
  Être bronzé ou éclaircir la peau : un Choc culturel entre les Européens et les Asiatiques
    东西方审美碰撞："美黑"还是"美白"？

                                    基础法语

Unité 1
  Connaître le français et la France 初识法语和法国
  Le rôle majeur de la langue française et chinoise 法语和中文在世界上的影响力

Unité 2
  Se tutoyer ou se vouvoyer 问好的不同方式：tu 还是 vous？
  La fameuse bise française et la salutation traditionnelle chinoise 法国人的贴面礼和中国人的作揖

Unité 3
  Comment faire si vous êtes invités chez des Français ? 在法国，如何去别人家做客？
  Les cadeaux préférés des Français et des Chinois : le vin et le thé 法国人和中国人爱送的礼物：葡萄酒和茶

Unité 4
  Les traits caractéristiques des noms français 法国人姓氏的特点
  Comment les Français et les Chinois choisissent-ils les prénoms ? 法国人和中国人如何取名？

Unité 5
  La notion du temps chez les Français 法国人的时间观
  Deux différentes façons de s'orienter et d'aménager l'espace urbain : Paris et Pékin 中法首都不同的城市规划和布局

Unité 6
  Les arrondissements de Paris 巴黎的区
  Le Musée d'Orsay et le musée d'art contemporain de Shanghai 奥赛博物馆和上海当代艺术博物馆
```

图 6　基础法语课程思政融合图

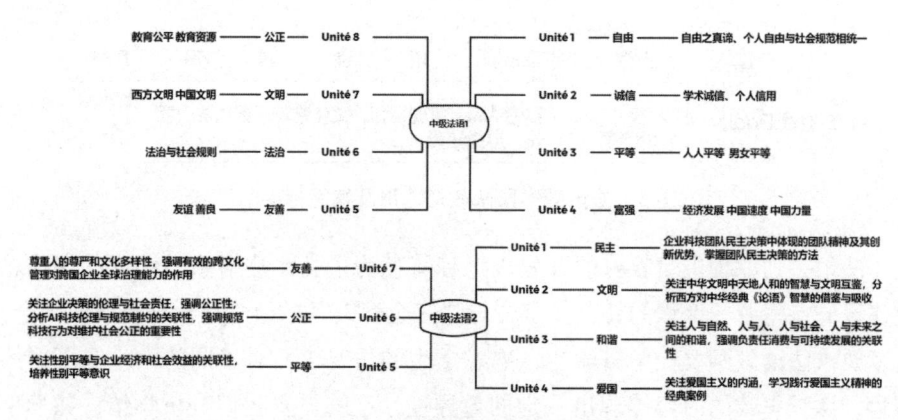

图7 中级法语课程思政融合简图

医学法语的学情分析如下：（1）学生为法语零起点，但是学习强度大。法语教学团队通过每学期270学时左右的法语课程对学生进行包括听、说、读、写的训练，另外，法国每年派出10名左右教授来我校进行教学。（2）学生进入第七学年时，中法专家组对学生语言及专业进行严格的考评，合格者方能赴法国做一年的住院医师，直接和法国医生及病人接触，对于法语和医学的要求都极高，这对基础医学法语的教学提出了巨大的挑战。

面对医学法语的特殊性，我们在普通的法语教学之外，还在医学类法语课程教学的全过程中融入思政理念、历史文化、医学人文、职业/科学素养、健康中国、时代精神等元素，达到立德树人之目标，为中国特色社会主义培养致力于服务健康中国的医学家和科学家。法语教学团队针对医学法语的特殊性，拟定下列法语教学内容，如图8所示。

图8 医学法语课程思政融合简图

面对上海交通大学以工科背景为主的学生群体，例如密西根学院和中法学院的理工类法语教学，法语教学团队认为需要注重与"学科法语"和"专业法语"的课程建设相结合，以便培养学生学术发展所需的法语知识和技能，使学生具备运用法语有效呈现当前科技发展的最新成果和未来方向的能力，从而培养具有家国情怀、责任担当，愿意将所学知识奉献于社会主义现代化事业建设，堪当时代大任的新时代工程技术人才，并据此重构教学内容，具体参见图9。

图 9 理工法语课程思政融合简图

4.2.3 教学设计方案改革

法语教学团队组织老师结合课程知识目标和课程思政育人目标，精心设计课程，并且通过教学研讨的方式在整个系部和教学团队范围内以说课的形式，讲述拟采取的教学方案，形成一中心、双主体、三维度、四方面、五融合的课程教学范式。

具体而言，法语系列课程以学生为中心，以师生两部分为双主体，以跨时间、空间及意间的"三维立体"跨文化思维为基础，结合知识、能力、价值和人格养成四个方面的课程目标，通过线上与线下、显性与隐性、深度和温度、创新性和高阶性、第一课堂与第二课堂的五种融合，运用案例式、讨论式、辩论式、项目式、角色模拟式、游戏互动式等多元方法进行教与学的活动。具体情况如图 10 所示：

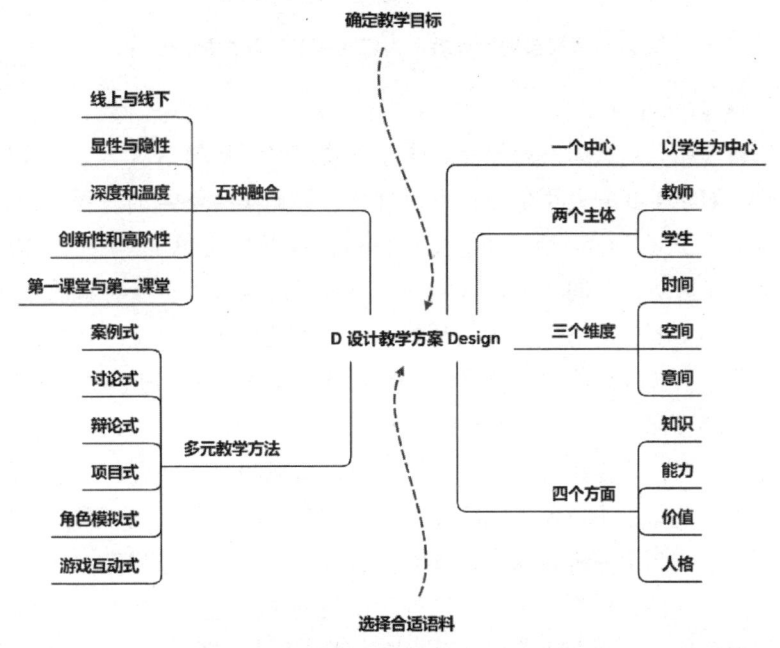

图 10 法语教学团队教学设计方案图

4.2.4 教学过程改革

在课程内容的教学过程中，法语系列课程通过创新性的教学设计确保学生不仅和教师有互动，还能针对教师和同伴的观点提出自己的看法，甚至有批评和质疑，这样方能有助于培养学生的批判性思维和创新意识。法语系列课程在对法国及法语国家文化与中华民族思维方式、价值观念、伦理道德、行为习惯等的比照过程中，引导学生正确地看待过去和现在、中国与世界的关系，培养学生的文化自信和爱国情怀，奠定学生用法语讲好中国故事、为促进人类文明进步贡献中国智慧的基础。图 11 展示了教与学的具体输入及输出过程。

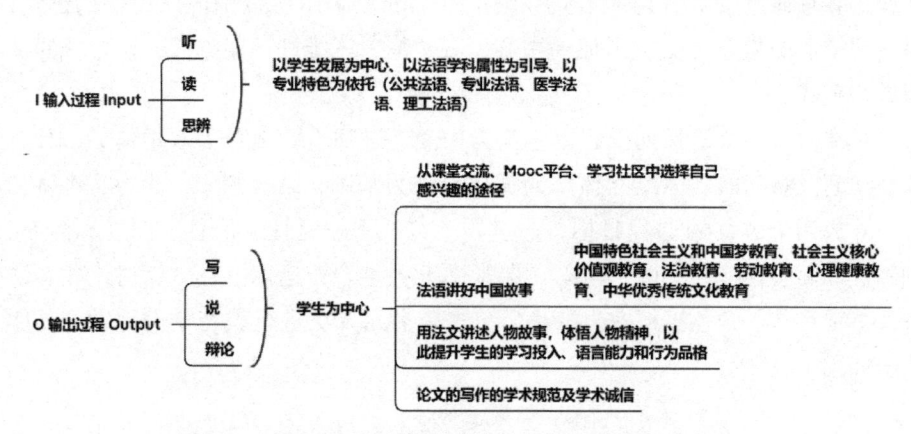

图 11 法语系列课程教学内容输入及教学成果产出图

4.2.5 教学评价改革

法语教学团队对法语系列课程的课程思政建设评价包括对学生和教师两方面的评价。对学生我们采用形成性评价理念，强调学生学习的过程，在过程中形成正确的价值观，学会用法语讲好中国故事。我们将每个学生的努力程度、进步速度与学习成绩共同作为评价依据。同时我们认为评价参与者的多元化也是思政育人的重要体现方式。除教师外，评价人还应包括学生个体和同伴，从而培养学生的自我反思能力、合作学习能力和见贤思齐的学习态度。对于教师，我们坚持听课和评课有机结合的制度，听课之后，强调"有听必有评"，只有公正、客观地评课，才能让教师相互取长补短，发现和解决问题。为了加强评课的标准化和规范化，法语教学团队强调在评课时无须面面俱到，重点考量教学目标的达成度，侧重分析教材的处理方法、教学程序的规范程度、课堂设计及结构安排的合理性、教学方法和教学手段使用的灵活性、教师教学基本功的扎实度以及课程思政的教学效果等方面，具体评价方法见图 12：

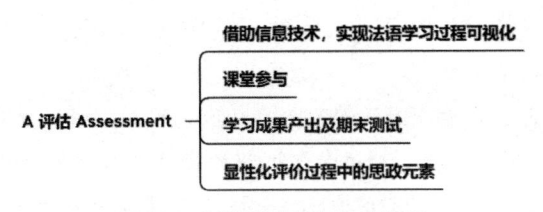

```
                              ┌─ 借助信息技术，实现法语学习过程可视化
                              ├─ 课堂参与
A 评估 Assessment ─────────────┼─ 学习成果产出及期末测试
                              └─ 显性化评价过程中的思政元素
```

图 12　法语系列课程评价简图

5. 结语

综上所述，为了积极对接国家战略和社会需求，充分考虑学生诉求，将价值引领、知识探究、能力建设、人格培养"四位一体"的课程思政育人目标贯穿于课程的每一个环节，我们需要充分利用现代信息技术手段，促进优质资源共享共用，并从课程群设计、师资培养、教材选择和开发、课堂教学设计、课上精心讲授再到课后评价及反思，持续改进，从而形成外语系列课程的思政内容体系。在外语系列课程中全面化、系统化和规范化地推进课程思政建设必将是课程建设的必选方向和发展趋势。

参考文献

[1] 崔戈．"大思政"格局下外语"课程思政"建设的探索与实践[J]．思想理论教育导刊，2019（7）：138-140.

[2] 姜玉莲，解月光．基于 ESEM 的高阶思维结构测量模型研究[J]．现代远程教育研究，2017（3）：99-104.

[3] 孟庆瑜，阴冬胜．全面推进课程思政建设[N]．人民日报，2021-06-08（13）.

[4] 岳曼曼，刘正光．混合式教学契合外语课程思政：理念与路径[J]．外语教学，2020，41（6）：16-19.

[5] 文秋芳．大学外语课程思政的内涵和实施框架[J]．中国外语，2021，18（2）：47-52.

[6] 文旭．语言学课程如何落实课程思政[J]．中国外语，2021，18（2）：71-77.

[7] 肖倩倩，朱学芳．图书馆虚拟现实技术用户需求调查分析及实施建议[J]．图书馆学研究，2021（11）：40-49.

[8] 徐锦芬．高校英语课程教学素材的思政内容建设研究[J]．外语界，2021（2）：18-24.

[9] 杨金才．外语教育"课程思政"之我见[J]．外语教学理论与实践，2020（4）：48-51.

作者简介：曹慧，上海交通大学外国语学院，副教授，博士。研究方向：法国文化及法语教学法研究。

杜燕，上海交通大学外国语学院，副教授，硕士。研究方向：法语教学法。

资助基金：新常态下公共外语教学过程的标准化和规范化——以法语系列课程为例，上海市教改项目，2021年度规划研究课题（项目编号：2021，Y1-07）；当代中国主题的法语语料库智能挖掘模型构建及应用，上海市哲社课题（项目编号：2020BYY010）；基于TBDIOA模型法语系列课程全面推进课程思政建设的系统化探索及实践，校级教改项目（项目编号：2021年，CTLD21J 0012）。

基于一致性建构原则的法语二外课程思政探索与研究

杜 燕

上海交通大学，上海，200240

摘 要：新时代背景下外语课程教学与课程思政的融合具有现实意义。本研究基于一致性建构原则，采取定性和定量相结合的研究方法，对法语二外课程思政建设进行探索和研究，提出 CRIC-MECC 教学范式，即以文化为核心，在教学资源、教学理念中充分融入思政元素，并结合创新教学方法，以实现"以文化人、以文育人"的目标，为小语种教学与课程思政有机融合提供借鉴。

关键词：课程思政，一致性建构原则，法语二外，文化核心，小语种

1. 引言

语言是知识、观念、思想、情感的载体。语言具有工具性、人文性、国际性。学习外语不止为了掌握一种语言工具，更重要的目标在于深刻理解和体认其他文化（姜锋，2020：26-28）。美国语言学家克拉姆契（Kramch）也曾经说过，"对目的语文化的学习与理解应和母语文化背景知识相结合并加以对比，语言教学中的文化教学包含的应是目的语和母语的文化教学"。

美国教育家、哲学家约翰·杜威（2005）认为，不应该把德育作为一个课程，使之成为无休止的说教，而应该使之和所有课程结合起来。本研究旨在通过以文化为中心的建构主义教学理念和多元教学法，在法语二外课程中系统自然地融入"育人"的概念，在法语二外课程中依托慕课和教材，构建起全方位、全过程、多环节的思政教学体系，解决外语教学中单项工具性的弊端。在教学中把语言和文化相融合，做到"以文化人、以文育人"，从而达到外语教育的目标——培养能够担当民族复兴大任的时代新人，储备参与全球行为和全球管理与具备领导力的国际化人才（姜锋、李岩松，2020：27-31）。

2. 概念界定与研究背景

2.1 一致性建构原则的概念

一致性建构原则（constructive alignment）是由澳大利亚教育心理学家比格斯（John Biggs）提出的，是课程理论中课程设计的一条重要指导性原则（Biggs & Tang, 2011）。它是指教师在进行课程设计时首先应当确定课程预期学习目标，再依据学习目标确定相应的学习目标评估标准，根据预设的教学过程设计和学生动态学习成效评估反馈情况，开展并调整教学活动，以促进学生进行深层次的、有质量的学习，在教师有意识的指导下建构知识、提升能力、提高素质。课程的学习目标、学习成效评估反馈和教学活动的一致性建构是高水平课程设计和高质量课程教学的保障。

2.2 研究背景

研究者在长期法语二外课程教学中发现，首先，本门课程的教学对象为英语专业学生，但作为语言专业学生，他们不仅对语言背后的法国文化知识知之甚少，在教学中谈论到相关中国文化知识时，他们的掌握情况也不容乐观，这与培养新时代具有"国际视野、家国情怀"的人才这一目标存在差距。其次，在法语二外课程教学中，长期使用的教材更侧重对学生知识、能力的培养，价值引领的内容相对不足。最后，在评价方面，课程目标中知识、能力方面的评价标准相对容易衡量和达成，但缺少对学生价值引领、素质养成等方面的具体评判标准。如何在课程中融入文化为中心的教学理念，通过有效课程设计，在新时代背景下，让学生学贯中西、博古通今，在知识、能力、思维方面均获得真正成长？由于课程思政的目标是育人，所以在一致性建构原则下对法语二外融入课程思政的设计时，我们需要考虑以下三点：1. 是否与学习目标契合，对学生形成有效价值引领；2. 是否与反馈评估一致；3. 是否将"育才"与"育德"统一（朱征军、李赛强，2019：24-28）。也就是说，课程思政目标、活动和评价三者要相一致（见图1）。

一致性建构原则下的法语二外课程思政

了解法国文化，熟悉中国传统文化，明辨善思	多元教学活动的设计让学生认同课程价值目标	通过多种形式有效手段评估更为内隐的价值目标
↓	↓	↓
学习目标	学习活动	学习评价

图1 一致性建构原则下法语二外课程思政设计路径

2.3 研究假设

研究者通过实施以文化为核心的课程思政建设，通过教学理念创新、教学资源整合创新、教学方法创新，使课程学习目标、活动设计、评估具有一致性，让学生全员、全方位、全过程实现成长。

3. 教学设计和研究设计

3.1 以文化为核心 CRIC-MECC 教学范式的提出

在建构主义框架下，基于一致性建构原则，研究者通过对本门课程教学理念和教学方法的梳理，提出了以文化为核心的 CRIC-MECC 教学范式，即以文化（culture）教学为核心，把课程思政（ideological education）有机融入教学理念（concept）和教学资源（resource）之中。并通过教学方法创新得以实现，即精熟学习法（mastery learning）、体验式学习法（experiential learning）、情境式学习法（contextual learning）、CAT 课堂评估技术（class assessment technics）。本门课程以首批国家一流线上本科课程"法国语言文化入门"为源课程，采用 SPOC+小程序+线下的混合式教学模式（具体见图 2）。

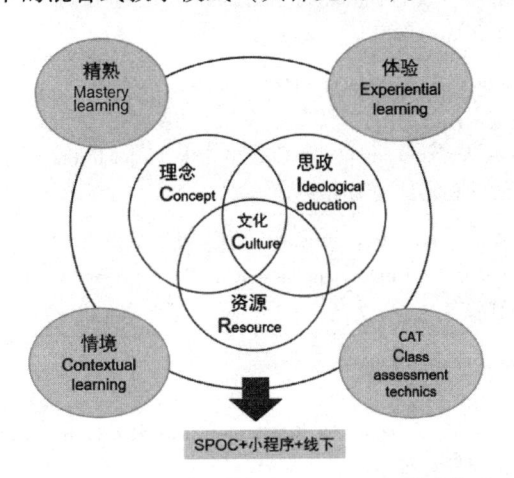

图 2 以文化为核心的 CRIC-MECC 教学范式

CRIC-MECC 教学范式中的核心为文化，文化始终贯穿在语言教学之中，文化既是承上启下、贯穿课堂的载体，更是教学的高阶目标和价值目标。因此，在 CRIC-MECC 教学范式内圈中，思政、理念、资源紧密结合，互为一体（见图 3）。

在课程思政融入教学资源方面，我们在慕课配套教材《法国语言文化入门》的编写中，每一章节增加了中法文化列举板块，力图用外语讲中国文化，把目的语文化和本土情境相结合，用语言进行文化思辨，培养学生双向跨文化交流

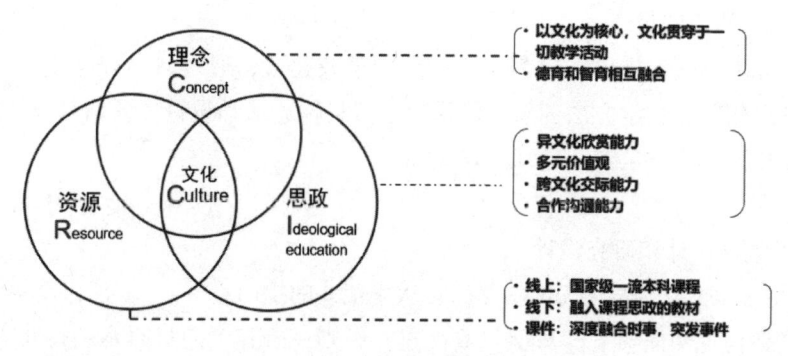

图 3 内圈 CRIC

能力，教材文化部分目录具体见表 1：

表 1 教材文化部分目录

1 Connaître le français et la France 初识法语和法国 2 Le rôle majeur de la langue française et chinoise 法语和中文在世界上的影响力
1 Se tutoyer ou se vouvoyer 问好的不同方式：tu 还是 vous？ 2 La fameuse bise française et la salutation traditionnelle chinoise 法国人的贴面礼和中国人的作揖
1 Comment faire si vous êtes invités chez des Français ? 在法国，如何去别人家做客？ 2 Les cadeaux préférés des Français et des Chinois : le vin et le thé 法国人和中国人爱送的礼物：葡萄酒和茶
1 Les traits caractéristiques des noms français 法国人姓氏的特点 2 Comment les Français et les Chinois choisissent-ils les prénoms ? 法国人和中国人如何取名？
1 La notion du temps chez les Français 法国人的时间观 2 Deux différentes façons de s'orienter et d'aménager l'espace urbain : Paris et Pékin 中法首都不同的城市规划和布局
1 Les arrondissements de Paris 巴黎的区 2 Le Musée d'Orsay et le musée d'art contemporain de Shanghai 奥赛博物馆和上海当代艺术博物馆
1 L'origine des mois en français 法语中月份的由来 2 La Saint-Valentin et la fête chinoise des amoureux 西方的情人节和中国的七夕节
1 La Braderie de Lille 里尔旧货节 2 Le Marché de Noël en France et la Foire du Temple chinoise 法国的圣诞集市和中国的庙会

续表

1 Le Guide Michelin 米其林指南 2 La crêpe française et le rouleau de printemps chinois 法国的可丽饼和中国的春卷
1 Quelques plats traditionnels français 法国传统菜肴 2 Deux adjectifs exprimant le plaisir de manger：" 鲜 " et《 délicieux 》 中文的 " 鲜 " 和法文的《 délicieux 》
1 Claude Monet et la fondation Monet 克洛德·莫奈和莫奈花园 2 Les jardin du style classique en France et en Chine 法国和中国的古典主义园林
1 Les vacances des Français 法国人的假期 2 Être bronzé ou éclaircir la peau：un Choc culturel entre les Européens et les Asiatiques 东西方审美碰撞：" 美黑 " 还是 " 美白 " ？
1 Les loisirs des Français 法国人的休闲 2 Les mots croisés français et les devinettes chinoises 法国的填字游戏和中国的猜字谜

通过对教学资源的设计，学生能够从低年级、零起点的二外学习过程中开始确立对语言、翻译、文学的兴趣，不仅熟练运用语言技能，而且能够从不同文化角度客观、公允、正确地看待和分析中法文化，具有"双向跨文化研究"能力，也为所授学生三年级专业分流（即英语语言学、翻译、文学方向）打下一定基础。

建构主义强调对学习环境的设计，理想的学习环境应当包括情境、协作、交流和意义建构四个部分。建构主义学习环境下的教学设计原则强调以学生为中心，强调"情境"对意义建构的重要作用，强调"协作学习"，强调利用各种信息资源来支持"学"，强调学习过程的最终目的是完成意义建构。基于这一理论，CRIC-MECC 外圈把教学方法创新思政元素相融合（见图 4）。课程整合了 MECC 教学法，即让学生运用精熟学习法（mastery learning）、体验式学习方法（experiential learning）、情境式学习方法（contextual learning）、课堂评估技术（class assessment technics），并在各个教学法中融入思政元素教学，达成学习目标。

在 mastery learning（精熟学习）方面，通过在慕课视频插入测验，手机小程序进行的前测、后测，任务作业的设计，研究者有意识选取诸如人民网法文版国内时事新闻、领导人国际会议发言作为练习测试题，在进行练习的同时增强学生的民族自豪感。

在 experiential learning（体验为先）方面，课程通过实物体验、视听体验、

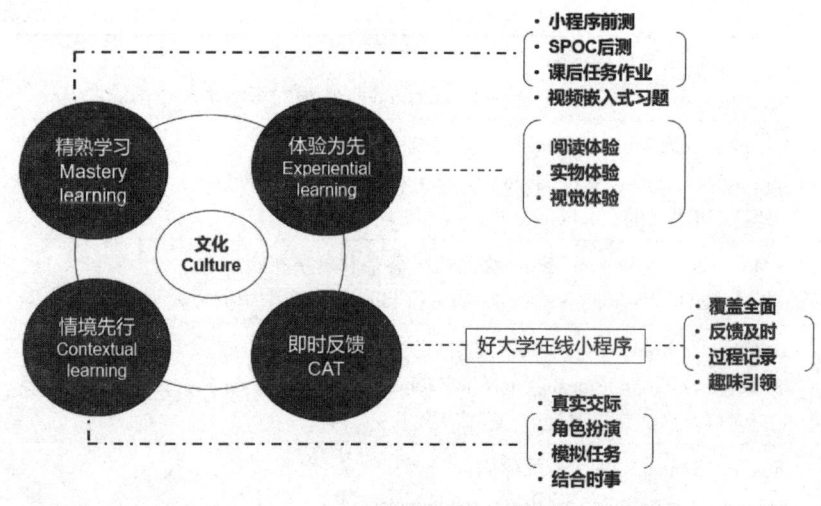

图 4 外圈 MECC

阅读体验，拉近与学生距离。通过品尝法国传统食品与中国传统饮食，比较发现两个文化大国的美食碰撞；通过系统赏析法国经典文学作品、音乐剧，探索语言教育中的美育；在每一个中国传统节日，即春节、元宵节、清明节、端午节、中秋节，用法语阅读中国传统文化相关内容，讨论传统文化何去何从，引导学生思考和分析中法文化异同。

在 contexual learning（情境先行）方面，通过慕课真实交际场景学习、布置角色扮演沉浸式任务，结合国际国内热点事件（如赴法勤工俭学运动一百周年、法国一战停战纪念日、低碳环保概念，人口出生率与社会发展的关系等）得以实现。

在 CAT（即时反馈）方面，课程有效结合现代信息技术，通过 SPOC 课前学习，"好大学在线小程序"课上测试和头脑风暴，弹幕、词云、造句墙即时展示学生课堂成果。比如在新人口政策颁布之际，不仅要求学生泛读法媒报道，还通过弹幕形式展示学生对此政策的看法，并进行个人生育倾向的调查，通过有趣的互动，将课程的实用性、趣味性、文化性结合，最大限度提高学生知识留存率。

3.2 研究设计

3.2.1 研究对象

本次研究选取 2020 年、2021 年春季学期的法语二外教学班为实验班，进行历时研究。该课程为上海交通大学外国语学院英语专业必修课，学生选择法语作为第二外语。2020 年春季学期法语二外学生人数共计 38 人，2021 年春季学期

《法语二外》学生人数共计36人。

3.2.2 研究工具和数据采集

研究使用定量研究和定性研究相结合的方法。

2020年和2021年春季学期，研究者对研究对象分别在选课前和选课后进行了自我能力评估问卷调查，回收有效问卷分别为34份和26份，分别占总人数89.5%和72.2%。评估内容分六个方面：语言掌握和输出能力；国际视野和跨文化分析能力；自主学习和团队合作能力；创新意识和创新精神；审美素养、塑造人格；民族自豪感和历史使命感。笔者使用Excel对数据进行了处理和分析。

定性研究包括学生个人访谈、学生作业和成果的分析。在2021年学期课程结束、最终分数确认之后，对每个分数段学生通过随机抽取的方式确认六名学生进行个人访谈，并对学生的期末作业、课程作品进行分析。

4. 研究结果与讨论

4.1 学生的自我评估调查结果分析

2020年春季学期课程结束后，参考《基于产出导向法的学术英语写作与英语演讲》的自我评估调查表（张荔，2020：61-71）并结合自己的课程，研究者首次对法语二外的两个班级41名学生进行了自我能力评估调查。根据学生在选课前和选课后的自我评估，学生在语言掌握和输出能力方面提高最为显著。除此之外，因为采用混合式教学，课堂上可以进行更多的互动活动，这些活动使学生的团队合作能力、自主学习能力、跨文化分析能力等均得到大幅提升。通过以文化为核心的语言教学和中法文化元素的列举，学生在审美素养，人格养成方面提升也较为明显。

在2021年春季学期结束的学生自我评估中（见表2），由于CRIC-MECC教学范式中充分融入思政理念，选课前后各项能力差值更为明显，尤其在自主学习和团队合作能力方面和审美素养、塑造人格方面。图5充分体现了课程对人格的塑造。

表2 2020年和2021年学生自我能力评估

学生自我能力评估	2020 选课前	2020 选课后	效果	2021 选课前	2021 选课后	效果
语言掌握和输出能力	74.47	87.26	17.2%	73.35	88.23	20.23%
国际视野和跨文化分析能力	81.53	91.76	12.5%	76.54	91.62	19.7%
自主学习和团队合作能力	85.41	91.24	6.8%	80.42	91.42	13.7%

续表

学生自我能力评估	2020			2021		
	选课前	选课后	效果	选课前	选课后	效果
创新意识和创新精神	84.29	90.26	7.1%	79.31	88.96	12.2%
审美素养，塑造人格方面	85.06	91.65	7.7%	80.73	92.46	14.5%
民族自豪感和历史使命感	87.88	92.38	5.1%	85.92	92.69	7.9%

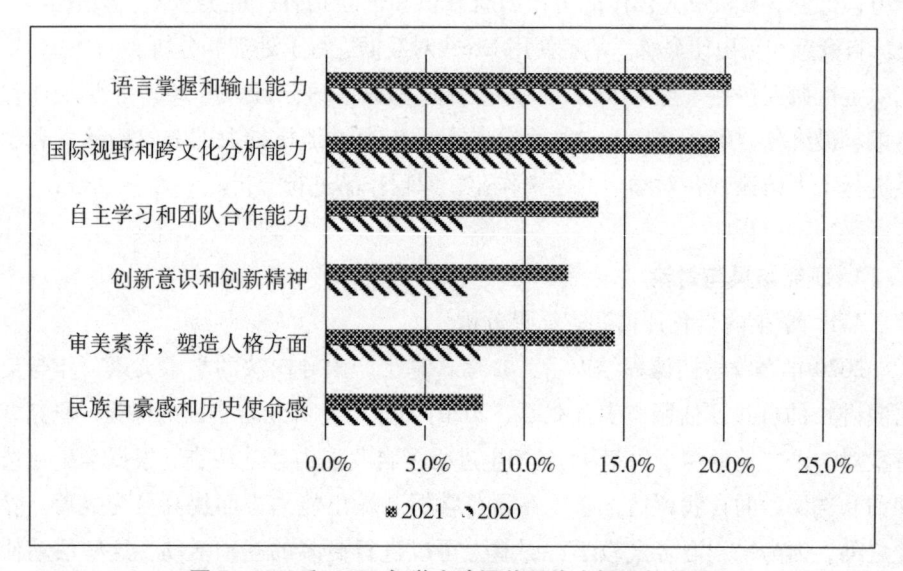

图5 2020和2021年学生选课前后能力提升柱状图

4.2 学生访谈结果分析

研究者对2021年期末考试各个分数段学生随机抽取6名进行了访谈，从而进行质性研究。问题包括：

1. 你对本学年法语二外课程中融入文化教学的教学设计有什么看法、意见和建议？
2. 你眼中外语课程中的课程思政元素融入应该是什么样的呢？你对法语二外课程教学中的课程思政元素融入有什么建议？
3. 对于法语二外课程的混合式教学，你有什么看法、意见和建议？
4. 你对本学年法语二外课程有什么反馈、建议？

接受访谈的所有学生对文化核心的语言教学都非常赞同，L同学认为"语言的学习不应该只是技能培养，还应该有文化的交流。我觉得这种方式很值得提倡"。G同学认为"（文化是）我非常喜欢的环节。因为对我，或者很多同学来说，选择法语为二外，不仅仅是想多学一门语言，而是想了解法国的文化，体验一种完全不同的生活方式"。D同学说，"在我看来语言与其本族文化是分不开的，最有效的教学方式一定是与本族的历史、生活、思想息息相关的。如果脱离了文化教学，语言就变成一门科学了，失去了最生动最活泼的部分。对大多数中国人而言，学第二外语的主要意义可能不是作为一门生活技能，而是作为兴趣或了解世界的窗口，因此文化的教学十分重要"。本研究充分证明，重新构建设计之后的语言教学脱离了"工具性""单向度"（马尔库塞，2008）的弊端。

对于法语二外课程融入课程思政元素，大部分同学表示希望这种融入是"如盐入味""润物细无声"的。G同学举例，像课堂上讲到某个单词，自然扩展到"长征"，这样的融入就很好。Z同学和X同学都认为，可以多讲一些法国的政体，并和我国的政治体制做一些比较分析，多讲一些深层次的目的语媒体和文学内容，体现高阶思维，而不是浅表地介绍。L同学表示"可以加入一些用法语讲述中国故事的环节，其实课上已经有一些补充材料的法语阅读，能让我们既学习语言，又接受思政教育"。大多数同学在访谈时都表示，不太接受生硬的课程思政教学，不太有必要单独开一个课程思政板块内容，与语言教学相割裂。Z同学说，更偏向"中国历史文化信息，适合中国社会的语言表达"，也就是我们在教学中实施的适合本国语言的情境教学。D同学说，"如果一定要考虑思政元素，可以适当考虑教学材料的选择，但不应该太过刻意"。这也从一方面表明了融于课程思政元素的教材编写的重要性。

在混合教学方面，所有同学都表达了正面的意见，MECC教学方法中的小程序即时反馈受到了广泛的欢迎，G同学反馈，"我认为线上线下结合的教学模式对学生自主学习能力的要求更高，但也节省了课上的时间，提高了上课效率，而且能让课上的知识进一步拓展加深"。

4.3 学生作业和成果分析

我们发现，通过文化为核心的CRIC-MECC教学范式，"教"和"学"都充满乐趣和挑战，学生通过体会语言之"趣"，文化之"美"，在各方面拥有获得感，获得真正成长。比如在角角撑（role play）环节中，有的学生会选择用法语讲中国故事，通过七夕节食品介绍、端午节分享，展示中国元素和中国传统文化；有的同学将场景设置为法国的中餐馆，向观众介绍法国人眼中的中餐，用法语讲生活、用法语讲文化、用法语进行双向跨文化沟通交流，这也正是我们课程思政的目标之一；有的同学通过表演，用幽默的方式反讽不良社会现象，展现了对"诚实、守信"的追求；更有学生充分发挥团队合作精神，在真实情境（上海的法国餐馆）中进行视频拍摄，做出了不逊色于慕课情境式视频的作业，体现了新时代大学生的综合能力、创新思维和个性化特质。

在分层提交的视频作业中，很多同学也是创意无限：有的学生会用自编自弹自唱的形式，介绍自己的家庭，标准的法语语音，流畅的表达，改编歌词的能力，以及音乐方面的才华都可见一斑，充分体现了语言教育中对学生创新能力的培养和人格养成，也达到了思政贡献点有关"美育"的目标。有的学生会结合电影或者动画片，通过剪辑和配音完成故事的创作和自我介绍。有的学生把自制的视频作业搬上 bilibili 视频网站，短短几天就有超过五千的点击量和众多好评，也给我们提供了教学展示的新思路。

在期末考试的作文方面：有同学列举了一系列法国文学著作；有同学仔细阐述语言和文学的关系，逻辑严谨，条理清晰；有的同学通过阅读《小王子》，表达对做人的追求，对真、善、美的理解。通过观察和感知，我们发现，融入课程思政教学设计之后，学生在高阶能力和价值思维方面确实得到了很大提升。同时，这些过程性评价和传统期末笔试相比，更加全过程、全方位体现对学生知识、能力、价值的评估。

5. 结语

5.1 研究结论

法语二外课程以文化为核心，融入课程思政元素的教学设计在提升学生学习兴趣、增强学生文化素养方面效果显著。

法语二外课程采用的建构主义 CRIC-MECC 教学范式对于培养学生双向跨文化交流沟通能力，克服语言学习"工具性""单向度"弊端，培养"国际视野、家国情怀、双语纯熟"的人才方面具有明显效果。

本研究将目标、活动、评价三方面相结合，体现了一致性建构原则。

5.2 反思

课程思政的评估是软性的，因此评估中以质性研究为主。是否需要量化评估结果，如何量化评估结果，评估的周期有多长，这些细节还需要再深入研究。

课程思政还需要进一步顶层设计，因此，需要发挥各个学校和学院的力量，通过建立课程思政中心，自上而下，通过案例分享、模式推广，发挥集体力量，共同探索适合新时代的课程思政模式。

参考文献

[1] 姜锋. 培养具有全球视野和世界眼光的高层次国际化人才 [J]. 中国高等教育，

2020（21）：26-28.

［2］姜锋，李岩松."立德树人"目标下外语教育的新定位与全球治理人才培养模式创新［J］.外语电化教学，2020（6）：27-31.

［3］张荔.基于产出导向法的学术英语写作与演讲教学［J］.当代外语研究，2020（2）：61-71.

［4］朱征军，李赛强.基于一致性原则创新课程思政教学设计［J］.中国大学教学，2019（12），24-28.

［5］马尔库塞.单向度的人：发达工业社会意识形态研究［M］.刘继，译.上海：上海译文出版社，2008.

［6］杜威.学校与社会·明日之学校［M］.赵祥麟，任钟印，吴志宏，译.北京：人民教育出版社，2005.

［7］BIGGS J, TANG C. Teaching for Quality Learning at University［M］. Buckingham：SRHE & Open University Press, 2011.

作者简介：杜燕，上海交通大学外国语学院副教授。研究方向：法语教学法。

资助基金：上海交通大学教学发展基金项目 CTLD20J 0004；上海交通大学教学设计创新专项基金 CTLD20D0002。

思政视域下德语阅读课程的教学设计与应用实践探索

仇宽永

上海交通大学，上海，200240

摘 要：本文探讨了如何将思政元素融入德语阅读课程的设计。文章以社会主义核心价值观为标准来选择阅读语料，从教学目标、教学内容、教学方法和教学评价四个维度探讨了思政视域下德语阅读课程设计的方案。本教学设计的创新点在于采用社会主义核心价值观和基于有声语料库的新方式进行阅读材料的选取，解决了现有教材更新不及时的问题。本文以"垃圾分类与光盘行动"为例，将思政和BOPPPS教学法有机融合，引导学生有声阅读、分析文章，着力提升学生的自主学习能力和思辨能力，增强文化自信，并通过开放性问题调查对教学情感目标的达成效果进行了评估。结果表明该课程设计对于教学目标的情感达成是有效的，为高校外语的课程思政建设提供了一种可行的新思路。

关键词：语料库，教学设计，思政视域

1. 引言

在2018年5月，习近平总书记在北京大学师生座谈会上的谈话中强调了思政在教育教学中的重要性（林建华，2018），随后教育部、上海教委等多个部门出台相关政策。根据教育部2020年6月印发的《高等学校课程思政建设指导纲要》要求，课程思政应该要围绕全面提高人才培养能力这个核心点展开，对于文史哲专业课程"要结合专业知识教育引导学生深刻理解社会主义核心价值观，自觉弘扬中华优秀传统文化、革命文化、社会主义先进文化"（高宁、王喜忠，2020）。2021年5月，习近平总书记给《文史哲》编辑部回信明确指出，"坚持中国道路、弘扬中国精神、凝聚中国力量，在新的时代条件下推动中华优秀传

统文化创造性转化、创新性发展"的重要意义。

杨金才（2020：49）曾提出，"就外国语言文学类专业教学而言，我们面对的是国外的意识形态和西方主流话语，其文化价值观渗透在语言的背后"。因此，作为教师，笔者认为西方的语料需要有选择地拿来，以用作学生的阅读材料，而这个选择的标准，应当以社会主义核心价值观为基石。笔者将核心价值观作为关键词检索，从 sketchEngine、LexisNexis 和 BCC 语料库中选取相关度高的高频阅读话题，并参考中央广播电视总台德语版（CRI）出版的文章，从而确定阅读材料的话题。

2. 思政融入德语阅读课程的教学法理据

从教学法角度出发，思政全面融入各个专业学习是教学法理论对于学生培养要求的一部分。根据 Bloom 教育目标分类学（Bloom et al.，1956），教学活动的整体目标划分为认知领域、技能学习领域和情感学习领域。具体到德语阅读课程，知识目标是教授学生在德语阅读过程中涉及的具体词汇、语法、题材及语用知识；技能目标是培养学生快速阅读的技能，同时培养其语言应用能力、合作能力、自主学习和思辨的能力；在达成以上两个目标的过程中，融入情感学习，即实现立德树人的根本任务。我们现在提出的课程思政正是将 Bloom 教学法理论中的情感学习领域具体化和可操作化，落实到爱党、爱国、爱社会主义这些具体的积极情感培养中。由此可见，思政融入德语阅读课程具备充分理论依据，是教学理论本来就具备的诉求。

3. 思政全面融入德语阅读课程教学设计

本德语阅读课程的授课对象是上海交通大学德语专业第五学期的本科生。学生在这一阶段已经经过两年的德语专业学习，具备了一定基础的德语知识。课程选课人数长期保持在 20 人左右。笔者认为，针对德语阅读课程设计，可以从课程目标设定、教学内容、教学评价和教学方法四个层面融入思政目标，实现育人功能。

3.1 思政视域下的课程目标

不同的外语课程，要根据不同学科专业的特色和优势，设立不同的育人目标。对于德语阅读课程，应该从专业知识体系中蕴含的思想价值和精神内涵入手，拓展阅读课程的广度、深度，增加德语阅读课程的知识性、人文性。目标的设定和课程基本信息有关。

上海交通大学德语阅读课程原有教学大纲的教学目标是：

(1) 掌握有关德语国家社会、政治、经济、文化、文学等方面的知识；

(2) 能够按大纲要求阅读题材涉及德语国家的政治、经济、社会生活和文化、知识性和文学性等有一定深度的文章；

(3) 在掌握基本的阅读方法的基础上要求迅速提高阅读速度；

(4) 培养观察语言、假设判断、分析归纳、推理验证等逻辑思维能力，并学会阅读技巧。

在原有教学目标的基础上，笔者根据上海交通大学"四位一体"的办学理念和社会主义核心价值观，将育人目标融入德语阅读教学中，具体包括：

(1) 价值引领：在德语阅读话题选材上，以社会主义核心价值观为基准，从中德视角选择主题为追求真理、造福全人类福祉的文章，以培养学生树立胸怀天下的价值观，以增进全人类福祉为己任，厚植学生的家国情怀、树立学生的文化自信。

具体实施方案：结合教学内容，采用语料库驱动（Scherer, 2006；McEnery & Hardie, 2011）的方式，提前补充相关文章，从中优先选出能够反映中华文化和民族自信的阅读材料等。中德对于同一话题的构建可以折射出不同的价值观和文化差异，这一点已经在多个研究中被证实（Qiu & Henn-Memmesheimer, 2016）。因此，笔者认为，教师可以引导学生从中德对比视角出发，培养学生从不同视角解读相应话题的能力。在这一过程中，引导学生树立正确的价值观，深入理解不同文化，加强学生对自我文化的认同，树立文化自信。

(2) 知识探究：深挖阅读材料中出现的语言点，打好扎实的语言基本功，阅读题材涉及德语国家政治、经济、社会生活和文化、知识性和文学性等有一定深度的文章，了解不同体裁。

具体实施方案：采用积极向上的内容进行语言操练。学生在阅读学习的过程中，自主表达文中的重要句式、复述文章大意，通过课前自主查找相关话题，阅读文献并提出和解决问题，培养学生自主学习的能力和习惯；引导学生将自己所学用于指导现实生活，比如通过学习中德对于垃圾分类的不同处理方式等，引导学生在日常生活中注意垃圾分类的方式方法。此外，在整体课程设计的过程中，融入不同体裁的文章，使学生更好地了解和掌握不同体裁的语言风格语言知识。

(3) 能力建设：进一步加强跨文化沟通交流的理解力、语言表达能力、自主学习能力以及假设判断、分析归纳、推理验证等逻辑思维能力；掌握阅读技巧，提高阅读速度。

具体实施方案：为了激发学生自主学习的意识、培养学生的探索精神，本课程会布置学生课前文献查找和阅读的预习作业。比如，关于垃圾分类的话题，会请学生在课前就这一话题进行文献检索并阅读。为了鼓励学生积极查找，每次会将学生查找的优秀文献进行全班级分享，共同学习和研讨。为了培养学生发现问题和解决问题的能力，课程采用学生提问、学生回答、教师引导的模式进行。学生在规定时间内阅读完指定文章并提出问题，邀请班里其他同学回答，互相讨论。对于重点问题，如果学生没有提及，教师再做引导。学生在每节课都会提问并邀请其他同学回答，提升了学生的沟通协作能力。

（4）人格养成：学生要理解阅读材料中展现的积极向上的品质，并学习做一个崇礼明德、仁爱宽容的人。

具体实施方案：在授课的过程中紧密结合社会主义核心价值观，阐明"崇礼明德、仁爱宽容"的现实需要和社会意义，使学生感受到，成为一个仁爱宽容之人应该是自身发展的需要。

以上目标的确立实现了将上海交通大学原有德语阅读课程教学大纲目标、上海交通大学"四位一体"办学理念和社会主义核心价值观三者相结合。

3.2 思政视域下的教学内容选择：基于社会主义核心价值观的语料库方法

社会主义核心价值观是社会主义核心价值体系的内核，是社会主义核心价值体系的高度凝练和集中表达。党的十八大以来，中央高度重视培育和践行社会主义核心价值观。中共中央办公厅印发《关于培育和践行社会主义核心价值观的意见》（下文简称《意见》）指出，富强、民主、文明、和谐，自由、平等、公正、法治，爱国、敬业、诚信、友善，是社会主义核心价值观的基本内容。

本课程的德语阅读语料是以社会主义核心价值观为基石，采用语料库驱动的方法选择出阅读材料。此外，将部分核心语料进行了有声加工，以供同学们听读使用。通过这一方式获得的阅读材料既依托数据支撑确保了所选话题的重要性，又符合社会主义核心价值观，从而保证了阅读材料的思政融入。

选入阅读材料的文章中，每个话题由关键核心文章和泛读文章组成。针对精选的核心文章，采用现成的音频材料；如果没有现成音频材料就聘请母语者录音的方式，制作有声阅读音频材料。表1是笔者编制的适用于德语专业第五学期德语阅读课程模块和相应思政教学点。

表1 德语阅读课程的内容安排

知识单元模块	传授内容描述	能力培养要点	课程思政的教学知识点
第一单元：德国总理默克尔和中国主席习近平关于抗击新冠肺炎疫情的演讲（文本和音频）	本单元主要选用德国总理默克尔呼吁大家在圣诞节、复活节居家隔离的演讲和中国主席习近平关于抗疫的演讲，以及目前已经取得的抗疫成果。此外，通过语料库检索有关抗疫话题的拓展阅读并检索关于态度的表达词汇。	（1）了解政治演讲体裁和结构特点，以便快速阅读。 （2）熟练运用呼吁类、建议类德语常用句型。 （3）掌握同一体裁中德篇章的差异以及文化成因。掌握辩证思维方法，理解中德文化差异。	（1）从公民角度出发，抗疫人人有责，引导学生明白我们应该在日常生活中做好防疫举措。 （2）从中德对比角度引导学生看到中国抗疫取得的成效，提升学生民族自豪感。
第二单元：中德文学作品点评（文本和音频）	本单元选用德国图书奖获得者和中国诺贝尔文学奖获得者莫言获奖致辞以及同学们在课前查找的有关两位作家和他们作品的文章。	（1）了解文学家演讲用词特点，感受与前一单元政治演讲的用词差异。了解文学评论这一体裁的特点。 （2）熟练掌握德语的评价方式和论证方式。 （3）从话题内容层面掌握辩证思维方法、理解中德文化差异。	（1）了解中德优秀文学作品体现出的追求自由平等的理念。 （2）从对比中看到中国文化对文学的影响，树立文化自信。 （3）对于德国的获奖作品也会有批评的声音，引导学生思辨。
第三单元：光盘行动和垃圾分类（文本和音频）	中德垃圾分类的新闻和报道以及同学们自己查阅的文章。同时，加入中国古代关于节约粮食的古诗，以及袁隆平院士为粮食增产付出努力的相关文章。	（1）通过语料库检索并掌握关于光盘行动和垃圾分类的相关德语表达。 （2）了解中德国家采取的不同垃圾分类举措和原因。 （3）掌握快速阅读报道类新闻的技巧。	（1）引导学生从平日的光盘行动做起，同时做好垃圾分类。 （2）引导学生理解中德在垃圾分类差异中的深层文化原因。
第四单元：婚姻与爱情（文本和音频）	中德婚姻习俗和文化渊源的文章，比如七夕节和情人节的由来。	（1）了解中德婚姻和爱情的差异。 （2）掌握快速阅读报道类新闻的技巧。	（1）引导学生理解自由、平等的价值理念。 （2）理解中德婚姻中不同的风俗习惯和文化。

续表

知识单元模块	传授内容描述	能力培养要点	课程思政的教学知识点
第五单元："键盘侠"和网络暴力（文本和音频）	中德关于网络暴力的新闻报道。讲述网络暴力对学生带来的危害。通过语料库检索关键词，掌握关于打击网络暴力的相关词汇表达。	（1）了解网络暴力带来的危害和应对措施。 （2）掌握快速阅读报道类新闻的技巧。 （3）掌握关于网络暴力、"键盘侠"的相关词汇和表达。	（1）引导学生树立守法意识。 （2）在日常生活中不制造不传播网络谣言。
第六单元：新能源和资源节约（文本和音频）	特里格玛公司成立100周年庆典讲话。德国宝马公司总裁谈论发展新能源与企业社会责任的演讲阅读材料、其他能源互联网的报告，比如德国联邦政府推出的E-Energy计划。中国关于新能源开发、"碳达峰碳中和"的论坛报告等，比如上海交通大学行业研究院成立时黄震院士关于新能源的报告作为补充材料。	（1）了解报告体裁的特点。 （2）了解能源互联网的重要地位和中德能源互联的建设情况。 （3）掌握快速阅读报道类新闻的技巧。 （4）通过语料库检索掌握关于能源互联网、碳中和、碳达峰的相关词汇和表达。	（1）引导学生看到中国作为负责任大国对世界环保做出的努力，提升民族自豪感。 （2）引导学生了解上海交大为国家和社会环保做出的努力，提升学生作为交大人的自豪感和责任感。 （3）引导学生理解作为公民的社会责任，节约能源，在生活中为节能减排做出自己的努力。
第七单元：中德音乐人（文本和音频）	德国音乐人Helene Fischer等和中国音乐人的获奖致辞以及相关背景文章报道，比如Helene Fischer在新冠疫情防控期间做了什么、中国音乐人的慈善行动等。	（1）了解中德音乐的不同理念特点和相关音乐人风格。 （2）掌握快速阅读报道类新闻的技巧。 （3）掌握关于音乐主题的相关词汇和表达。	（1）德国音乐人将古典和现代风格融合，引导学生养成批判性思维。 （2）中国音乐文化和独特的古典音乐是中国文化瑰宝，应该引以为豪。 （3）音乐人在音乐之外的慈善行动值得我们学习。引导学生学好专业知识的同时，关注社会民生和公益。

续表

知识单元模块	传授内容描述	能力培养要点	课程思政的教学知识点
第八单元：我的偶像（文本和音频）	主要讲述人物传记《爱因斯坦传》，同时补充钱学森、李政道等人物资料。通过已经建立的"中德阅读语料库"对偶像相关文章进行拓展阅读。	（1）掌握人物传记这一体裁的特点。 （2）故事描写的方法与语言特点。	（1）引导学生学习爱因斯坦对科研的纯粹精神。 （2）组织社会实践。邀请学生去上海交通大学李政道图书馆、钱学森图书馆参观学习，引发同学作为交大人的自豪感、使命感。 （3）引导学生学习身边的偶像的精神品质。

3.3 思政视域下的BOPPPS教学法：以德语阅读话题"垃圾分类与光盘行动"为例

BOPPPS（Bridge-in, Objective, Pre-assessment, Participatory Learning, Post-assessment, Summary）教学法应用于大学德语教学实践，通过设计一系列教学任务和活动，实现学中用、用中学，润物细无声地融入思政元素。BOPPPS教学的六大环节包括导言、确立学习目标、前测、参与式学习、后测和总结（Pattison, 2006）。本研究基于自建的德语有声阅读语料库，选择话题"垃圾分类与光盘行动"的阅读材料。

3.3.1 导言

在导言部分，可根据需要导入含有思政元素的话题，呈现有关粮食浪费的惊人数据或者图片，将浪费粮食数量之大和"九个人中就有一个人挨饿"的现象相对比，突出问题的严峻性，引起学生注意，激发学生的讨论和思考，同时引入本堂课程话题"垃圾分类与光盘行动"。

3.2.2 确立学习目标

本课堂"垃圾分类与光盘行动"的学习目标包括三个层面，分别是价值层面、知识层面和能力层面。在教学的价值层面目标中，明确将课程思政作为重要内容列出。在"垃圾分类与光盘行动"这一阅读话题中，要求学生分析阅读材料和评价垃圾分类和光盘行动的举措，引导学生树立正确垃圾分类的环保意识和节约粮食的意识。在教学的知识层面目标中，可以要求学生学会运用修饰语、从句等具体语言知识点，并通过操练新学的语言知识点说出节约粮食的具体举措。不仅要让学生学习到德语语言知识，还要培养学生做一个有品德的人。

在教学的能力层面目标中，可以充分发挥学生的主观能动性，让学生根据已经发布的关于中德垃圾分类和光盘行动的阅读资料进行分析和评估，从中德视角对节约粮食的方式方法进行辩证分析（文秋芳，2017），能正确评价浪费粮食的行为。

3.3.3 前测

前测旨在了解学生自主学习、预习的情况，常通过开放性的讨论、随机提问学生回答问题等方式，掌握学生预习的程度。笔者通常会要求学生们在课前针对每期话题通过语料库进行相关资料检索、提前阅读并给出推荐理由，同时将学生查找的优秀阅读材料在全班进行分享，共同学习和研讨，激发学生自主学习的意识、培养学生的探索精神。

在"垃圾分类和光盘行动"的课堂中，笔者鼓励学生使用语料库相关话题的关键词"垃圾分类""光盘行动"等在中文语料库（如 BCC①）和德文语料库（如 DWDS②）中进行检索。课上通过提问方式检测学生对本课话题的准备情况，引导学生思考前期的检索结果是否和自己的预期有差异、中国视角和德国视角是否有所不同等。

3.3.4 参与式学习

根据教学目标和教学内容创设问题情境，教师围绕实践案例，引导学生理解和掌握阅读材料的知识要点，并通过创设情境启发、组织学生围绕知识点进行拓展练习，以强化学生将所学知识运用于实践的能力，结合探究式学习、同伴辅导、角色扮演、课堂辩论等活动形式，创新师生、生生之间的讨论模式，并引入答题"积分排行榜"等奖励机制，提高学生对于课程内容的参与度。

在课程中，笔者主要采用学生提问、学生回答、教师引导的模式进行，培养学生的合作能力和思辨能力。对于涉及思政的重点问题，如果学生没有提及，教师再做引导，如在讨论"光盘行动"时，引导学生去食堂吃饭互相督促，做到"光盘"，同时做好垃圾分类。在整个参与式学习过程中，教师由以往的讲练方式转换成了学生自主探索为主，教师引导为辅，让学生分析中德垃圾分类的新闻报道以及同学们自己查阅的相关文章，同时加入中国古代关于节约粮食的古诗以及袁隆平院士为粮食增产付出努力的相关文章。在教授阅读技巧时加入有声阅读，让学生通过听读的方式把握朗读者的语气、停顿，加深对文章的理解并强化德语运用能力，了解中德国家采取的不同垃圾

---

① http：//bcc.blcu.edu.cn/

② https：//www.dwds.de/

分类举措和原因，引导学生理解中德在垃圾分类上存在差异的深层文化原因。如在分析德国垃圾分类举措时，有一条为"将捡垃圾合法化"，学生提出疑问：将捡垃圾合法化为什么是一项有助于环保的措施呢？此时笔者引导学生通过语料库检索关键词"捡垃圾"和"合法"，学生发现，以前德国社会认为垃圾是私人财产，他人垃圾不能随便加工利用，近年重新修订法律，让拾荒者拾垃圾合法化以减少环境压力。两国对私权、自由的不同理解产生的文化差异导致了环保举措的差异。

此外，为巩固练习学生的德语表达，本课程在教学环节中加入角色扮演，让学生在对话中学好句型，讲述出精神品质，树立垃圾分类意识和环保理念，培养学生跨文化意识。

3.3.5 后测

本课程以游戏方式进行知识点检测，培养学生的互助合作能力和公平意识，引导学生多视角解读阅读话题。在学习"光盘行动"话题时，将学生分为三人一组进行两两对决，从教师提前准备好的箱子中抽取写有问题的纸条向对方组提问，其中也包括有声题目，比如请同学听一段阅读材料，快速根据已学的听读策略说出听读材料的关键信息，或听一个新学的垃圾分类主题词汇（如"家庭垃圾"），请对方组同学说出该词的含义以及"家庭垃圾"的具体处理方式等。教师准备的题目均以积极价值观为导向，与已学知识点相关。课程通过游戏培养学生团队精神和合作意识，锻炼将垃圾分类的理念通过问答向他人传播的语言能力。

3.3.6 总结

回溯本课程的学习目标，教师可以从两个方面进行总结反思。一方面教师可以从学习内容方面进行总结，本课程重点阐述中德垃圾分类的不同措施，引导学生思考如何将所学关于"光盘行动和垃圾分类"的知识运用在自身生活实践中，学会分类垃圾，在用餐时做到"光盘"。此外，学生需要将自己对中德垃圾分类不同举措的思考做成视频作为本次课程的作业。有的学生综合考虑了中德垃圾分类的措施后提出为过期不久或临期的食品设立一个中转站的措施，最大化使用这些食品；有的学生拍摄了自己的宿舍垃圾分类情况，给出了正确示范。笔者将优秀的作业在班级公众号进行播放展示，以传播积极的价值观。

另一方面，教师可对学生的自主学习方法进行总结，比如通过语料库查找关于话题"垃圾分类""光盘行动"文章和关键概念的方法，通过词频和词与词的相关度确定哪些是重要内容。也可以对学生课堂中的互动和辩证思考表现进行总结性评价，以此培养学生的自主学习能力和探究能力。

3.4 思政视域下的教学评价

思政视域下，教学评价不再仅仅关注学生的知识获得、词汇量的增长，而是将思政融入效果，即学生的情感目标达成情况作为教学效果的评价内容之一。笔者在本学期课程结束后，通过设置开放性问题进行调查的方式，了解思政融入效果的达成情况，方便对以后的教学方式进行调整。为了实现"润物细无声"地融入思政这一目的，笔者在整个学期教学中以及开放性问题调查中均没有提到"思政"这一表达，设计的开放性问题是"德语阅读课程可以给你带来哪些思考"和"本期德语阅读课程给你带来哪些价值观方面的启发"。调查发现，大部分（约75%）同学认为从本课程中学到了中德思维差异，能提升对本民族文化的自信心。有些同学写道："有时候会思考自己和德国人的思维有什么不同""自主学习，坚定理想信念""主要是中国文化和德国文化的差异""传承中华文化精神，刻苦奋斗，自强不息"等。但是，也有约25%的同学认为"没想过这个问题"。总体而言，在思政融入方面，此教学设计在较大程度上取得了效果。

4. 结语

针对课程思政怎么做的问题，笔者从教学目标融入思政、教学内容融入思政、教学方法融入思政和教学评价融入思政四个方面进行阐述。在德语阅读课程教学目标的确立方面，笔者将上海交通大学原有的德语阅读课程大纲中提及的目标，上海交通大学"四位一体"的办学理念与国家提出的思政育人理念三者相结合，对原有教学大纲目标进行了有益补充。笔者认为，有机结合原有课程教学大纲的目标、学校办学理念和国家思政目标这一思路对其他课程教学也具有可推广、可拓展性。在德语阅读内容选择方面，本课程所运用的有声德语阅读语料库依据社会主义核心价值观搭建，该语料库综合考虑了阅读材料的思政元素和阅读话题的社会时效性，通过中德视角比较的内容选材以培养学生多角度分析问题的思辨能力。在具体的课堂教学过程中，BOPPPS教学模型为思政"润物细无声"的融入提供了很好的方式。BOPPPS教学模型打破了传统教学模式的思维定式，采用小组讨论、让学生回答问题或做演示、角色扮演、场景演绎、辩论、游戏等方式有效调动学生学习的积极性。这使得思政融入不是教师单方面主观强行加入课堂的元素，而成为学生在互动学习的过程中、在教师的引导下自主产生的价值诉求，是学生自主的价值观塑造过程。此外，笔者认为，今后的教学方式还可以借助互联网，配合互联网平台增进师生互动，使资源呈现方式更加多元，克服传统学习的时空限制，如进行每日阅读打卡等，让德语阅读成为学生的一种日常习惯，而不再仅仅是一门课程。在阅读课程的评价方面，笔者通过设置开放性问题的调查方式，了解学生对于本学期课程的思政融入效果的反馈。但是，如何就学生的情感目标达成情况进行量化分析，还有待进一步探讨。此外，笔者认为，思政融入以实现育人目标是一个长期的过程，还需要持之以恒的探索和实践。

参考文献

［1］高宁，王喜忠.全面把握《高等学校课程思政建设指导纲要》的理论性、整体性和系统性［J］.中国大学教学，2020（9）：17-22.

［2］黄国文，肖琼.外语课程思政建设六要素［J］.中国外语，2021，18（2）：5-11.

［3］林建华.扎根中国大地办大学 形成高水平人才培养体系：学习贯彻习近平总书记在北京大学师生座谈会上的重要讲话精神［J］.学校党建与思想教育，2018（21）：80-81.

［4］文秋芳.辩证研究法与二语教学研究［J］外语界，2017（4）：2-11.

［5］习近平.习近平给《文史哲》编辑部全体编辑人员的回信［J］.文史春秋，2021（5）：2.

［6］杨金才.外语教育"课程思政"之我见［J］.外语教学理论与实践，2020（4）：48-51.

［7］中共中央宣传部.中共中央办公厅印发《关于培育和践行社会主义核心价值观的意见》［J］.党建，2014（1）：9-12.

［8］BLOOM B S, ENGELHART M D, FURST E J, et al. Taxonomy of educational objectives: The classification of educational goals ［M］. 1st ed. New York: David McKay Company, 1956.

［9］MCENERY T, HARDIE A. Corpus Linguistics ［M］. Cambridge: Cambridge University Press, 2011.

［10］PATTISON P, RUSSELL D. Instruction Skills Workshop Handbook for Participants ［M］. Vancouver: The Instruction Skills Workshop International Advisory Committee, 2006.

［11］Qiu, K. & Henn-Memmesheimer, B. 2016. Kollokationen von "essen" im Deutschen, "吃（Chi）" im Chinesischen und "eat" im Englischen. Eine Analyse semantischer Differenzen und damit verbundener kultureller Konnotationen［A］. In: J. Zhu.; J. Zhao & M. Szurawitzki（eds.）. Germanistik zwischen Tradition und Innovation. Akten des XIII. Kongresses der Internationalen Vereinigung für Germanistik（IVG）, Shanghai, 23.-30.8.2015. Band 7［C］. Frankfurt: Peter Lang. 87-94.

[12] GANSEL C, LUTTERMANN K. Nachhaltigkeit-Konzept, Kommunikation, Textsorten [C]. Berlin：LIT, 2020.

[13] SCHERER C. Korpuslinguistik [M]. Heidelberg：Winter Verlag, 2006.

作者简介：仇宽永，上海交通大学外国语学院德语系讲师。研究方向：语料库语言学、话语分析和课程思政教学。电子邮箱：qiukuanyong@163.com。

资助基金：本文系上海教育科学研究项目一般项目"课程'思政'视域下的中国特色有声德语阅读语料库建设与应用"（编号C2021290）的阶段性成果。

高校外语课程思政实践探索

——以"基础德语"为例

范黎坤

上海交通大学,上海,200240

摘　要：加强课程思政建设是落实立德树人的关键举措。作为我国高等教育的有机组成部分,外语教学承担着知识传授、能力建设和价值引领三重职责。本文立足课程思政的内涵本质,以"基础德语"课程为例,在内容语言融合教育理念的指导下,参照中国学生发展核心素养及专业教学指南,整合重构教学内容,建立思政元素框架;通过混合式教学建构探究性学习团体,促进合作式学习,发挥课程在立德树人方面的作用;结合思政元素和课程内容优化评价指标,凸显"语言+文化+思想"的多维度考核,以期为课程思政植根外语课堂教学实践提供有益启示。

关键词：课程思政,全面发展的人,混合式教学,基础德语

1. 引言

作为新时代高校思想政治教育的新抓手,课程思政建设是落实全方位育人的关键环节。2020年,《教育部关于印发〈高等学校课程思政建设指导纲要〉的通知》(教高〔2020〕3号),明确提出,要充分挖掘课程和教学中蕴含的思想政治教育元素,科学设计教学体系,将课程思政融入教学全过程,实现价值塑造、知识传授和能力培养"三位一体"的人才培养目标。同年,《普通高等学校本科德语专业教学指南》(以下简称《指南》)明确了德语专业学生的素质要求,即"具有正确的世界观、人生观和价值观,良好的道德品质,中国情怀和国际视野,社会责任感,人文与科学素养,合作精神,创新精神,学科基本素养以及良好的身体和心理素质"(教育部,2020：34-35)。课程思政已经成为高校发起新一轮外语课程建设和课堂教学改革的着力点。

2. 新时代背景下的课程思政

课程思政是近年来出现的新术语。学界高度重视课程思政在外语教学中的理论建构和实施要略。罗良功（2021）立足外语课程思政的理念说，还原了其基于全员、全程和全课程联动的价值教育本质。张敬源、王娜（2020）从理念观、课程观、体系观、方法观的角度，探讨了课程思政的多元内涵本质。刘建达（2021）建构了包含课程背景、课程内容、教学过程、教学评价四个维度的大学外语课程思政建设 BIPA 模型；文秋芳（2021）提出"四横三纵"的理论框架，为实施外语课程思政提供了范式。相关研究还包括外语课程群的建设（王欣等，2021）、教材开发（王守仁，2021）、教学素材思政（徐锦芬，2021）、教学设计（胡杰辉，2021）等，并以交际英语（丁凤 等，2021）、英国文学（尹晶，2021）、语言学（文旭，2021）、翻译（司显柱，2021）、国别与区域研究（常晨光等，2021）、新医科（王颖等，2021）等课程为例展示了思政元素融入课程内容的教学实践，为一线教师探索外语专业个性化思政教育提供了重要参考。

为创新课堂教学模式，推进现代信息技术在课程思政教学中的应用，混合式教学成为拓展课程思政建设的新抓手。岳曼曼、刘正光（2020）从宏观理论的层面揭示了混合式教学与课程思政在育人理念、育人目标、育人环境、育人路径等方面的高度契合。孔翔、吴栋（2021）结合人文地理学课程教学改革实践，探索了以混合式教学改革服务课程思政建设的可能路径。蒙岚（2020）通过半结构访谈，从学生角度探讨了大学英语课程思政的实施，提出采用 story-think-pair-share 路径的混合模式来落实教学。

总的来说，宏观理论层面的研究较多，但同时开始呈现由理论建构逐步转向教学实践的变化趋势，反映出课程思政亟待在实践中结合专业特点不断建设和完善自我的需求。外语课程蕴含了丰富的语言文化知识。要杜绝外语教学和价值教育"两张皮"现象，引导学生正确认识辨别隐含在外国语言文字背后的西方意识形态，就需要外语教师把握外语学科特点，在教学实践中不断总结经验，充分发挥外语课程的育人作用。

本文聚焦微观教学设计，以"基础德语"为例，从该课程的教学理念革新、教学模式构建、教学内容重组和教学评价优化这几方面来探索思政教育融入德语综合性语言教学的路径，以期为小语种课程思政建设提供借鉴。

3. 课程思政的实施

3.1 课程现状

"基础德语"是上海交通大学德语专业本科一、二年级的语言类必修课。长期以来，课程侧重通过传授语言知识和训练语言技能，来提高学生的德语综合运用能力。一方面，鉴于课时紧而任务重、教材陈旧、学生积极性不高等原因，课程知识体系蕴含的思想价值观念没有得到充分挖掘。另一方面，课程内容缺乏中华文化元素和中德比较判断，不利于帮助学生从认识和表达两方面消除"中国文化失语症"（杨金才，2020：13）。新形势下，传统教学无法有效推进德育教育。

为此，教学团队在建设一流本科课程的过程中，重新梳理了课程的教学理念；依托在线开放课程，采取混合式教学；通过整合教学资源，挖掘主题单元的思政元素，补充中国文化内涵阐释和中德文化比较的内容；增加价值维度方面的过程性评价，将课程思政贯穿于整个教学过程。

3.2 教学理念

内容语言融合教育理念（Content and Language Integration，以下简称 CLI）是"尽最大可能、以最合适的方式将目标语用于融合教授、学习内容和语言，以达到多种教育目标的教育理念"（常俊跃、刘兆浩，2020：85）。作为内容与语言有机融合的教育实践，它摒弃了以语言能力为单一导向的外语教育思维，倡导"超越语言教学的知识、能力、素质教育"（常俊跃、赵永青，2020：51）。这种全人教育观恰与《指南》中有关德语专业人才培养规格的阐述不谋而合。

为培养具有广博学识、审慎思维和雅正品德的"全面发展的人"（魏勤、黄智燕，2019），全人教育以学生为本，主张在教学中创造良好环境，给予人文关怀，促发自主学习，促进自我管理；侧重在习得语言的同时，丰富人文社会科学知识、自然科学基础知识；强调人格塑造，在教学中潜移默化地进行情怀厚植、价值引领和品格锻造。

秉承全人教育理念，课程将"教书"与"育人"有机融合。在教授基础语法和基本词汇，训练基本语言技能的同时，循序渐进地让学生掌握各种生活场景及工作学习中的基本交际内容、德国国情与社会文化知识、中华优秀传统文化知识和核心价值观，引导学生立足家国本土的立场，来拓展国际视野，养成开放包容的跨文化态度，树立起正确的人生观、世界观。

3.3 教学内容
3.3.1 教材重塑

课程选用普通高等教育"十五"国家级规划教材《当代大学德语》系列教材。教材题材涉及德国日常生活和社会文化各方面，但存在部分单元主题内容重叠、单向聚焦德国的问题。因此，有必要从社会文化学科的角度，删去交际性、人文性不强的语篇和个别单元，整合主题内容相似的单元，并从中德文化对比的角度，补充相关主题下体现中华优秀传统文化和时代精神的篇章。改编后的单元主题见表1。

表1 《当代大学德语》系列教材单元主题

	第一册	第二册	第三册	第四册
1	日常交际 im Alltag	旅行度假 Reisen	校园生活 auf dem Campus	观念变迁 Werte im Wandel
2	家庭 Familie	外表与性格 Schein & Sein	人际交往 menschliche Kommunikation	男性与女性 Mann & Frau
3	课余时间 Freizeit	理想职业 Traumberuf	城市与乡村 Stadt & Land	自我与他人 wir & die Anderen
4	购物 Einkaufen	大学学习 Studium	金钱与幸福 Geld & Wohl	自由与规则 Freiheit & Vorschrift
5	餐饮 Essen & Trinken	生活模式 Lebensform	电脑网络 Computer & Internet	公平 Gerechtigkeit
6	生日庆祝 Geburtstagsfeier	体育运动 Sport	环境 Umwelt	经济与环境 Wirtschaft & Umwelt
7	居住状况 Wohnsituation	礼貌礼仪 gute Sitten	未来 Zukunft	手工艺 Handwerk
8	回顾过去 Vergangenes	媒体消费 Medienkonsum	寓言 Fabeln	艺术 Kunst
9	节日 Fest	现代通讯 moderner Kommunikationsmittel	童年 Kindheit	德语语言 Deutsch
10	学习策略： 词汇、口语 Lernstrategie： Wörter, Sprechen	学习策略： 阅读、写作 Lernstrategie： Lesen, Schreiben	语言学习： 文体、文本类型 Sprachenlernen： Stil, Textsorten	大学学习： 演讲报告 Studieren： Referate

3.3.2 思政框架

鉴于德语语言文学专业人文社会学科的本质属性，蕴含了丰富的德语语言、德国文学艺术、历史文化等方面的知识，为确保课程思政的可操作性，我们参照《指南》中关于德语专业人才的素质要求，依据中国学生发展核心素养（见图1）的研究成果（林崇德，2017），从文化基础、自主发展、社会参与三个维度出发，确立了课程思政框架（见表2），并紧密结合教学单元主题，来挖掘各单元的思政要素，实现了教学内容与思政元素的内在融合。表3以《当代大学德语》第二册第五单元为例，展示了课程的思政内容。

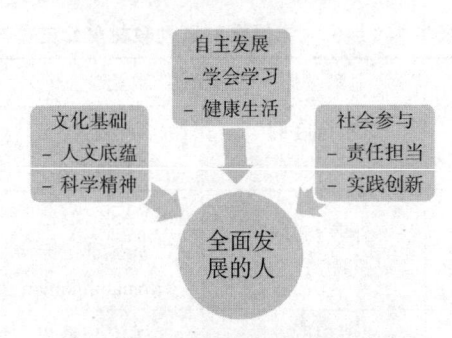

图 1　中国学生发展六大核心素养

表 2　"基础德语"课程思政框架

内涵维度	核心素养	基本表现
文化基础	人文底蕴	具有人文领域，包括文学、文化、历史、艺术、地理、经济等方面的基本知识，具有健康的审美价值取向以及正确的人生价值观
文化基础	理性思维	尊重事实，勇于探究，能用科学的思维方式认识事物，进行独立思考和多角度辩证分析
自主发展	学会学习	能适应现代信息技术的发展，乐学善学，勤于反思，具有合作学习和终身学习的意识与能力
自主发展	健康生活	善于调节和管理情绪，具有积极的心理品质和自我管理能力
社会参与	国家认同	了解并尊重中华优秀传统文化和社会主义核心价值观，具有文化自信及弘扬本国文化的能力
社会参与	国际理解	能以开放心态了解并尊重世界多元文化，具备跨文化能力

表3 思政育人要素及效果示例

教学单元	育人要素	教学方式	育人效果
第五单元 生活模式	了解德国日常家庭生活；思考日常生活中的自我管理、自我调节	师生问答	在文化基础方面，增加德国社会文化知识的积累，培养基于客观事实的科学思维；在自主发展方面，具有较强的自我管理能力和积极的生活态度
	了解不同的生活模式；能通过多角度分析比较，做出价值判断；能联系自我，思考人生规划	小组讨论	在文化基础方面，能独立思考和分析问题，具有正确的世界观和价值观；在自主发展方面，通过小组讨论，培养合作及团队意识
	理解中德两国对于"婚姻""恋爱"的不同看法，跨文化能力有所增强	短文写作	在社会参与方面，了解并认同中华民族优秀婚恋观，尊重他国婚恋文化和生活观念

　　观察表1—表3可以发现，各育人要素结合教学方式，可以对应多个不同维度上的核心素养，起到多重育人的效果。反之，同一个核心素养也可以在不同单元中，通过不同的教学内容而得到反复巩固。比如在"旅行度假"单元中，教师组织学生以小组为单位，采访德国留学生、德国外教，并拍摄视频，让学生了解德国人的度假观念。在"礼貌礼仪"单元中，教师引导学生分组检索网上相关资料，收集有关德国社交礼仪、职场礼仪、餐桌礼仪等方面的信息，用于课堂交流。这些都有利于学生拓展知识面，夯实文化底蕴。在自主发展的维度，"学习策略"单元能帮助学生掌握德语阅读、写作等方面的技巧策略，调查问卷有利于学生判断自己所属的学习者类型，反思长处和不足，掌握适合自身的学习方法，养成良好的学习习惯。在"大学学习"单元，教师组织学生就大学学习目标、计划安排等方面进行小组讨论，引导学生将学习和生活结合起来，增强自我管理能力，培养自主学习和终身学习意识。在社会参与的维度，"职业理想"单元从工作环境、工作内容、发展前景等方面介绍了不同的职业，教师可以通过课堂提问，引导学生结合自我兴趣和特长，综合考虑以上因素，将自己的发展同国家的发展联系起来，鼓励学生为实现"中国梦"而努力。在"媒体消费"单元，从中德对比的角度，引导学生开展媒体消费习惯的跨文化比较，理解并尊重两国在消费文化方面的差异。

　　思政育人是在融合德语语言知识和德国社会文化内容的基础上，对学生进行情感、态度和价值方面的引领。我们在重构教学内容时，遵循了"价值引领统领单元"的原则，充分考虑了思政内容与学生日常学习生活的关联以及中德文化内容的占比平衡，确保了思政要素潜移默化地融入，更能为学生所认同和接受。

3.4 教学模式

转变教学理念是落实课程思政的首要前提；编选教材内容，挖掘思政元素是实施课程思政的关键步骤，但要将课程思政真正落实到位，就不得不考虑具体的教学环节，建构"以多维育人目标为靶向，以经过充分挖掘的育人素材与资源为载体"（张敬源、王娜，2020：20）的教学模式。

3.4.1 教学设计

混合式教学（blended teaching）是教育信息化进入全新发展时期的产物。2000年起，混合式教学先后经历了技术应用、技术整合和"互联网+"三个发展阶段（冯晓英等，2018：13），关注重点也从技术应用、教学策略与方法的混合转移到以学生为中心的学习体验。随着自身的不断发展，混合式教学已不再简单等同于课堂教学的部分替代。它将传统学习方式和数字化、网络化学习结合起来，取长补短，充分发挥了教师的主导作用和学生作为主体的主动性、积极性和创造性，其本质是教师、学生、学习资源的系统融合（何克抗，2016）。岳曼曼、刘正光（2020）从混合式教学的本质内涵出发，论述了其对于确立学生的学习主体地位，培养责任意识和终身学习能力，促进互动交流，激发重组知识的创新能力具有积极作用，强调通过合作式学习，创设学习共同体来有效落实"三全育人"。

基于上述理论研究，我们拟参照探究社区理论模型（Community of Inquiry，以下简称CoI，见图2）来设计混合式教学，从社会存在、教学存在、认知存在三个维度（Garrison et al., 1999）建构、维护和优化探究性学习团体。社会存在强调学生融入学习团体的重要性，指的是学生在尊重他人的前提下，通过坦诚发表意见，实现与他人的深入沟通，感知自身作为一个独立真实的个体与他人的联系和互动（王利绒、任丽婵，2020），建立起信任感及和谐的人际关系，学会尊重理解和友善宽容；教学存在是维护学习团体的核心要素，要求学生通过目的明确的教学活动，在教师的指导下开展合作式学习，讨论共识与分歧，获得具有教育价值的学习成果。在互动沟通的过程中，加强学习团体成员之间的紧密联系和团队归属感，培养作为个体成员所具有的责任担当和分享成果的意识；认知存在以提升批判性思维能力为目标，鼓励团体成员集思广益，通过反思来重组学习内容，通过共享问题视角来拓宽思路，通过对话沟通来分析错误认识，以解决问题，达成共识。

由此可见，除了传递知识，混合式教学还能引导学生在互动合作中发现、学习和创造知识，培养勇于探索、勤于反思、乐于学习的精神；在学习团体中，通过互助互励、同享共进来提高团队合作意识，塑造宽和友善、自信乐观、善于分享的积极心理品质；在进行合作式学习时，通过分工来明确团体成员所承担的个体任务，培养责任意识，提高自律自制及自我管理能力。

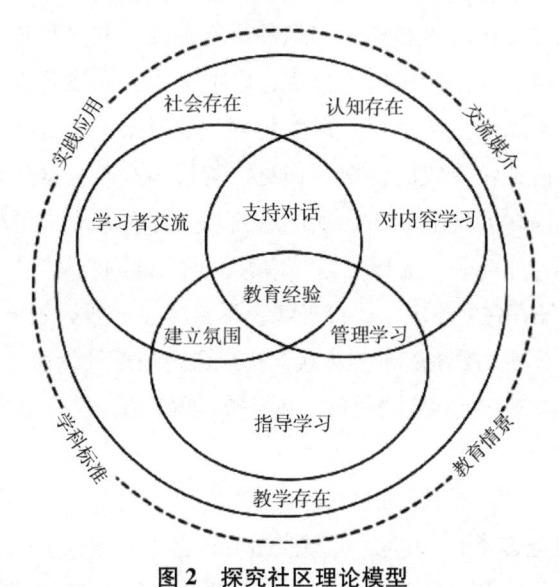

图 2　探究社区理论模型

3.4.2　教学实施

混合式教学依托我校德语专业教学团队自行建设的国家级一流本科在线开放课程"基础德语"。课程按照内容语言融合教育理念（CLI），融语言知识和德国社会文化知识于一体，并参考系列教材《当代大学德语》，设置了餐饮文化、休闲度假、婚姻家庭、社交活动、消费习惯、赠礼观念、大学教育等主题单元，反映了当下德国社会的基本情况和文化特征。课程利用线上资源，结合教师在线辅导，教授重要语言知识点，促使语言知识的学习任务向线上转移，为课程思政拓展线下教学空间；以小组合作学习的方式，通过拓展性阅读、调研采访等课外学习活动，将课堂讨论进一步延伸至中德文化对比的层面。

课程以面授环节的现场教学、交流和讨论为主导，采取线下主导型混合式教学，并依据探究社区理论模型中各存在维度的内涵及特征，确定了课程在不同阶段的教学任务。

课前学习注重社会存在和教学存在两个层面，意在建构探究性学习团体，建立起积极向上、自觉自愿、坦诚互动的学习氛围。学生作为学习主体，利用在线资源，完成德语语法、单元主题词汇等语言知识的学习和测试，根据教师发布的单元讨论话题和资料，进行主题热身，为在线下课堂开展融合思想与语言的教学活动做好准备。教师根据平台提问和留言，进行学习指导，了解学情，调整面授重点。

课堂教学以学生为中心，将重点放在教学存在和认知存在的维度。在分析讲解课文时，兼顾文化内容和语言知识的平行输入，并采用任务教学法，引导学生以小组为单位，合作参与角色扮演、模拟情景、表述观点、话题讨论等教学活动，启发学生思考大学学习生活的规划、学习德语的方法策略、理想职业的选择标准、风俗礼仪造成的误解和偏见、竞技体育与大众运动、中德媒体消费习惯异同及其隐含的价值取向、现代通信与人际关系、中德婚恋观异同等问题，并展示小组合作成果，完成语言、内容、思想的同步输出。

课后，在认知存在的维度上，借助线上平台将思辨研讨延伸至课外。组织学生开展小组合作学习，阅读拓展性文献，联系课内与课外，通过组内、组间的在线沟通交流，来拓宽分析问题的视角，共享知识和信息，进行集体短文创作。

3.5 课例展示

以《当代大学德语》第二册第五单元"生活模式"中的部分内容为例，来展示教学实践（见表4）。学生通过课前学习，自主探索西方主流生活模式；通过课堂小组讨论，从多维度思考、甄辨"非婚同居"家庭模式；课后，结合调研结果，从中德文化对比的角度开展线上思辨与交流，了解背后隐含的德国社会文化价值观，深化对于中华优秀传统文化的理解，增强民族文化自信。

表4 教学示例

组织形式	任务 学生	任务 教师	内容
课前线上自主学习	完成语言学习任务 查阅有关西方生活模式的资料 结合图表和资料，思考各种生活模式的特点、特征 相互交流观点	分析单元主题，确定思政要素，选取教学素材 以数据统计图导入话题"西方生活模式" 诊断学情，指导反馈	师生共同建立坦诚、开放、包容的在线学习环境 学生明确自身的学习主体地位和学习团体成员身份 学生通过信息网络技术，开展自主性探究 了解不同类型的生活方式，包括单身、丁克、结婚、再婚、同居、单亲等模式，为单元主题热身

续表

组织形式		任务		内容
		学生	教师	
课中	线下课堂面授	阅读电视采访报道《非婚同居》 开展分组讨论,从法律法规、伦理道德、传统文化等角度,将非婚同居与传统婚姻做比较,分析利弊 小组展示讨论结果	梳理核心词汇,讲解鉴赏课文 组织分组讨论、课堂展示 点评表现,综述总结	引导学生理性审慎看待非婚同居生活,理解德国社会崇尚个体与自由的价值取向,反思非婚同居作为"亚文化"可能造成的不良后果 塑造理性、成熟的恋爱观:重视婚恋道德规范,以寻找终身伴侣为恋爱动机,慎重选择交往对象,避免为排解空虚寂寞、寻求精神寄托而盲目恋爱;树立婚恋道德责任意识,正确看待婚恋关系中的权利与义务
课后	线上合作调研	通过问卷调查,采访德国留学生、德国外教,切实了解西方婚恋观 小组合作,阅读课外文献;集思广益,梳理中德两国婚恋价值观的异同;追根溯源,分析其背后的原因 小组创作短文	进行线上指导、管理和监督 提供德语议论文结构信息、常用语言表达 批改作文,点评反馈	帮助学生认识到婚恋观的形成和变化,很大程度上取决于个人的人生观、价值观,而后者的发展受制于社会背景、文化条件及家庭环境 以中华优秀传统文化中"忠贞、尊重、感恩、责任"等核心思想处理恋爱和婚姻关系

3.6 评价反馈

外语课程思政将价值塑造融入语言知识和文化内容的传授之中。因此,在优化评价指标时,首先,应突破传统外语教学聚焦语言知识与能力考核的局限,增加语言形式所蕴含的思想性、内容性、价值观、态度等评价维度(张敬源、王娜,2020),形成"语言+文化+思想"的多维度考核。其次,鉴于课程思政"润物细无声"的育人特点,对于思政育人效果的评价应以过程性评价为主,贯穿于整个学习过程,方能凸显学生在情感、态度、价值方面发生的潜移默化的变化。

本课程依托线上平台的同伴互评功能，结合线下教学活动的教师评价，来记录并衡量学生在课内、课外的学习表现。学生定期撰写学习报告，反馈问题疑惑、经验体验、学习收获和思想变化等，教师给予指导、建议并进行评价。同时，根据学生在课堂主题研讨时的表现及小组合作学习的结果反馈，来判断学生参与教学活动的投入程度及合作意识；通过分析创作作品的思想内容、价值取向、语气态度等来捕捉学生的观点想法。学生对于在线互动交流情况进行同伴互评，在评价中实现彼此启迪、相互成就，以达到扩展人文知识，提升文化意识的目的。

4. 结语

为打造既有德语专业特色又有思政内涵的新型课堂，笔者以培养"全面发展的人"为目标，因"课"制宜，转变教学理念；充分考虑德语专业学生接触德国文化较多、思想多元化、思维品质尚不成熟等特点，着重从国家认同和国际视野两方面，挖掘课程内容本身所包含的贴近生活、反映社会、触动情感、引发共鸣、升华观念的思政要素；通过融合线上线下、课内课外来创新教学载体，避免单向灌输；建立学习团体，以同伴对话、师生互动、课堂讨论的方式来实现合作式教学，促使学生相互启发、共同探究目的，培养学生自律自制、乐学善学、互助互励、共享共进等积极的心理品质，有效探索了课程思政在外语教学中的实施路径。

参考文献

[1] 常俊跃，刘兆浩. 内容语言融合教育理念的理论支撑[J]. 外语与外语教学，2020（6）：85-95，150.

[2] 常俊跃，赵永青. 内容语言融合教育理念（CLI）的提出、内涵及意义：从内容依托教学到内容语言融合教育[J]. 外语教学，2020，41（5）：49-54.

[3] 常晨光，周慧，曾记. 国别与区域研究课程中的课程思政：理念与实践[J]. 中国外语，2021，18（2）：78-83.

[4] 丁凤，王蕴峰，欧阳护华，等. 全人教育理念下的课程思政：以"交际英语"课程为例[J]. 中国外语，2021，18（2）：91-96.

[5] 冯晓英，王瑞雪，吴怡君. 国内外混合式教学研究现状述评：基于混合式教学的分析框架[J]. 远程教育杂志，2018，36（3）：13-24.

[6] 胡杰辉. 外语课程思政视角下的教学设计研究[J]. 中国外语，2021，18（2）：53-59.

[7] 何克抗. 教育信息化发展新阶段的观念更新与理论思考[J]. 课程·教材·教

法，2016，36（2）：3-10，23.

[8] 教育部高等学校外国语言文学类专业教学指导委员会. 普通高等学校本科外国语言文学类专业教学指南（下）[M]. 北京：外语教学与研究出版社，2020.

[9] 孔翔，吴栋. 以混合式教学改革服务课程思政建设的路径初探 [J]. 中国大学教学，2021（Z1）：59-62.

[10] 林崇德. 构建中国化的学生发展核心素养 [J]. 北京师范大学学报（社会科学版），2017（1）：66-73.

[11] 罗良功. 外语专业课程思政的本、质、量 [J]. 中国外语，2021，18（2）：60-64.

[12] 刘建达. 课程思政背景下的大学外语课程改革 [J]. 外语电化教学，2020（6）：38-42.

[13] 蒙岚. 混合式教学模式下大学英语课程思政路径 [J]. 社会科学家，2020（12）：136-141.

[14] 司显柱. 翻译教学的课程思政理念与实践 [J]. 中国外语，2021，18（2）：97-103.

[15] 文秋芳. 大学外语课程思政的内涵和实施框架 [J]. 中国外语，2021，18（2）：47-52.

[16] 文旭. 语言学课程如何落实课程思政 [J]. 中国外语，2021，18（2）：71-77.

[17] 魏勤，黄智燕. 博雅教育与高校英语教师人文素养研究 [J]. 西安外国语大学学报，2019，27（4）：66-70.

[18] 王利绒，任丽婵. 基于探究社区理论模型的混合式教学研究：以《现代教育技术应用》课程为例 [J]. 中国教育信息化，2020（20）：47-50.

[19] 王欣，陈凡，石坚. 价值引领下的英语专业课程群思政建设 [J]. 中国外语，2021，18（2）：65-70.

[20] 王守仁. 论"明明德"于外语课程：兼谈《新时代明德大学英语》教材编写 [J]. 中国外语，2021，18（2）：4-9.

[21] 王颖，夏强，樊华妍. 新医科视域下课程思政路径探索：以生物化学与分子生物学为例 [J]. 生命的化学，2021，41（4）：831-837.

[22] 徐锦芬. 高校英语课程教学素材的思政内容建设研究 [J]. 外语界，2021（2）：18-24.

[23] 尹晶. 经典阅读与思政教育：英国文学课程思政体系之尝试性建构 [J]. 中国外语，2021，18（2）：84-90.

[24] 岳曼曼，刘正光. 混合式教学契合外语课程思政：理念与路径 [J]. 外语教学，2020，41（6）：16-19.

[25] 杨金才. 新时代外语教育课程思政建设的几点思考 [J]. 外语教学，2020，41（6）：11-14.

[26] 张敬源，王娜. 外语"课程思政"建设：内涵、原则与路径探析［J］. 中国外语，2020, 17（5）：15-20, 29.

[27] 中华人民共和国教育部. 高等学校课程思政建设指导纲要. 教高〔2020〕3号［EB/OL］. 中华人民共和国教育部政府门户网站，2020-05-28.

[28] GARRISON D R, ANDERSON T, ARCHER W. Critical inquiry in a text-based environment：computer conferencing in higher education［J］. Internet & Higher Education, 1999, 2(2)：87-105.

作者简介：范黎坤，上海交通大学，讲师，国家级一流课程"基础德语"主讲教师。研究方向：外语教学。

论文已发表于《外语与翻译》2021年第三期，经期刊同意收录本论文集。

融入课程思政的跨文化交际能力培养探究
——以"日语视听说"课程为例

王 琳

上海交通大学,上海,200240

摘 要:跨文化交际能力是日语专业学生应具备的核心能力之一,本研究以"日语视听说"课程为例,基于产出导向法开展教学实践,探索课程思政有机融入跨文化交际能力培养的方法路径。研究显示,把中国文化、中日文化比较、价值观培养融入跨文化能力培养可以提升教学成效,使课程思政"润物无声"。为达成教学目标,教师要注重把价值引领、文化自信等思政元素融入教学活动设计和教学效果评价。

关键词:课程思政,跨文化交际能力,中日文化比较,产出导向法,日语教学实践

1. 引言

强化课程思政建设,落实立德树人的根本任务,是教师承担教书育人的神圣使命。发挥好外语课程的育人作用,外语教师应当贯彻《高等学校课程思政建设指导纲要》要求,"将价值塑造、知识传授和能力培养三者融为一体""深入梳理专业课教学内容,结合不同课程特点、思维方法和价值理念,深入挖掘课程思政元素,有机融入课程教学,达到润物无声的育人效果"(教育部,2020)。因此,需要在实践中探索如何把课程思政有机融入外语核心能力培养中。本文将结合跨文化交际能力培养目标探索融入课程思政的路径,通过《日语视听说》课程教学实践,探索在日语跨文化交际教学中如何挖掘思政元素、设计教学活动、开展教学评价,以实现跨文化交际能力培养与课程思政育人的有机结合。

2. 外语课程思政的内涵及实践研究

外语课程思政是"以外语教师为主导,通过外语教学内容、课堂管理、评

价制度、教师言行等方面，将立德树人的理念有机融入外语课堂教学各个环节，致力于为塑造学生正确的世界观、人生观、价值观发挥积极作用"（文秋芳，2021：48）。专家学者积极探索，为外语课程思政教学提供了理论基础和方法指导。刘建达（2020）结合大学外语课程的特点，提出了在教材、教学评价等方面的参考建议。文秋芳（2021）提出外语课程思政涵盖教学各个方面，为教学实践创建了外语课程思政双维理论框架。该理论框架构建的课程思政链包含内容链、管理链、评价链和教师言行链四个子链，内容链是其核心和抓手。

广大外语教师也在教学实践中积极探索如何有机融入课程思政，成果丰富，在课程思政元素挖掘、实施路径方法、实践创新等方面积累了不少优秀案例。在英语教学领域，很多研究都以"外语讲述中国故事"作为切入点开展课程思政。例如翟峥、王文丽（2021）的研究以英语通识课"媒介素养"为例，在混合式教学模式下把课程思政融入内容链、管理链、评价链及教师言行链的设计中，学生通过讲述中国故事的英语实践活动提升了政治认同，实现了课程价值引领。杨华（2021）通过实践构建了外语课程思政实践框架，通过用外语讲述日常生活故事的教学实践，多元评价模式把思想道德素质、文化意识提升有机融入外语技能培养。孙曙光（2021）围绕"为什么讲""讲什么""怎么讲好"中国故事，探索如何将思政元素融入"讲好中国故事"的跨文化意识培养，把价值观培养融入教学的课前、课中和课后三个阶段，主要做法有课前设定隐形育人目标，课中教师讲授渗透目标、学生互评巩固目标，课后反思、修改文稿巩固目标。

在日语教学中，聚焦如何挖掘思政元素内容的研究认为要把中国文化、国情（邵山，2022）、中国古代故事（姚海峰，2022）、日本文化中的中国元素（芦丽红，2022）融入教学。实践类研究积极探索课程的育人目标、课程思政路径、融入教学设计的方法。李佳佳、余幕英（2021）在"基础日语"课程中，把课程思政融入产出导向法设计，在语言能力培养的同时引导学生学习中国京剧文化，"感受本国文化的魅力，增强文化底蕴与自信"。尤芳舟（2021）在日语专业高年级课程"高级综合日语课程"课前、课中、课后各环节融入课程思政，结合教学内容挖掘中国元素，引导学生认识中国国情、用日语讲述中国故事。她认为教学内容应当"增加中国文化比重，突出中国文化特色，反映当代中国的发展面貌，形成真正中国化的日语课程体系和教育理论"。以学习中国文化的日语表达为切入点开展"基础日语3"教学，可以让学生"感知和理解中日文化的交流与碰撞，增强文化意识"，提升课程思政成效（张璐，2023：32）。

以上实践研究都强调将挖掘中国文化、社会、国情作为思政元素，培养用外语讲中国故事的能力。由于过去外语教学注重目的语国家文化培养而忽视中国文化培养，以中国文化为课程思政抓手是坚定文化自信、培养家国情怀的重要举措。但同时，我们不能忽视外语课程的特殊性。外语课程思政需要立足外语人才培养目标，兼顾各项核心能力的培养，防止"贴标签""两张皮"。既往研究主要围绕与语言能力、思辨能力培养的融入，探索融入跨文化能力培养的研究有待充实。

3. 跨文化交际能力的定义与研究综述

3.1 跨文化交际能力的定义

跨文化交际能力培养与外语教育紧密相关，是培养兼具中国文化情怀与全球视野外语高端人才的重要途径（孙有中，2016）。2018年教育部颁布的《高等学校外语类专业本科教学质量国家标准（外国语言文学类）》（以下简称《国标》），把跨文化能力明确列为外语类专业学生应具备的核心能力之一。跨文化能力的定义包括"尊重世界文化多样性，具有跨文化同理心和批判性文化意识；掌握基本的跨文化研究理论知识和分析方法，理解中外文化的基本特点和异同；能对不同文化现象、文本和制品进行阐释与评价；能有效和恰当地进行跨文化沟通；能帮助不同背景的人士进行有效的跨文化沟通"（《国标》，2018：95）。

《日语专业教学指南》（以下简称《指南》）使用的是"跨文化交际能力"一词。跨文化交际能力被定义为"能通过语言学习认识世界的多样性，并以开放的态度对待多元文化现象；能敏锐察觉、合理阐释文化差异；能灵活运用策略完成跨文化交流任务；能帮助中、日两种不同文化背景的人士进行有效的跨文化沟通"（《指南》，2020：122）。从定义来看，《指南》在定义跨文化交际能力时突出了日语语言交际能力。

虽然"跨文化能力""跨文化交际能力"的概念在跨文化研究、外语教学领域都未统一（胡文仲，2013；孙有中，2016；朱桂荣，2016；戴晓东，2018），但中外学者对外语教育的培养目标认识基本一致，外语教育不仅是外语能力培养，也包括跨文化能力培养。在外语教育研究中，跨文化交际能力一词使用更为广泛。

Byram构建的以外语教育为中心的跨文化能力模型是较为经典的理论模型，被广泛应用于外语教学实践。Byram（2014）认为培养学习者跨文化交际能力应成为外语教学的目标，要培养跨文化的态度、获得跨文化知识、培养跨文化技能、培养文化批评意识。我国学者基于外语教学和学习视角探讨研究跨文化能力理论也积累了丰富的成果。很多学者在 Byram 等西方跨文化能力模型的基础上，结合我国外语教学实际尝试构建跨文化能力理论模型、开发跨文化交际能力的测评工具（高一虹，2002；钟华，2013）。我国学者尝试从本土视角构建跨文化能力理论，虽然内容不尽相同，但都强调立足中国文化（孙有中，2016；戴晓东，2018），把中外文化理解、中外文化差异比较等纳入跨文化能力要素。

综上所述，跨文化能力是指本土文化在内的多元文化的态度、阐释和评价多元文化的能力，以及与不同背景文化下的人们交流互动的技能。本研究使用的跨文化交际能力一词，既包括外语语言能力，也包括跨文化能力。

3.2 跨文化交际能力培养研究文献综述

研究者从理论和实践两个方面探索了如何在外语教育中培养跨文化交际能力。Byram（2014）认为，可以通过课堂教学培养语言能力和跨文化能力。孙有中（2016）提出跨文化教学的 5 项基本原则——思辨、反省、探究、共情和体验。他认为，跨文化教学应该引导学生积极思辨，通过跨文化反省培养批判文化自觉，积极引导学生从全球多元文化视角审视中国文化传统，增强文化自信。顾晓乐（2017）结合我国高校教育目标构建跨文化交际能力培养模型。该模型包含态度、知识和技能三个宏观构成维度，每个维度融合语言、文化和交际，表现了跨文化交际能力动态发展的复杂过程。张卫东等（2012）通过实证研究，论证了文化知识在跨文化交际中的重要地位和实施难度，以及在外语教学中培养学生用外语讲述本国文化知识的重要性。以上研究从理论和实践两个方面强调了中国外语教育的跨文化交际能力培养必须了解中国本土文化，认为跨文化比较学习可以"发现和理解中外文化的表层和深层异同""坚定中国文化自信，增强国家认同，拓宽国际视野"（孙有中，2016：17）。

在日语教学领域，研究者指出，中国日语教育要从教学模式创新，丰富日语学习环境、教材和师资队伍建设等方面培养跨文化交际能力（王秀文，2006；李明慧，2021；金冰、綦婧，2021；赵挥，2021）。崔迎春等（2016）探讨了在日语基础课中利用多媒体配套课件培养日本文化能力的方法，指出目前很多日语教育，特别是基础日语教育"培养过程中过于侧重语言能力即语言知识的传授，忽视了语用能力及文化能力的培养"，提出要把文化能力培养融入课堂。但是该研究只说明了如何培养日本文化能力，并没有提到中国文化能力培养。还有些研究通过比较中日语言文化差异强调日语的独特性，提出日语教学中应该重视日本文化与中日跨文化交际方式的培养，探讨语言教学与跨文化理解在日语教学中的应用（曹大峰、林洪，2015；朱桂荣，2016），但是目前关于如何在中日文化比较中培养文化自信和跨文化交际能力的研究有待充实。

文秋芳从课程思政视角讨论"跨文化能力"释义，认为，"坚持文明互鉴交流理念，通过对比、理解、阐释和评价不同文化现象、文本、制品等的异同，加深对中华文化的理解和认同，拓宽国际视野，汲取外来文化精华，服务中华民族伟大复兴和人类命运共同体建设"应该作为跨文化能力的新释义（文秋芳，2022：12）。跨文化交际能力培养也是融合文化知识传递、能力培养与价值塑造的过程，可以在教学实践中以课程思政引领跨文化交际能力培养成效，结合课程实际情况挖掘育人元素并有机融入。因此，本研究将以"日语视听说3"课程为例，探索有机融合外语课程思政的可行路径。

4. 教学实践

"日语视听说3"课程是上海交通大学日语专业二年级学生第二学期的必修课程。虽然是基础阶段课程，但课程按照《指南》（2020）的要求，需"兼顾语言能力与思辨能力培养"，同时重视综合能力培养，包括跨文化能力、自主学习能力等专业核心能力。课程目标培养立足中华文化、对多元文化的包容心态和宽阔的国际视野。课程注重跨文化能力培养体现在三个方面：第一，教学内容以中国和日本两国文化为主；第二，使用中日文化比较法教学；第三，把用日语阐释、评价两国文化差异作为课程目标。课程以中国文化知识、中日文化比较为切入点融入课程思政，把坚定文化自信、培养家国情怀、理解文明交流互鉴和人类命运共同体构建、讲好中国故事作为育人目标。以下内容呈现了本课程中日文化比较模块的课程思政教学设计。

4.1 融入课程思政的教学设计

在"日语视听说3"课程阶段，学生已经具备了基础日语语言能力，大部分学生都已经达到其至超过日语能力考试N2水平，语言能力正处于由初级向中高级提升的重要阶段。这一阶段，按照二语习得的规律从注重"听、读"输入能力培养为主的阶段转变为以注重"说、写、译"输出能力培养的阶段。因此，课程以产出导向法理论为基础，教学设计围绕语言能力和跨文化能力培养两个维度。图1是笔者基于产出导向法设计的跨文化交际能力教学模型，其中语言能力培养是教学设计的核心，在产出驱动、输入促成、学习选择和以评为学四个环节实现跨文化交际能力培养。教学设计的各环节之间相互作用；跨文化能力培养的知识、技能、态度分别融入教学四个环节，能力要素协同发展。

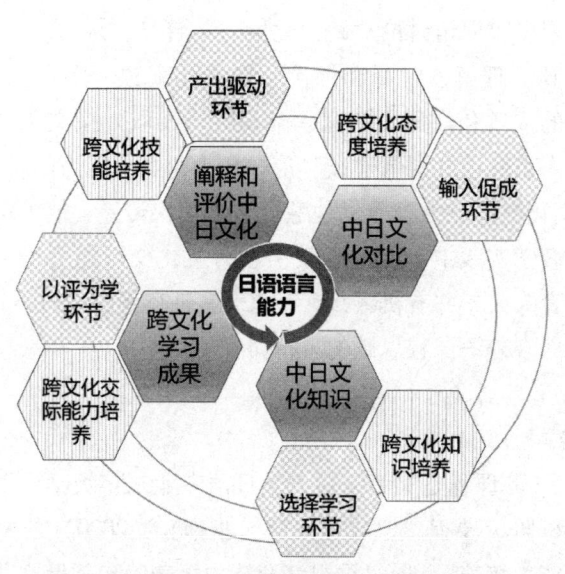

图 1 基于产出导向法的跨文化交际能力教学模型

按照产出导向法，在中日文化教学模块，笔者设计了以下产出驱动任务：

制作一段时长 3 分钟的视频，介绍中日文化、语言差异。从三个主题当中选择一个完成。

主题 1：探究一个颜色。（1）从文化对比（至少要包括中日文化）的角度探究，以具体事例说明色彩与文化的关联。（2）个人对颜色的看法、认识、喜好，关于色彩在跨文化交际的应用问题等。

主题 2：探究一个可以进行中日文化对比的季节风物，比如夏季用品、夏季植物、风俗礼仪等。（1）从跨文化（至少要包括中日文化）的角度探究季节风物与文化的关联。（2）个人对此的看法、认识、喜好，与跨文化交际的应用问题等。

主题 3：探究一个中日语言相关的内容。包括两个方面：（1）该语言特点与两国文化、社会生活的关联，要有具体使用事例。（2）以此为例，阐述个人对语言与文化、社会关联性的认识或体验等。

产出任务目标主要是为了提升跨文化交际能力。任务要求完成一篇日语文稿并制作一个介绍性视频。用日语阐释和评价中日两国文化既是语言能力培养目标，也是跨文化能力培养目标；通过语言能力和跨文化能力培养实现课程思政目标：理解中国文化、坚定文化自信、尊重多元文化，理解文明互鉴，为传播中国文化、讲好中国故事能力培养打下基础（见表 1）。

表 1 中日文化教学模块的产出活动目标

语言能力培养	跨文化能力培养	课程思政目标
1. 能用日语讲述中日文化的特点 2. 能用日语阐释和评价中日文化差异	1. 尊重多元文化的态度 2. 学习中日文化知识 3. 能用跨文化比较法分析文化差异 4. 阐释、评价文化的技能	1. 理解中国文化，坚定文化自信 2. 尊重多元文化、理解文明互鉴 3. 传播中国文化、讲好中国故事

4.2 挖掘教学内容中的育人元素

如何将课程思政融入外语教学，教学内容是关键（文秋芳，2022：49）。教师要根据教学内容挖掘每一教学单元、每一堂课可行的育人目标，要注重把价值观培养融入育人元素。跨文化能力培养的主要载体是文化，文化既包括文学、艺术、节日活动等显性部分，也包括价值观、态度等隐性部分；学习者注意到与他国文化的差异，才会意识到自国的准则、价值观和态度（松浦依子等，2012：95）。跨文化比较不能只比较文化中的显性部分，更要引导学生深入理解和思考文化内涵和价值观差异，在此过程发挥价值引领作用，让学生收获跨文化知识的同时，也能提升跨文化技能、文化评价能力，做到课程思政"润物细无声"。

因为目前使用的教材以介绍日本文化为主，所以教师需要准备中国文化内容作为补充。补充材料有些来自公开出版的教材，也有教师自行收集、编写的素材。教学材料直接关乎课程思政的效果，要确保语言的准确性和内容的正确性。

表 2 呈现的是这一模块的教学内容与拟融入的思政元素、育人目标。比如第一个教学内容要学习日本樱花文化，因为教材只提供了一篇介绍日本花文化的听力材料，所以教师准备了新闻报道、中国的樱花栽培、中国人喜爱的植物等中日文化资料。教师结合资料让学生理解樱花文化背后蕴含的自然观、社会观，同时引导学生比较和思考中日文化中花卉植物的不同意象及其蕴含的文化差异。在学习讨论中很多学生都介绍梅兰竹菊象征廉洁、正直的形象，教师借此引导学生思考中国文化中坚持真理、刚正不阿、洁身自好、崇尚气节的人文精神，激励学生追求崇高品格、提升道德修养。课程思政的切入点是中国传统文化，但是教学不能仅仅停留在文化现象的差异，更要从社会主义核心价值观的层面促进学生学习和反思，提升阐释中国文化的能力，从而认同中国文化，坚定文化自信。

表 2 中日文化模块教学内容与思政元素

产出目标	教材内容 （教材+补充资料）	课程思政目标	
		思政元素（显性）	育人目标（隐性）
制作一段时长3分钟的视频，介绍中日文化、语言差异	1. 了解日本樱花文化的历史、特点； 2. 分析日本人喜爱赏樱花的原因； 3. 分析中国人喜爱的植物及其文化象征	增进对中国传统文化和人文精神的理解	传递中国文化价值观、增进文化自信；激励追求崇高品格、提升道德修养
	1. 学习日本人的中元节风俗及交际做法； 2. 学习中国的元宵节文化	理解重视亲情的传统文化	培养和谐友善的社会主义核心价值观
	1. 学习颜色相关的词汇及用法； 2. 了解关于颜色认知的多元文化差异	培养对他国文化的包容心；拓宽国际视野；学习跨文化交际的得体性	尊重多元文化；理解文明交流互鉴、人类命运共同体构建的意义
	1. 学习日语语言的特点及其文化社会背景； 2. 对比中国语言，分析中日语言文化的差异及其原因	发现中国语言之美；理解语言与和谐社会的关系	尊重多元文化；理解文明互鉴的意义；增进对语言学习的热爱；提升语言修养的自觉性

4.3 融入课程思政的教学活动

外语课程思政要将育人元素有机融合在教学活动中（文秋芳，2021：48）。把育人目标作为顶层设计，围绕认同本国文化、尊重文化多样性、理解文明互鉴意义设计课堂和课外教学活动。结合跨文化交际能力培养，在课堂上通过听说问答、概述主旨大意、中日互译等教学活动，聚焦文化知识中关键字词的学习，提升日语运用能力；组织小组讨论、课堂发表等课堂活动，培养跨文化态度、阐释文化的技能，提升文化敏感性。课外活动以学生自主学习为主，让学生自主选择感兴趣的文化现象学习和研究，通过自主学习、查阅资料，培养对中外文化的好奇心和探究精神。在自主学习能力培养过程中还可以融入诚信教育、勤于思考、刻苦学习、自我管理等素质品德培养。

评价活动是落实外语课程思政的重要环节。教师评价学生的产出作品，文字稿要经过教师修改之后再录制视频。表3呈现的是对文字稿的评价内容和评价反馈方式。评价内容包括语言能力培养、跨文化交际能力培养、课程思政目标三个层次。首先，评价日语表达是否准确，通过修改、纠正错误，促进语言元认知和日语语言能力提升。其次，评价文化理解方面是否有误，同时还要注意内容深度，引导学生正确理解中日文化、深入分析文化差异。最后通过评语评价学生作品，引导和鼓励学生树立正确的日本文化观，认同中国文化、社会主义核心价值观，提升课程思政育人效果。

表3 文字稿评价内容和方法

评价层次	评价内容（文字稿）	评价反馈方式
语言能力培养层次：提升文字稿日语表达的准确性	是否有词汇、语法等语言错误 是否准确翻译中国文化专有词汇 是否符合日语表达习惯	教师直接修改； 与学生个别讨论； 批注意见，学生自主修改
跨文化能力培养层次：提升跨文化认知；提升跨文化素养、文化评价能力	是否用跨文化比较的方法 是否正确理解中日文化	与学生个别沟通、讨论； 批注意见，引导学生自主修改
课程思政层次：树立正确的日本文化观；理解、认同中国文化、社会主义核心价值观	对日本文化的态度 是否阐释和思考文化差异	批注感想，引导、鼓励学生

教师评价视频作品也按照三个层次（表4）进行。特别要指出的是，视频作品不同于文字稿，更要注重课程思政层次的评价。视频也是使用影像图片表达观点的载体，影像图片更能直接表现出使用者对文化的认识和价值观倾向，运用不当效果适得其反。针对图片使用不当的一些问题，教师会通过课堂讲解典型案例，引导学生思考和关注影像问题。有些情况则需要单独和学生沟通，督促学生自主修改。在评价视频作品时还可以结合自评和互评活动，培养学生的反思能力，通过互相学习、反思强化育人目标，教师借此融入谦虚包容、互相学习、积极向上的品质培养。

145

表 4　视频作品评价内容和方法

评价层次	评价内容（视频作品）	评价反馈方式
语言能力培养层次： 提升语言口语表达能力	评价语音：是否有读音错误； 是否流畅；是否有明显的语音语调问题	教师个别沟通，指出错误； 教师提出改进建议 组织学生自评、互评
跨文化能力培养层次： 提升跨文化素养、非语言交际能力	评价图片、影像素材：是否与主题相关；是否能够展现文化特点	引导学生共同思考； 批注意见，督促学生自主修改 组织学生自评、互评
课程思政层次： 坚定文化自信、尊重多元文化、讲好中国故事	评价视频作品：呈现的跨文化交际内容、价值观等；文化传播的效果	课堂展示 组织学生自评、互评 发表感想

4.4　课程思政成效和反思

如何落实外语课程思政，实现知识传授、技能培养与育人目标融合，本研究探究了以中国文化、中日文化比较、价值观培养为切入点融入跨文化交际能力培养的可行路径。实践表明，通过跨文化对比教学，挖掘课程思政元素并有效融入教学的各个环节，培养正确的文化价值观，既能促进跨文化交际能力培养，也能提升课程思政育人效果。

学生自主完成的视频作品内容丰富，作品质量可圈可点。学生在教师的指导下，能够正确使用日语介绍中日文化现象，提升了跨文化差异敏感性。在自主完成作品的过程中，学生尝试翻译中国文化词汇，用日语自由表达观点意见，这些实践活动提升了语言能力，特别是日语讲述中国文化的能力。但是，囿于教材内容、日语水平的制约，学生自主完成的文字作品对文化差异、中日文化分析评判尚停留在表面，还不能深入思考价值观、社会制度的层次，经过教师修改评价后视频作品质量得到提升，表明在教学内容、活动设计、教学评价中融入本国文化、价值观引导，可以提升跨文化交际能力培养成效。

5. 结语

本研究通过理论和实践探索了课程思政有机融入跨文化能力培养的方法路径，希望能对外语课程思政有借鉴意义。跨文化交际能力培养仅仅通过一门课程、一次产出活动很难达成，需要一个长期持续不断的过程，既需要教师持续不断地努力，也需要协同其他课程共同培养。课程思政对外语教师来说是挑战也是责任,"守好一段渠、种好责任田"是新时代对每一名教师、每一门课程的要求,外语教师需要不断学习,主动提升,做新时代"四有"好教师。

参考文献

[1] 崔迎春,马俊荣,赵华敏. 多媒体环境下以跨文化交际为引领的基础日语课程设计:以北大出版社的《初级日语》教学实践为例 [J]. 日语学习与研究,2016 (2):39-47.

[2] 戴晓东. 跨文化能力研究 [M]. 北京:外语教学与研究出版社,2018.

[3] 翟峥,王文丽. 基于课程思政链的大学英语混合式教学实践探索:以英语通识课"媒介素养"为例 [J]. 外语电化教学,2021 (6):63-67,10.

[4] 顾晓乐. 外语教学中跨文化能力培养之理论和发展模型 [J]. 外语界,2017 (1):79-88.

[5] 胡文仲. 跨文化交际能力在外语教学中如何定位 [J]. 外语界,2013 (6):2-8.

[6] 金冰,慕婧. 基于人文哲学的日语教学中跨文化交际能力培养策略研究 [J]. 长春大学学报,2021,31 (2):92-95.

[7] 李佳佳,余幕英. 基于"产出导向法"的《基础日语》课程思政教学探究 [J]. 才智,2022 (25):8-21.

[8] 李明慧. 日语教学中跨文化交际能力培养策略研究 [J]. 吉林省教育学院学报,2020,36 (5):59-162.

[9] 刘建达. 课程思政背景下的大学外语课程改革 [J]. 外语电化教学,2020 (6):38-42.

[10] 芦丽红. 高校日语教学中日本文化的中国元素挖掘探讨 [J]. 延边教育学院学报,2022,36 (2):20-23.

[11] 邵山. 将课程思政融入大学日语专业教学中:以视听说教学为例 [J]. 外语教育与翻译发展创新研究,2022 (12):163-165.

[12] 孙曙光. 思政教育融入"用英语讲中国故事"实践课程的研究 [J]. 外语教育研究前沿,2021,4 (4):26-33,92.

[13] 孙有中. 外语教育与跨文化能力培养 [J]. 中国外语,2016 (3):17-22.

[14] 王秀文. 跨文化交际与日语教育 [J]. 日语学习与研究,2006 (3):47-51.

[15] 文秋芳. 大学外语课程思政的内涵和实施框架 [J]. 中国外语,2021 (2):47-52.

[16] 文秋芳. 对"跨文化能力"和"跨文化交际"课程的思考:课程思政视角 [J]. 外语电化教学,2022 (2):9-14.

[17] 杨华. 我国高校外语课程思政实践的探索研究:以大学生"外语讲述中国"为例 [J]. 外语界,2021 (2):10-17.

[18] 姚海峰. 讲好中国故事, 坚定文化自信: 围绕"日语口译理论与实践"教学改革展开 [J]. 大连大学学报, 2022 (2): 72-75.

[19] 尤芳舟. 新文科背景下日语课程思政建设的思考 [J]. 外语学刊, 2021 (6): 78-82.

[20] 张璐. 新文科建设背景下基于混合式教学的日语课程思政实践探索 [J]. 现代职业教育, 2023 (10): 29-32.

[21] 张卫东, 杨莉. 跨文化交际能力体系的构建: 基于外语教育视角和实证研究方法 [J]. 外语界, 2012 (2): 8-16.

[22] 赵挥. 文化差异视域下高校日语教学中学生跨文化交际能力培养探究 [J]. 佳木斯职业学院学报, 2021 (3): 120-121.

[23] 朱桂荣. 我国日语教育跨文化交际研究的回顾与展望 [J]. 日语教育与日本学, 2016 (1): 96-105.

[24] 曹大峰, 林洪. 跨文化理解与日语教育 [M]. 北京: 高等教育出版社, 2015.

[25] 中华人民共和国教育部. 高等学校课程思政建设指导纲要 [R/OL]. 中华人民共和国教育部政府门户网站, 2020-05-28.

[26] 教育部高等学校教学指导委员会. 普通高等学校本科专业类教学质量国家标准(上)[M]. 北京: 高等教育出版社, 2018.

[27] 教育部外国语言文学类专业教学指导分委员会. 普通高等学校本科外国语言文学类专业教学指南(下)[M]. 北京: 外语教学与研究出版社, 2020.

[28] BYRAM M. 跨文化交际能力的教学与评估 [M]. 余卫华, 杜静, 李怡, 译. 上海: 上海外语教育出版社, 2014.

[29] 松浦依子, 宮崎玲子, 福島青史. 異文化間コミュニケーション能力のための教育とその教材化について——ハンガリーの日本語教育教科書『できる』作成を例として [J]. 国際交流基金日本語教育紀要, 2012 (8): 87-101.

作者简介: 王琳, 上海交通大学, 副教授。研究方向: 日语语言。

第二部分 02
教学案例

案例一：多元文化
"大学英语"（5）跨文化交际课程思政教学案例

方 青

1. 案例素材来源

1.1 课文材料

《大学跨文化英语综合教程》，张红玲、顾力行（主编），上海外语教育出版社，2020年1月出版。

案例材料选自 Unit 5 Fighting Colorism, Text A：Light Skin vs. Dark Skin。

课文梗概：

As a victim of colorism, the author encounters discrimination within the race, which leaves her a feeling of deep hurt. She advocates for black people to respect diversity and eradicate color biases.

1.2 补充材料（1）

What Does It Mean to Do Something "Like a Girl"?

1.3 补充材料（2）

美剧《老友记》（*Friends*）第9季第6集"The One with the Male Nanny"节选

1.4 补充材料（3）

What Dark-Skinned People Will Never Tell You

1.5 补充材料（4）

TED Talk：Respecting the Differences Between People

2. 课程思政融入点说明

在这个全球化和信息化迅速发展的时代，能在跨文化语境中实现有效的交流和沟通是大学生的必备技能之一。在教学中，仅仅帮助学生提升语言技能远远不够，还需要通过交际场景的还原，启发学生建立跨文化态度和独立思维能力。要通过设计环环相扣、具备代入感的教学活动，将语言表述、文化交际、思维认知等能力的提升目标融会贯通。

刻板印象（stereotype）是人们对某个社会群体形成的概括而固定的看法，是社会归类时对不同的社会类属（群体）贴上的标签。刻板印象往往对跨文化交际带来不良影响，会让我们忽视人与人之间的差别，只接受符合对某一特定群体的看法的信息。偏见（prejudice）是源于刻板印象的一种负面态度，是对整个群体或来自这个群体的个体的反感。而歧视（discrimination）是将群体成员置于不利的境地或因为群体身份的缘故不公平对待群体成员。偏见主要体现为态度，而歧视则表现在行动中。

无论是刻板印象，还是偏见和歧视，都会贬低个人和群体的价值，助长不平等现象的产生，从而对跨文化关系带来伤害。但我们往往对这些影响交际的情感、态度和行为缺乏敏锐的认知，从而加深它们对交际的负面影响。本单元的教学重点是借助有关肤色歧视案例的阅读，辅助相关视频内容的讨论，剖析刻板印象、偏见、歧视等影响交际的情感、态度和行为，引导学生感知其存在，探究其成因及影响，并反思自己习得的刻板印象，提升对文化多元化的认知，提高文化包容力，增强文化同理心。

3. 教学使用方法和步骤

3.1 适用范围

本案例适用于和 stereotype、cultural tolerance、cultural empathy、intercultural communication barriers 等主题相关的听说/读写类课程，或跨文化交际课程 Cultural Perception & Values 相关章节。部分语料也可用于听说练习，及作为提升学生批判性思维（critical thinking）的讨论练习。

3.2 使用方法

教学过程包括4个步骤，10个活动，按照 Perceive—Understand—Explore—Challenge 的认知顺序逐层设计活动。

Step 1：Perceive（通过视频观看和小组讨论，启发学生感知刻板印象和歧视的存在）

Activity 1：观看视频"What does it mean to do something 'like a girl'"（主题：性别刻板印象）。观看前可先请学生演示视频中的动作指令，观看后请学生评价自己之前听到指令的反应以及视频被访者的反应。

Extended Questions：

152

✓ Is pink for girls and blue for boys?

✓ What would you think if a boy wanted to be a beautician or a girl a plumber?

✓ Could you list at least 3 traditional norms of gender roles?

Activity 2：场景模拟测试，探测当具备某种特征的群体被区别对待时，学生会持有怎样的态度和反应。

Suggest saying that all students who are wearing blue today will not be allowed to go to recess. Explain that it is a new campus policy and aim to provoke a reaction. Then ask students to share their feelings with the whole class.

How do you feel when you are labelled and treated differently?

Step 2：Understand（解析和对比基本概念，通过词汇练习和小组讨论深化理解）

Activity 3：运用实例讲解核心概念及其内在关联。

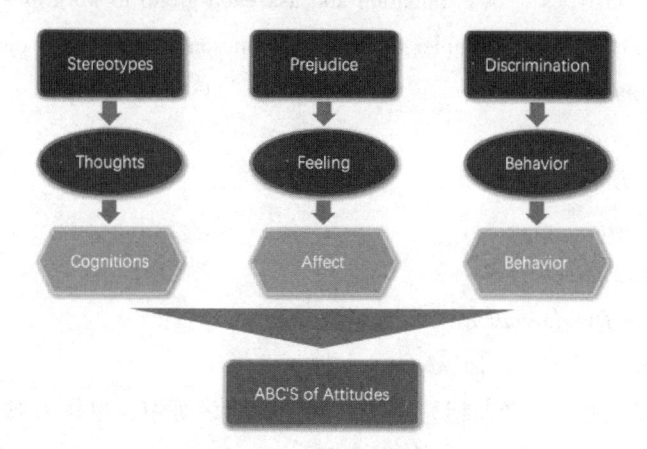

主概念与 ABC 态度模型对应图

Activity 4：词汇填空练习，巩固对概念的理解。

Racism　　Stereotype　　Prejudice　　Discrimination

✓ _____ refers to an unjustified or incorrect attitude (usually negative) towards an individual based solely on the individual's membership of a social group.

✓ _____ is a fixed, over generalized belief about a particular group or class of people.

✓ _____ refers to unfair treatment of a person, racial group, minority, etc.

✓ _____ is any policy, practice, belief, or attitude that attributes characteristics or status to individual based on their race.

Activity 5：观点讨论，进一步巩固对刻板印象的理解。

To what extent do you think each statement is true?

✓ French people are romantic.

✓ Old people are incompetent.

✓ All African Americans are good basketball players.

✓ Mexicans are never on time because they are lazy.

✓ Chinese students are good at math.

✓ Women are bad drivers.

✓ Girls should play with dolls and boys should play with trucks.

✓ All blonde women are dumb.

Activity 6：小组讨论和观点分享，认知歧视的不同类型。

List different types of discrimination and ask each group to work on one of them, using words, imagery and examples to create a definition of that type of discrimination.

Age Discrimination

Religious Discrimination

Disability Discrimination

Gender Discrimination

Career Discrimination

Appearance Discrimination

Racial/Ethnic/Color Discrimination

Activity 7：观看《老友记》选段，既作为听说练习，也作为案例语料，组织学生讨论 Ross 对 male nanny 的态度和行为。

"The One with the Male Nanny" (a scenario of gender discrimination)

➢ Watching & Reflecting

➢ Explore students' attitudes towards a male nanny.

Step 3：Explore（结合案例，深入探究刻板印象、偏见、歧视对交际的影响）

Activity 8：阅读案例+视频观看。视频内容贴近案例内容，按照内容板块分段讨论。

Para. 1-5 The author's experiences and feelings about colorism

Video (0：00-0：48)

Q：What makes the interviewees feel strongly frustrated?

Para. 6-7 The past and present of colorism

Video（0：48-1：10）

Video（1：10-3：30）

Q：Could you retell any story of discrimination based on what you have heard?

Para. 12-16 Ways of addressing colorism

Video（3：31-4：55）

Q：How do those interviewees confront colorism and fight discrimination?

Step 4：Challenge（在前序步骤认知和理解的基础上，探讨交际策略，引入文化包容力和文化同理心的概念）

Activity 9：小组讨论，分享自身经历和应对策略。

Share with us an incident where you felt stereotyped or discriminated against. Describe your feelings and how you managed to solve the problem.

➢ Do you think colorism only exists among black people or is also present in other ethnic groups?

➢ Share with us an incident where you felt discriminated against or stereotyped. Describe your feelings and how you managed to solve the problem?

Activity 10：Ted Talk "Respecting the differences between people"

Discussion：Could you summarize the key messages from the speaker?

听取学生观点，推进对 cultural diversity 和 cultural empathy 的探讨。

课后作业：包括小组任务清单和对其他组新闻报道的反馈表单，目标是串联"感知—理解—探究—解决"各个环节。

1. Select a piece of news about an act of discrimination from newspaper.

2. Work in role of a journalist and prepare a live TV news report. Assign roles to each member of the group based on the following writing frame.

Reporter 1-Catchy introduction

Reporter 2-What discrimination is happening?

Reporter 3-What has been the consequence of this discrimination?

Reporter 4 - What action has been taken or what recommendations would you make?

3. Present the live TV news report to the whole class.

Peer Assessment

Complete your worksheet by recording：

➢ *Summary*
➢ *Name of discrimination*
➢ *Actions*
➢ *Consequences*

Q: Why was the behavior wrong? And how could it be tackled?

案例二：文化自信
"英语演讲与技巧"课程思政教学案例

江 妍

1. 案例素材来源

1.1 课文材料：Public Speaking and Intercultural Communicative Competence。
听力材料：Cultural Programs and the 2008 Olympic Games。

《演讲的艺术》第十三版（中国版），Stephen E. Lucas 等主编，外语教学与研究出版社，2020年出版。

本案例选用课文材料为来源教材中的"Chapter 1 Speaking in Public"；听力材料为来源教材中的"Appendix：Speeches for Appreciation and Analysis"部分。

1.2 补充材料：北京申办2022年冬奥会杨澜英语陈述。

2. 课程思政融入点说明

2.1 文化自觉与文化自信

文化自觉是对文化的自我觉醒、自我反思和理性审视，是指生活在一定文化历史圈子中的主体对自己的文化应该有自知之明，既清楚长处，也了解短处，同时也要了解和认识其他文化，处理好本土文化与外来文化的关系。我们必须坚持文明互鉴、开放包容的方针，以我为主、为我所用，取长补短、择善而从，既不简单拿来，又不盲目排外，吸收借鉴国外优秀文明成果，积极参与世界文化的对话与交流，不断丰富和发展中华文化。

文化自信是主体对自身文化的认同、肯定和坚守。没有深刻的文化自觉，就不可能有坚定的文化自信。中国人民的文化自信是在文化自觉的过程中逐渐建立起来的，是对中华文化的高度认同和充分肯定。大学生要深刻认识自己的文化根源与价值观，理解文化对个体思维和行为方式的影响；在跨文化环境中自信得体地表达观点,并通过不断自我审视来提升自我。

2.2 跨文化沟通能力

优秀的大学生要能够恰当有效地以至少一种外语进行口头表达,能够与不同文化背景的人友好互动和交流;具有合作精神和协调能力,能够与国际同行深入探讨专业话题,并通过语言理解、欣赏不同的文化内涵。要保持好奇和开放的心态,尊重文化差异,具有跨文化同理心;坦然面对不确定性,适时调整自己的情感与行为。善于化解冲突与矛盾,能够在跨文化团队中发挥积极作用。

3. 教学使用方法和步骤

3.1 适用范围

本案例适用于英语演讲课程。在分析演讲内容、语言与表达技巧的同时进行思政教育。

3.2 使用方法

Step 1: Read the text and answer the following questions:

1) What is the difference between intercultural communicative competence and traditional communicative competence?

2) What should we do when talking to a cross-cultural audience?

3) How should we deal with Chinese history and cultural heritage when speaking in cross-cultural situations?

Reference answers:

Answer to Question 1:

Compared to traditional communicative competence, intercultural communicative competence requires awareness and skills for speakers to communicate in an interdependent, culturally diverse world.

Answer to Question 2:

- Avoid words or phrases that might cause misunderstanding.
- Use supporting materials that are relevant to the listeners.
- Show respect for the listeners' cultural values and expectations.

Answer to Question 3:

- Never devalue our own culture.
- Refer to Chinese history and cultural heritage whenever appropriate.
- We should combine our Chinese heritage and English public speaking skills to maximum advantage.

158

Step 2: Watch Yang Lan's speech "Cultural Programs and the 2008 Olympic Games", and analyze this speech in light of the above criteria:

1) What supporting materials that she used are considered relevant to the listeners?

2) What examples can you find that show combination of Chinese heritage and English public speaking skills?

Reference answers:

Answer to Question 1:

At the end of the speech, she used the story of Marco Polo's journey to Asia and quoted his words to support her point. Marco Polo is a well recognized merchant and adventurer in the west, so the audience would find this story familiar and convincing.

Answer to Question 2:

At several places, she mentioned Chinese cultural heritages while also offering explanation, to help listeners to understand better. Such as: (1) …play a game called *cuju*, which is regarded as the origin of ancient football. (2) …the world's highest summit, Mount Qomolangma, which is known to many of you as Mount Everest.

Step3: Watch another speech made by Yang Lan in support of 2022 Winter Olympic bidding. Analyze her delivery skills (e.g., use of voice, use of body language). Note two techniques of delivery used by her that you might want to try in your next speech.

Reference answers:

Speech delivery involves using the voice and body to convey the message. Effective delivery conveys the speaker's ideas clearly and engagingly.

Use of voice: Her English pronunciation was pitch-perfect. She articulated words crisply and distinctly, and had a good vocal variety, i.e., she varied her speaking rate, pitch, and volume to give the voice interest and expressiveness.

Use of body language: She appeared confident and elegant. She looked at the audience personally and pleasantly, and established eye contact with every section of them. She used a mixture of hand gestures to highlight important information.

注：本文受上海市浦江人才计划资助（项目编号：2020PJC069）。

案例三：文化认同
"大学英语"（2）课程思政教学案例

吴 颉

1. 案例素材来源

1.1 课文材料

《新视野大学英语读写教程》补充自编课文"To Kiss or Not to Kiss? That Is the Question"。

Paragraph 1-3:

Never shall I forget the first time I met my ex-boyfriend's mother—a 50-year-old English lady with a well-kept perm, giving me a suspicious stare over the rim of her glasses. I briskly stepped out with my hand outstretched and ready to give her my Dutch three kisses—right, left, right. However, after my first kiss I noticed a considerable change in her body language—as I was nearing her enthusiastically, she all of a sudden froze, and I held a limp woman in my arms. Embarrassed, I stopped half-way through, my second kiss trailing in the air, trying to make up for the awkward situation by grasping her hand even more firmly, while trying to smile a reassuring smile that ended up not being seen by her averting eyes.

In sharp contrast with this situation is the moment I met my husband's mother, years later—a small, cheerful and expressive Colombian woman. As I approached her with my outstretched hand, ready to shake hers firmly and plant three kisses on her cheeks, she swept me off my feet, embraced me passionately, held my face between her hands and placed a long lingering kiss on each cheek, while murmuring phrases I could not understand.

Why does an English woman freeze when a Dutch woman tries to kiss her? Why does a Dutch woman feel intimidated by a Colombian lady's passion? Why does the kiss have different meanings in different cultures?

1.2 补充材料（1）

The quotes from《礼记》

1）修身践言，谓之善行。行修言道，礼之质也。

2）今人而无礼，虽能言，不亦禽兽之心乎？

3）礼尚往来。往而不来，非礼也；来而不往，亦非礼也。人有礼则安，无礼则危。故曰：礼者不可不学也。

1.3 补充材料（2）

The East and West Cultural Difference (the attached video clip of the fish experiment)

1.4 补充材料（3）

TED Talk：Cultural Difference in Business

2. 课程思政融入点说明

2.1 问候礼仪

问候礼仪是人们在日常交际过程中逐渐形成的一种文化表现现象，有着漫长的形成过程，也是一个国家、地方文化价值观、风俗人情习惯的体现。中国文化的特质是"礼"。它的作用体现在提升个人道德修养和培养民族精神两方面。《礼记》为中国古代一部重要的典籍，文字生动流畅，字里行间无不体现中华礼仪之美！

2.2 中西文化差异

为了帮助学生了解中西文化差异，我们补充了一个跨文化视角的 the fish experiment 的视频，从中可以看出两种不同的文化模式。视角的差异来自文化中的核心价值观的差异。中国文化的核心思想讲究的是万物和谐，包括人和人、人和事、人和物的和谐共处，而西方价值观是倡导自由、解放天性、强调个体。

2.3 文化认同感

Ted Talk "Cultural Difference in Business" 是从一个西方人来到中国的亲身经历和视角来直观感受中国文化。中国文化中的浓浓人情、耐心、崇尚和谐共处的特点给她留下了深刻而美好的印象。她乐于借助 Ted Talk 的平台，向西方人讲解中国文化中不太容易被理解的地方，比如关系、面子，并且奉劝他们去中国亲身体验一下中国文化。学生透过西方人的眼光，反观中国文化，从而加深自己的文化认同感。

3. 教学使用方法和步骤

3.1　适用范围

本案例适用于主题为 cultural differences 的听说/读写课程。

3.2　使用方法

Step 1：学生阅读 Paragraph 1-3，回答下列问题。

1) Why does the author share with us her two kissing experiences?

2) How do people in Asian countries greet each other?

Reference answers：

Answer to Question 1：

The author uses her personal experiences to create a sharp contrast about different responses to kissing in different cultures. The British lady is reserved, who doesn't like being kissed in public while the Dutch woman meets her with three Dutch kisses. The most welcoming woman is the Columbian woman, who not only embraces her daughter-in-law passionately but gives her a long, lingering kiss on the cheeks. Kissing is a greeting etiquette acknowledged in some cultures, but it has different meanings in different cultures.

Answer to Question 2：

In Thailand, people bring their hands together in a prayer gesture and give a slight bow or nod of the head while saying hello or goodbye. In Japan and South Korea, people perform a bow by bending from the waist with their back straight and eyes down. There are lots of different etiquette rules that go into the bow, including the depth and duration of the bow. A deep bow is usually kept for formal settings, so an informal bow is perfectly acceptable on informal occasions. In China, bowing is usually practiced for very formal events such as weddings, funerals or other ceremonies. We usually shake hands as a greeting. But remember to keep it light and don't shake too firmly as it is seen as a sign of aggression or rudeness.

Step 2：中译英。学生尝试翻译《礼记》里的句子，铭记"礼"为先，"德"为本。

1) 修身践言，谓之善行。行修言道，礼之质也。

2) 今人而无礼，虽能言，不亦禽兽之心乎？

3) 礼尚往来。往而不来，非礼也；来而不往，亦非礼也。人有礼则安，无礼则危。故曰：礼者不可不学也。

Reference answers:

To cultivate one's person and fulfil one's words is called good conduct. When the conduct is (thus) ordered, and the words are accordant with the (right) course, we have the substance of the rules of propriety.

Here now is a man who observes no rules of propriety; is not his heart that of a beast?

What the rules of propriety value is that reciprocity. If I give a gift and nothing comes in return, that is contrary to propriety; if the thing comes to me, and I give nothing in return, that also is contrary to propriety. If a man observes the rules of propriety, he is in a condition of security; if he does not, he is in one of danger. Hence there is the saying, "The rules of propriety should by no means be left unlearned."

Step 3：听说训练

学生观看 cultural difference 视频，回答下列问题（通过观看视频和回答问题，加深学生对文化差异的理解）：

1) What is culture?

2) What is the experiment on fish used to show?

3) What are the two modes of being?

Reference Answers:

1) Culture is all of these things and more. Beyond rituals dances and dialects. It is very scaffolding of our psyches. How we think, what we feel, how we relate to others, and who we think we are all depend on the culture around us.

2) The experiment is to study how people from East Asia and North America interpret behaviors differently.

3) The independent mode of being can be seen most clearly in the United States and Western Europe; the interdependent way is more characteristic of East-Asian societies.

Step 4：听说训练

学生观看 TED Talk，分组讨论回答下列问题（通过观看视频和分组讨论回答问题，使学生进一步加深对文化差异的理解，尤其是对中华文化里"关系" "面子"这些概念正面理解的重要性，感受文化自信与民族自豪之情）：

1) Why does the speaker believe that the world of Chinese people is so different from that of Westerners?

2) Despite the fact that Chinese people don't express their feelings frequently as

Westerners do, what matters most to them?

3) What is Confucius' philosophy focused on?

4) What's the requirement referred to as to keep relationships in China?

5) Why does the speaker use the example of her Chinese colleagues and friends who visit their senile elderly teachers for tea every Sunday?

6) What concepts are considered to be of major importance in Chinese culture?

7) What impression did the speaker have of her trip to Tai Shan in 2000?

8) Why is "miànzi" so important in Chinese culture?

9) What insights into Chinese culture does the speaker gain?

Reference Answers:

1) Because their world is so different from ours: the way people behave; the way people interact.

2) For Chinese, warm relations are very important.

3) Confucius' philosophy emphasizes personal and governmental morality, correctness of social relationships, just sincerity.

4) In China, if you want to maintain your relationship there's one requirement referred to as reciprocal favor. "Rénqíng" in Chinese.

5) To indicate that this is for them a way to repay for what they have once received years ago.

6) Concepts like "Yin and Yang", "Feng Shui" and "harmony" (Hé) in Chinese.

7) "I really believe if we'd manage to sometimes put our impatience aside and really wait and see what would come across and if you are open to the approach of Chinese then much more beautiful things come to you."

8) Face, reputation, "miànzi" in Chinese really determines a person's position in a social network.

9) To have a long-term view, to be patient, to be open and to be a good listener.

案例四：环保意识
"大学英语"（4）课程思政教学案例

顾　凯

1. 案例素材来源

1.1　课文材料

《高起点大学英语读写教程2》，赵晓红主编，上海交通大学出版社，2016年12月出版。

Unit 6 Text A：The Venus Syndrome

1.2　补充材料

纪录电影 *An Inconvenient Truth*

2. 课程思政融入点说明

环保意识和社会责任感

气候变化是当前最重大的全球性问题之一，给全球经济社会发展和人民生活带来了深入而广泛的影响，受到国际社会的关心和重视。我国在应对气候变化方面做出了不懈努力和突出贡献，从国际气象合作到人类命运共同体，展现出负责任大国的作为和担当。作为新时代的大学生，首先应该了解我们现在所面临的这些气候问题以及解决这些问题的重要性和迫切性，养成正确的资源节约和理性消费习惯，形成绿色低碳、节能减排的生活方式。比如，大学生们应该从自身做起、从小事做起，养成随手关电器、绿色出行等好习惯，践行低碳生活方式，为实现碳中和做出力所能及的贡献。同时可发挥知识优势，倡议、组织与气候变化相关的活动，帮助普及和提高社会认知，从而带动更多人为实现双碳目标共同努力。

3. 教学使用方法和步骤

3.1　适用范围

本案例适用于主题为 global warming、climate change 或者 environmental protection 的听说课程。

3.2 使用方法

Step 1：请学生回答下列问题

1) What is global warming?

2) What factors have contributed to global warming?

3) What are the consequences of global warming?

Step 2：听说训练

1) 让学生观看纪录电影 An inconvenient truth 的以下片段，边听边记笔记。

2) 根据笔记内容做 group presentation。将学生分成 9 组，可以在观看片段前就让学生抽签分好组，或者看完 9 个片段之后再分组。

3) 指导学生整合笔记内容，准备 presentation；引导最后一组同学思考大学生如何从 reduce、reuse 和 recycle 三个方面去应对气候问题，践行低碳生活方式，并给出建议。

- I. What is Global Warming (8：56-11：43)
- II. Consequences of Global Warming
    - 1. Catastrophe (36：51-39：02)
    - 2. Melting of the Arctic ice cap (43：07-45：53)
    - 3. Invasive exotic species & Diseases (52：09-54：17)
    - 4. Sea level rise (58：57-1：01：06)
- Ⅲ. Factors causing the collision between our civilization and the earth
    - 1. Population (1：03：35-1：05：05)
    - 2. Scientific and technological revolution (1：05：18-1：06：58)
    - 3. Our way of thinking (1：08：32-1：09：34)
- IV. How to combat Global Warming (1：29：06-1：33：00)

Reduce　　Reuse　　Recycle

Step 3：翻译训练

读《中国应对气候变化的政策与行动》白皮书（Responding to Climate Change：China's Policies and Actions）相关内容，并翻译以下句子。

1. 中国将提高国家自主贡献力度，采取更加有力的政策和措施，二氧化碳排放力争于 2030 年前达到峰值，努力争取 2060 年前实现碳中和。

China would scale up its NDCs by adopting more vigorous policies and measures, strive to **peak CO2 emissions** before 2030, and achieve **carbon neutrality** before 2060.

2. 中国秉持**创新**、**协调**、**绿色**、**开放**、**共享**的新发展理念，加快构建新发展格局。

China pursues a philosophy that development must be **innovative**, **coordinated**, **green**, **open and shared**, and accelerates the pace in creating a new development dynamic.

3. 从"光盘行动"、反对餐饮浪费、节水节纸、节电节能，到环保装修、拒绝过度包装、告别一次性用品，"绿色低碳节俭风"吹进千家万户。

Tens of thousands of households are practicing thrift through actions such as saving food, water, paper, and energy, choosing eco–friendly materials for home decoration, and saying no to over-packaging and disposable products.

4. 加大温室气体排放控制力度的举措

Measures to tighten Control over Greenhouse Gas Emissions

1) 有效控制重点工业行业温室气体排放。

Controlling greenhouse gas emissions in key industries.

2) 推动城乡建设领域绿色低碳发展。

Promoting green and low-carbon development in urban and rural construction.

3) 构建绿色低碳交通体系。

Developing a green and low-carbon transportation system.

4) 推动非二氧化碳温室气体减排。

Reducing non-carbon dioxide emissions.

案例五：生态文明
"大学英语"（4）课程思政教学案例

何　琼

1. 案例素材来源

1.1　课文材料

《高起点大学英语读写教程2》，赵晓红主编，上海交通大学出版社，2016年12月出版。

Unit 6 Text A：The Venus Syndrome

Paragraph 2

Dr. Hansen's most recent warnings are not for the faint of heart. New findings on how sensitive the Earth's climate is to carbon dioxide have led him to conclude that <u>the process of runaway climate feedbacks that happened on our sister planet Venus is not only possible on the Earth, but virtually guaranteed if humanity continued its project of transferring our planet's stored carbon to the atmosphere.</u>

1.2　补充材料（1）

Leading with action：China in the fight for carbon-neutral future（CGTN 报道）

Chinese President Xi Jinping said climate change should not be used as a bargaining chip for geopolitical gain or an excuse for trade barriers. He was speaking at a virtual summit with leaders of France and Germany and he said that China's committed to achieving peak carbon emissions by 2030 and carbon neutrality by 2060. The three leaders agree that China and EU should improve communication on climate policy and green development and that the Paris Agreement should be fully implemented.

1.3　补充材料（2）

China's path to carbon neutrality by 2060（CGTN 报道）

报道结构如下：

开头：When China announced it would work towards achieving carbon neutrality by 2060, many saw it as nothing short of earth-shattering in the global fight against climate change.

正文：Why? China is the world's largest emitter of carbon dioxide…

Then, can China achieve its ambitious goal? This surely will be no easy task…

But how? The emissions of China's carbon dioxide can be traced to five main sectors: energy, manufacturing, transportation, agriculture and construction.......

结尾：China's path to realizing its 2060 carbon neutrality goal will not be an easy ride. However, this long-term goal is an indication of China's great commitment to a green transition. Although the goal is 40 years down the road, the efforts need to begin today.

1.4 补充材料（3）

Sustainable Development Goal 7-Ensure access to affordable and reliable energy

2. 课程思政融入点说明

2.1 中国致力应对全球变暖，建设生态文明

大学英语课程受众学生量大面广，在立德树人方面有天然优势。其教学目标主要是提高学生的英语运用能力，与此同时，也应借助输入语料让广大学子们更好地了解国家发展和全球形势，助力培养具有家国情怀、全球视野、专业本领的有用人才。本教学案例以此思政目标为出发点设计了相关的听说任务。

从短新闻中可知中国碳排放目标：China's committed to achieving peak carbon emissions by 2030 and carbon neutrality by 2060。这就是中国政府遵守气候条约《巴黎协定》而作出的郑重承诺，也是正确处理我国经济发展同生态环境保护关系的最佳战略。为此，我们要推动绿色发展、循环发展、低碳发展，为保护全球生态环境做出积极贡献。走向生态文明新时代，建设美丽中国，也是实现中华民族伟大复兴的中国梦的重要内容。

习近平总书记多次强调"生态环境保护是功在当代、利在千秋的事业"，要清醒认识加强生态文明建设的重要性和必要性，保护生态环境、应对气候变化（全球变暖）、维护能源资源安全是全球面临的共同挑战，中国将继续承担应尽的国际义务，同世界各国深入开展生态文明领域的交流合作，携手共建生态良好的地球美好家园。

2.2 各国遵守气候条约《巴黎协定》，加强合作和对话，构建人类命运共同体

《巴黎协定》是继1992年《联合国气候变化框架公约》、1997年《京都议

定书》之后，人类历史上应对气候变化的第三个里程碑式的国际法律文本，由全世界 178 个缔约方共同签署。2016 年 4 月 22 日，中国在《巴黎协定》上签字。同年 9 月 3 日，全国人大常委会批准中国加入《巴黎气候变化协定》，成为完成了批准协定的缔约方之一。《巴黎协定》的长期目标是将全球平均气温较前工业化时期上升幅度控制在 1.5 摄氏度以内，并努力将温度上升幅度限制在 2 摄氏度以内。2021 年 11 月 13 日，联合国气候变化大会（COP26）在英国格拉斯哥闭幕。经过两周的谈判，各缔约方最终完成了《巴黎协定》实施细则。国际社会强有力的支持不仅证明了需要对气候变化采取行动的紧迫性，而且显示出各国政府一致认为应对气候变化需要强有力的国际合作。各国政府及社会各界应全面执行《巴黎协定》，立即采取行动减少温室气体排放，增强对气候变化的应对能力。

根据《巴黎协定》要求，欧美等发达国家继续率先减排并开展绝对量化减排，为发展中国家提供资金支持；中印等发展中国家应该根据自身情况提高减排目标，逐步实现绝对减排或者限排目标；最不发达国家和小岛屿发展中国家可编制和通报反映它们特殊情况的关于温室气体排放发展的战略、计划和行动。只有全球尽快实现温室气体排放达到峰值，21 世纪下半叶实现温室气体净零排放，才能降低气候变化给地球带来的生态风险以及给人类带来的生存危机。

我国设定的碳达峰和碳中和目标完全符合协定要求，虽然从碳达峰到碳中和时间非常短，任务艰巨，但是我国参与国际事务一如既往本着积极合作谋求共赢的态度，和其他国家一起共同履行减排贡献，建立、呵护地球生态，确保人类发展的命运共同体。

3. 教学使用方法和步骤

3.1 适用范围

本案例适用于主题为 environment protection/ global warming 的听说课程。

3.2 使用方法

Step 1：播放补充材料（1），学生回答问题。

1) What is the news mainly about?

2) What are the commitments made by China about carbon emissions?

Reference answers：

1) Chinese President Xi Jinping had a virtual summit with leaders of France and Germany on climate change.

2) China's committed to achieving peak carbon emissions by 2030 and carbon

neutrality by 2060.

Step 2：播放补充材料（2），学生完成大纲填写练习。

Watch the CGTN report "China's path to carbon neutrality by 2060" and fill in the outline below.

I. Why is China's carbon ambition considered "earth-shattering"?
_____

II. What is the status quo? _____

A. Achievements accomplished：_____

B. Challenges to be confronted with：_____.

III. How to achieve the goal?

Five main sectors：_____

A. _____;
B. _____;
C. _____;
D. _____;
E. _____.

Reference answers：

I. China being the world's largest emitter of carbon dioxide, a significant part of the global fight against climate change hinges on China's actions.

II. Achieving the ambitious goal will be no easy task.

A. As of 2019, China's installed solar and wind power capacities accounted for a third of the world's respective totals. / Constructing more nuclear power plants than any other country in the world. / The world's largest manufacturer and seller of electric cars and buses.

B. Fossil fuels make up 85 percent of China's energy consumption. / Coal alone accounts for 60 percent of China's energy consumption while the global average is around 30 percent.

III. energy, manufacturing, transportation, agriculture and construction

A. Dramatically increase its use of renewable energy over the next decades, (transforming its current energy structure);

B. Technology is to play an essential role (ranging from improving energy efficiency, reducing or even removing greenhouse gases emissions in various sectors, to changing where carbon dioxide is emitted);

171

C. The government is to implement policies to incentivize individuals and businesses to reduce their own carbon footprint while injecting capital.

Step 3：观看补充材料（3），引导学生分组讨论。

Question：How to make a difference in achieving carbon neutrality as an individual?

提示：从学习生活社会等方面集思广益，亦即详述简约适度绿色低碳生活方式，比如植树、节省能源、垃圾分类、少用塑料袋等。(planting trees, cycling or walking, public transport, garbage sorting, less use of plastic bags, etc.)

案例六：责任使命
"大学英语"（3）课程思政教学案例

覃黎洋

1. 案例素材来源

1.1 课文材料《高起点读写教程》

《高起点大学英语读写教程1》，赵晓红主编，上海交通大学出版社，2016年9月出版。

Unit 1 Text A：Convocation Address to the Class of 2016

Paragraph 8

This is one of the most important messages I can convey to you as you begin your time here. For it bears not just on how you will define success during the next four years, but on what it means to be a successful human being. Harvard probably felt like a very safe choice when you were deciding where to spend your undergraduate years, <u>a kind of "personal success insurance policy"</u>, as one student put it. But I want you to know that Harvard is safe for a very different reason. <u>It is safe because for the next four years we are here to help you become comfortable with being uncomfortable. One of the reasons why you are here is because we recognized your capacity for leaving your comfort zones.</u>

1.2 补充材料（1）

2021耶鲁大学校长开学演讲（2021 YALE Convocation Address）

1.3 补充材料（2）

Disrupting My Comfort Zone

1.4 补充材料（3）

Youngest to sail world returns home

2. 课程思政融入点说明

2.1 教学内容对应具体思政目标

本单元作为一年级新生的第一课，注重引导学生不断去挑战自己的使命和愿景；鼓励学生不断去扩充自己的知识疆界；鼓励学生珍惜大学的学习时光，好好为未来谋划。补充材料（1）结合本单元教学内容，选取耶鲁大学校长 Peter Salovey 在 2021 年耶鲁大学新生入学典礼上追问学生的一个问题："当世界身处一片火海，年轻人读书求学的意义何在？"教学过程对应《上海交通大学专业课程思政目标对应表（试行）》思政目标 A5（胸怀天下，以增进全人类福祉为己任），培养学生的人类情怀、世界胸怀，将"中国梦"与"世界梦"紧密相连，汲取人类文明精华，为世界谋进步、为人类谋福祉，积极承担构建人类命运共同体的责任与使命。教育引导学生增强使命责任，关注如"气候变化""人类健康""全球治理""可持续发展"等人类重大挑战，树立破解人类发展难题的远大志向，孕育新思想、产生新理论。演讲材料通过小故事启发学生，年轻人在向外寻求改变社会，影响世界的机会之前，必须先提升自身修为，从改变自己开始。学生应该趁象牙塔时期，充分利用大学提供的学习、师资、校友等丰富资源，不断充实和提高自己，储备以后面对世界解决棘手问题的知识和历练。

2.2 教学主题围绕学生人格培养

在人格养成方面，三个补充材料的主题"leaving one's comfort zone"主要契合思政目标的 D1（刻苦务实，意志坚强）和 D2（努力拼搏，敢为人先）：教育学生刻苦学习、求真务实，在艰苦奋斗中锤炼意志品质；引导学生勇于实践，树立正确的挫折观，在实践中增长智慧才干；培养学生有敢为人先的锐气，勇于挑战自我，勇于走出自己的"舒适区"，敢于批判与质疑，不断创新创造。

3. 教学使用方法和步骤

3.1 适用范围

本案例适用于主题为"leaving one's comfort zone"的听说/读写课程。

3.2 使用方法

Step 1：学生仔细阅读课文 Paragraph 8，结合选听 2021YALE 开学演讲（补充材料 1）片段（有字幕，核心内容大约在 8：08-9：46 位置），请学生思考演讲的主题：

Where then is the purpose which makes learning supportable when the world is on fire?（当世界身处一片火海，年轻人读书求学的意义何在？）

随后与课文演讲内容对比，讨论以下问题：

1）Why both presidents mention "leaving your comfort zone"?

2）What is the meaning of "leaving your comfort zone"? Can you give some specific examples?

Step 2：听一段关于 Disrupting My Comfort Zone 的 NPR 新闻（补充材料2）请学生复述新闻里的故事，理解和体会走出"舒适区"的个人的心路历程感受。

Reference answers：

The speaker was 45 years old when he decided to learn how to surf, because he believed in disrupting his comfort zone. When he started in the entertainment business, nobody could give him a job or a deal, so he started calling up experts in various fields. Their response wasn't always friendly, and the results weren't always pleasant. The speaker took those unpleasant as chances to learn something from them. After 30-years hard working, he had produced more than 50 movies and 20 television series. The speaker was successful and well-known. The speaker gave the answer to the question of why he continued to subject himself to this sort of thing: disrupting his comfort zone, bombarding himself with challenging people and situations. He thought this was the best way to keep growing. So the speaker did not mind if he could become the best surfer. The discomfort, the uncertainty, the physical and mental challenge were precisely the things that kept him moving on.

Step 3：观看补充材料（3）的线上访谈，记下访谈对象 sailor 的主要信息（详见以下笔记大纲），并结合自己的实际情况谈谈如何跳出自己的"舒适区"。

Note-taking outline：

1) Some Information about the youngest sailor circumnavigating the globe

Name：_____   Age：_____

i. Where to set off：_____

ii. Distance covered：_____ miles

iii. Time spent：_____ months

iv. The biggest challenge：_____

v. Average time of sleep：_____

2) Other Things he is looking forward to next：

i. _____

ii. _____

Reference answers:

1) Name: Mike Perham   Age: about 16 years old

i. England

ii. 30,000

iii. 9

iv. being completely alone.

v. 4 hours

2) i. going to college

ii. finding/meeting next bigger challenge—probably involving sailing

案例七：科技发展
"大学英语"（2）课程思政教学案例

韦瑶瑜

1. 案例素材来源

1.1　音频材料：Science and technology innovations in China

1.2　音频材料：Chinese scientists bag all Chemistry accolades in New York Awards

1.3　视频材料：A young scientist talking about his invention

2. 课程思政融入点说明

2.1　了解中国在科学技术发展方面采取的措施和取得的重大成就

中国始终高度重视科技创新，将科技独立和发展作为首要任务，中央政府出台了推动科技创新相关政策，为我国科技进步提供了强劲的保障。

中国在科学技术发展方面取得了令世界瞩目的成就。"两弹一星"项目、北斗导航卫星系统和探月计划都转化为国家的硬实力，杂交水稻、新药开发和高铁网络提高了人们的生活水平，国产手机、5G网络以及量子信息等领域的突破向世界展示了中国的创造力和研发能力。2021年，中国成为世界第二大研发支出国，专利和申请的国际专利数量位居世界第一。此外，中国在国际上发表的与科技相关的论文和引文数量上也居世界前列。所有这些，加上价值近9800亿美元的高科技产品出口，使中国成为世界的科技骨干。中国现已成为科技强国，许多科技已经达到世界领先水平。学生了解中国在科学技术发展方面采取的措施和取得的重大成就，有助于其提高民族自豪感和自信心。

2.2　了解中国年轻科学家发挥的越来越大的作用，理解国家对青年人才的重视

《中国科技人力资源发展研究报告（2020）》显示，截至2020年底，我国科技人力资源结构不断优化，39岁及以下人群约占四分之三，年轻化特点和趋

势明显。中国在很多科研项目上有向青年科技人才倾斜的政策。"十四五"首批启动的重点专项中，约八成设有青年科学家项目；各级科研机构、各地区的重大科研项目，都为青年科技人才开辟"绿色通道"。近年来，中国中青年科学家在各大国际科技大赛中频频获奖。中国一批重大科技创新成果，如"天宫"揽胜、"嫦娥"奔月、"蛟龙"入海、"天眼"探空、"墨子"传信、高铁动车、"北斗"导航、C919大型客机等的背后，都有平均年龄不到40岁的核心科研团队的勤奋身影。在实现中华民族伟大复兴的历史进程中，青年才俊正在像泉水一样奔涌而出，挑起中国科技创新的大梁，展现了当代中国青年敢于创新、勇攀高峰的精神风貌。

2.3 理解科技创新的途径：将生活中的、国家建设中的需求问题转化为技术问题，寻找科技创新的切入点

青年人在入门阶段，可以在日常生活中，结合自己的专业所长，发现问题，解决问题，实现实用的科技发明，培养科技创新思维。在进入某领域或团队后，则面向国家重大需求，从国家急迫需要和长远需求出发，着力解决国家最重大、最关键、最急需的科学技术问题。青年人要在各科研领域脚踏实地、开拓创新、一展所长、勇于探索，成为我国科技创新的中坚力量，肩负起历史赋予的科技创新重任。

3. 教学使用方法和步骤

3.1 适用范围

本案例适用于主题为 technology 的听说课程。

3.2 使用方法

Step 1：学生听音频 Science and technology innovations in China，并做复合式听写。

Science and technology innovations are always at the foundation of China's development and the growth of its national strength. The (1) ＿＿＿＿＿＿ project, the BeiDou Navigation Satellite System and (2) ＿＿＿＿＿＿ have all translated to the country's hard power; (3) ＿＿＿＿＿＿, the development of new drugs and the high-speed rail network have helped to raise people's living standards; and domestically manufactured mobile phones, the 5G network and breakthroughs in areas such as quantum information have shown to the world China's (4) ＿＿＿＿＿＿.

In 2021, China became the world's second largest R&D spender with a total R&D expenditure of 2.44 percent of its GDP, and 6.09 percent of such spending going to basic research, marking a year-on-year growth of 15.6 percent. Meanwhile, the (5) _____ of China's technology contracts exceeded 3.7 trillion yuan and the number of its domestic patents granted and of international patents filed under the Patent Cooperation Treaty ranked first worldwide. Moreover, China also leads the world in terms of the numbers of its (6) _____. All of these, together with nearly $980 billion worth of high-tech product exports, have made China (7) _____.

The 14th Five-Year Plan for National Economic and Social Development and the Long-Range Objectives Through the Year 2035, adopted at the Fifth Plenary Session of the 19th Central Committee of the Communist Party of China (CPC), both make (8) _____. Crucial and core technologies cannot be truly acquired through waiting or purchasing from others. They are only obtainable through (9) _____.

Since the 18th CPC National Congress, the central government has promoted science and technology innovations and introducing relevant policies (10) _____, which is an important reason behind the country's robust science and technology advancements for the past decade.

Reference answers:

(1) "Two Bombs, One Satellite"

(2) Lunar Exploration Program

(3) hybrid rice

(4) creativity and R&D capabilities

(5) turnover

(6) internationally published science and technology related papers and citations

(7) a science and technology backbone for the world

(8) science and technology independence and development the top priority

(9) independent R&D activities and continued investments.

(10) at a scale never witnessed before

Step 2: 学生看视频 "Chinese scientists bag all Chemistry accolades in New York Awards", 并简短回答以下问题。

1) According to Brooke Grindlinger, why were Chinese scientists able to bag all Chemistry accolades in New York Awards?

2) According to Xianweng Mao, what implication would his work have?

Reference answers:

1) An increased investment on the part of the Chinese government in the quality of high education in China as well as the increasing recognition of the importance of strategic investment in scientific research that best meet the needs of the country.

2) His work has broad implications, many of which are good for the environment. For example, his technology can help design new and more efficient particles to purify water.

Step 3：学生观看视频"A young scientist talking about his invention"，做笔记练习。

Note-taking exercises：

Attention-getter (Questions): 1) _____

Background: number of Alzheimer's patients 2) _____ by the year 2050; caring for Alzheimer's disease patients will become 3) _____

Problem：

His grandfather's 4) _____ in particular caused his family a lot of stress.

Solution：

➢ put a 5) _____ on the heel of the patient's foot

➢ send an audible alert to the caregiver's 6) _____

Reference answers：

1) What's the fastest growing threat to Americans' health? Cancer? Heart attacks? Diabetes?

2) triples

3) an overwhelming societal challenge

4) wandering

5) pressure sensor

6) smartphone

Step 4：学生选择以下话题进行小组讨论。

Discussion：

1. What can you learn from the young scientists mentioned in the above videos?

2. Have you worked on any technology to solve practical problems? If yes, share your experiences with your group members.

3. Have you joined any research team? If yes, tell us about your experiences.

4. Talk about technologies used in the following areas: household appliance, education, transportation, communication, payment, entertainment, biology, agriculture, healthcare, industry, etc. (e.g., smart phone, Wi-Fi, blue tooth, VPN, MP3, facial recognition, DNA testing, genetic engineering, social networking, 3D printing, streaming, mobile apps, self-driving cars, virtual reality, artificial intelligence, video conferencing, etc.)

➢ For what practical purposes were they invented?

➢ What benefit have these technologies brought to the world?

➢ Do you have any suggestions for the future development and use of these technologies?

案例八：道德法治
"大学英语"（2）课程思政教学案例

张雪珍

1. 案例素材来源

1.1 网上听力材料 "China's draft civil code to be submitted to NPC annual session for review"

A civil code is an "encyclopedia of the people's lives". It is the most important law covering the private sphere and deemed to be the "civil constitution" of modern society.

China's draft civil code consists of seven books, including general provisions and sections on property, contracts, personality rights, marriage and family, inheritance, and torts.

1.2 补充材料（1）

视频文本常用词讲解材料

1.3 补充材料（2）

五个道德楷模典范材料，选自《新理念英语口语互动教程》（张雪珍主编，上海交通大学出版社，2010年2月）

2. 课程思政融入点说明

2.1 提升学生法治思维和法治意识

我国民法典是"社会生活的百科全书"，是市场经济的基本法，是民事权利保护的宣言书，是新中国民事立法的集大成者，它的颁布在我国法治建设历史上具有里程碑意义。本案例以"民法"这一与人民群众最密切相关的法律为切入点，教学过程中有机融入法治思维、法制理念、规则意识等要素。同时，可以进行中外法治文化比较分析，通过课前自行观摩美国电影《民事诉讼》、课上观看我国《民法典》的视频并做相关的练习，引导学生增强制度自信、文化自信和爱国情怀。

2.2 引导学生领悟道德与法律的辩证统一

本案例围绕"道德与法律"主题挑选相关素材、组织教学内容，专门设计"以身试法"互动环节，让学生通过扮演民事法庭的各个角色，亲身感受法律的神圣和庄严，深入思考道德与法律的相互关系，引导学生进一步养成诚实守信、遵纪守法的公民人格。同时，"法治"本身是社会主义核心价值观12个关键词之一，相关教学内容可以引导学生深化理解、自觉践行社会主义核心价值观。案例中提供了道德与道德楷模的相关的练习，让学生在做练习的过程中，反思自己的日常行为，学习道德楷模的优良品质，从而形成良好的道德品行和规则意识，做一个有道德懂法制的社会主义好青年。

3. 教学使用方法和步骤

3.1 适用范围

本案例适用于主题为道德与法律的听说/读写课程。

3.2 使用方法

-课前任务

学生课前在网上观看电影 *A Civil Action*（中文名：民事诉讼），并把电影中有关道德与法律方面的表达提取出来，递交到网上教学平台 Canvas 上。

-课堂任务

Step 1：Discussion

In the movie *A Civil Action*, while the lawyer Jan pursues the truth, his money and friendship are exhausted, and he is even heavily in debt. If you were him, would you act like him? Why or why not?（电影中的律师在追寻真相的同时，金钱、友谊皆被耗尽，并负债累累。如果你是他，你会这样做吗？为什么？）

Step 2：Video watching

学生们观看题为 "China's draft civil code to be submitted to NPC annual session for review"（中国民法典草案将提交全国人大年会审议）的视频。

1) 学生做视频的复合式听写练习。

2) 挑选视频文本中的一些常用词进行讲解，例句尽量把课程思政融入其中。

3) 分组翻译练习：3~4人一组，每个小组负责将下列有关《民法典》的句子翻译成英语，然后向全班同学大声朗读该组的翻译。

Group 1：经过五年多的工作和社会的共同努力，《民法典》终于得以制定，实现了几代人的夙愿，它体现了对人民生命和健康、财产、贸易便利、福祉和尊严的平等保护。

Group 2：《民法典》的目标是在中国共产党的领导下，在人民当家作主的条件下，建立有中国特色的社会主义法治体系。

Group 3：《民法典》的编纂将扩大公民权利的范围，形成一个更完整的公民权利体系，并完善保护公民权利和纠正侵犯公民权利行为的规则。

Group 4：更新法治所依赖的立法是国家治理体系现代化和提高其应对国家需求的能力的一个重要步骤。作为保护个人权益的最重要的法律之一，《民法典》将极大地提升中国社会公平正义的水平。

Group 5：《民法典》集中体现了中国特色社会主义法律制度成果和制度自信。在编纂过程中，立足中国实际、直面中国问题，在批判借鉴外国法学理论、制度、概念的基础上，形成了一部真正"以人民为中心"的法典。

Group 6：《民法典》的颁布，是我国经济社会不断发展、全面依法治国持续推进的生动写照，也是我国民法理论和话语体系不断发展的有力见证。

Group 7：《民法典》有整整一章专门保护人格权。它包括关于民事主体对其生命、身体、健康、姓名、肖像、名誉和隐私等权利的规定。

Group 8：中共中央总书记习近平在主持中共中央政治局集体学习会议时强调了《民法典》在中国特色社会主义法律体系中的重要地位，并指出《民法典》对于推进全面依法治国、依法保护人民利益、促进中国人权发展具有重要意义。

Group 9：中共中央总书记习近平敦促各级党和国家机关遵守《民法典》的规定，不要侵犯人民的合法公民权利，包括人身和财产权利。他补充说：政府、监督和司法机构在履行职责时应遵守《民法》，保护公民权利不受侵犯。

Group 10：中共中央总书记习近平说，《民法典》应该在公众中广泛普及，他呼吁努力鼓励人们使用它来保护他们的权利和利益，同时遵守其规定。另外，《民法典》也应该被纳入国家教育体系。

Reference answers：

Group 1：After over five years' work and with joint efforts from the society, the Civil Code has finally been enacted, realizing a long-cherished wish of several generations of people. The Civil Code embodies the equal protection of people's life and health, property, trade convenience, well-being and dignity.

Group 2：The Civil Code aims to build a socialist rule of law system with Chinese characteristics under the leadership of the Communist Party of China and under the condition that the people being "masters of the country".

Group 3: The compilation of the Civil Code will expand the scope of civil rights, form a more complete system for these rights, and refine rules for protecting them and remedying their infringement.

Group 4: Updating the legislation that the rule of law relies on is an important step in the modernization of the national governance system and improving its capacity to respond to the country's needs. As one of the most important laws on the protection of individual rights and interests, the Civil Code will give a major boost to the level of social fairness and justice in China.

Group 5: The Civil Code embodies the achievements and self-confidence of the socialist legal system with Chinese characteristics. In the process of compilation, based on China's reality and facing China's problems, a truly "people-centered" code has been formed on the basis of criticizing and drawing lessons from foreign legal theories, systems and concepts.

Group 6: The promulgation of the Civil Code is a vivid portrayal of the continuous development of China's economy and society and the advancement of comprehensively administering the country according to law. It is also a powerful witness to the continuous development of China's civil law theory and discourse system.

Group 7: The Civil Code has an entire chapter dedicated to protecting personality rights. It covers stipulations on a civil subject's rights to his or her life, body, health, name, portrait, reputation and privacy, among others.

Group 8: President Xi, also general secretary of the Communist Party of China (CPC) Central Committee, highlighted the Civil Code's important position in the socialist legal system with Chinese characteristics, adding that it is of great significance for advancing overall law-based governance, protecting the people's rights and interests in accordance with the law and promoting China's human rights development while presiding over a group study session of the Political Bureau of the CPC Central Committee.

Group 9: President Xi urged Party and state organs at all levels to follow provisions in the Civil Code and not to infringe the people's legitimate civil rights, including personal and property rights. He added that government, supervisory, and judicial agencies should adhere to the Civil Code when performing their duties and protect civil rights from infringement.

Group 10: The Civil Code should be popularized extensively among the public, President Xi said, calling for efforts to encourage people to use it to protect their rights and interests and follow its provisions at the same time. In addition, the Civil Code should also be included in the national education system.

Step 3: Role play: A Brush with the Law (以身试法)

6~7名学生为一组，每组学生仔细研究以下5个校园案件中的一个案件，然后进行法庭角色扮演。每组一名学生扮演原告，一名扮演被告，两名学生分别扮演他们的律师，一名扮演法官，另外一到两名学生扮演陪审团。

Case1: Bike Thieves

Last month, my bike was stolen at a university. Naturally, the first thought that came into my mind was to inform the school. And so I did. But the school security official told me it was quite common to lose bikes on campus. When you lose it, you will never get it back. And the thieves are usually the students in the school. I was once a college student so I know that it is common to lose bikes on campus. To steal a bike for a student's own use has become an open secret. Some even find it a convenient way to earn money. After all, the stealing process is quite simple. It seems to be a piece of cake for those talented college students. The school security office just turns a blind eye to them. When can those thieves be brought to law?

Case 2: Plagiarism (剽窃) Charge: PhD Cancelled

It is reported that Nankai University cancelled the certificate of a PhD degree holder who graduated from this school two years ago on account of plagiarism.

The Inquiry Committee of this university had found that 85% of the thesis submitted two years ago to be plagiarized from previous researchers' work. The inquiry revealed startling similarities in viewpoints and organization between this thesis and other researchers' papers. Even certain sentences were lifted from the published papers.

The President of Nankai University said disciplines must be observed and corruptions must be punished, which is critically important for the healthy development of Nankai University.

Case 3: From a National Hero to a National Shame

Dr. Hwang Woo Suk (黄禹锡), the South Korean researcher who claimed to have cloned human cells, made up evidence for all of that research, according to a report released today by a Seoul National University panel investigating his work.

Last month the panel said there was no evidence to support Dr. Hwang's claim of

June 2005 to have cloned cells from 11 patients with an efficient new technique using very few human eggs.

Dr. Hwang's professional cheating is a severe embarrassment for the Korean government, which invested a huge amount of money and effort in his laboratory and in making him a national hero.

Korean prosecutors (公诉人) have banned Dr. Hwang and nine other South Korean scientists from leaving the country. They have said they will launch an investigation as soon as the university panel has announced its findings.

Case 4: A Lone Gunman on Campus

Cho Seung-Hui (赵承熙) was a lone gunman, with few friends and no criminal record. Police said the 23-year-old South Korean student shot dead 32 teachers and students and wounded many others before turning the gun on himself.

Authorities searched Cho's home in northern Virginia. His neighbors and his dorm mates, were stunned to learn that a young man in their midst was behind this massacre.

There were some troubling signs with Cho: students in his writing classes said he often wrote violent scenes they described as "twisted". He wrote two screenplays dealing with death and revenge which seemed to have played out on Monday on the Virginia Tech campus.

Police still have no clear motive for the killing. Authorities are hard pressed to explain how a man with no criminal past took such an immediate and violent turn.

Case 5: A College Student Murder

Ma Jiajue (马加爵), born on May 4th in 1981 in a small village in Guangxi Autonomous Region, is a senior student of the School of Chemistry at Yunnan University, killed four classmates with a hammer and hid the bodies in their cabinets on Feb 23, 2004. Ma had been on the run for almost a month before he was arrested in Sanya, south China's island province of Hainan.

When the police inquired about his motivation for the killing, he replied that it was because they had been looking down upon him and had wrongly accused him of cheating in a card game. The shame he felt apparently compelled him to take revenge.

Ma was convicted of intentional murder by the Intermediate People's Court in Kunming and was executed on June 17, 2004.

Step 4: Group discussion

Discuss with your group members: What led to the crimes of these intellectuals, both young and old? Can tragedies like these be reduced or even avoided? And how?

-课后任务

1) Translate the following paragraph into Chinese.

Simply put, ethics involves making choices about what is right or wrong, and then doing the right thing. They are the choices that are examples of "model citizens" and examples of the golden rule. We've all heard the golden rules: Don't hurt, don't steal, don't lie, or one of the most famous: "Do unto others as you would have them do unto you." These are not just catchy phrases; these are words of wisdom that any productive member of society should strive to live by.

Reference answers:

简言之，道德包括对什么是对什么是错做出选择，然后做正确的事情。这些选择是"模范公民"的例子，也是黄金法则的例子。我们都听说过金科玉律：不要伤害，不要偷窃，不要说谎。或者最著名的一条："己所不欲，勿施于人。"这些不仅仅是朗朗上口的短语，而且都是智慧的话语，任何有生产力的社会成员都应该努力遵循。

2) 每位学生选择一个你认为可以成为道德楷模的人物，准备一个2分钟的演讲，向全班介绍他/她。你可以在互联网上或图书馆里找到关于你所选人物的更多详细信息，使你的演讲更有说服力。你也可以推荐你身边的人，比如，你的父母、祖父母、老师或朋友。只要他们有强烈的道德感，关心他人，就可以成为大家的道德楷模。

案例九：教育公平
"大学英语"（3）课程思政教学案例

张　菁

1. 案例素材来源

1.1　课文材料

《高起点大学英语读写教程 1》，赵晓红主编，上海交通大学出版社，2016年9月出版。

Unit 6 Text A：The New Gender Gap

1.2　补充材料

CGTN 视频"Why China Can Give Every Child Equal Access to Education"（原视频较长，课堂使用时进行了剪辑，并裁剪掉了原视频中的字幕）

2. 课程思政融入点说明

2.1　教育公平

教育是一项基本人权。从某种意义上说，教育是一项有使能作用的权利，即尊重并推动教育，就可以实现其他人权。事实证明，教育会影响人们的总体福祉、生产力、社会资本、负责任的公民意识和可持续行为。教育的公平分配，有利于创建包容和公平的社会。《2030年可持续发展议程》的可持续发展目标4是"确保包容和公平的优质教育，让全民终身享有学习机会"，而教育不公平也许是全世界面临的最严重的教育问题。教育不公平由多种原因导致，包括就学机会、辍学率，尤其是学习表现上的差异，并将产生不同的后果。

2.2　中国在推进高质量均衡教育方面的伟大成就

教育公平是最大的公平。习近平总书记指出，教育公平是社会公平的重要基础，要不断促进教育发展成果更多更公平惠及全体人民，以教育公平促进社会公平正义。改革开放以来，我国教育取得的伟大的成就之一就是实施了九年义务教育；党的十八大以来，义务教育又取得了跨越式发展，整体水平逐步跃入世界先进行列。

促进公平始终是义务教育改革发展的主线。2011年,我国实现了九年义务教育全面普及,使我国义务教育站在了巩固普及成果的新的发展起点上。公平是社会主义教育的本质要求。十年来,义务教育全面落实以人民为中心的教育发展理念,把促进教育公平放在重中之重的战略位置。围绕促进教育公平,国家坚定不移地实施"三大战略":一是从整体上,全面推进义务教育均衡发展,全国31个省(区、市)和新疆生产建设兵团的2895个县全部实现了县域义务教育基本均衡发展;二是从缩小城乡教育差距上,大力实施农村义务教育薄弱学校改造工程,全国义务教育大班额基本消除,农村学校面貌焕然一新;三是从受教育者群体上,全面实施"控辍保学",坚持一个都不能少,全国建档立卡贫困家庭辍学学生全部动态清零,九年义务教育巩固率达到95.4%。我国义务教育开始从基本均衡向优质均衡迈进。

3. 教学使用方法和步骤

3.1 适用范围

本案例适用于主题为教育的听说课程。

3.2 使用方法

Step 1:主动听力训练

层级听辨、细节听辨、要点笔记训练

Task 1:Watch the video "Why China Can Give Every Child Equal Access to Education". While watching take notes about the following changes:

1) Illiteracy rate

2) Compulsory education in Chuxiong Yi Autonomous Prefecture in Yunnan Province

3) Technology education

4) Emphasis of teachers and parents

Reference answers:

1) Illiteracy rate

In 1949, China's illiteracy rate stood at 80%. Even in the 1980s, its illiteracy rate was higher than those of most countries in the world.

Today, this figure in China is lower than the global average, at only 4.6%.

2) Compulsory education in Chuxiong Yi Autonomous Prefecture in Yunnan Province

In the past, the Yi people did not have schools. They learn languages and literature right beside the fireplace in their homes.

As of 2019, all underprivileged children of school-going age in the prefecture have been enrolled in schools, with the consolidation rate of nine-year compulsory education reaching 96.33%.

3) Technology education

Technological education was once the Achille's heel of China's basic education.

However, nowadays, technological education is a most favored subject in basic education. AI and other related courses are being taught at primary and high school.

China is now the country with the largest number of science and engineering students.

4) Emphasis of teachers and parents

Chinese teachers and parents no longer emphasize solely on academic results.

They have realized the importance of students' holistic performance.

In this day and age, quality-oriented education lies at the core of all education.

Step 2：口语练习

Task 1. Summary Repetition

学生结合笔记做分块简要复述。

Task 2. Interview

1) 学生两人一组讨论商定角色（采访者和受访者），及角色相应的身份。

2) 结合笔记开展模拟访谈。

3) 请一组同学向全班展示自己的访谈对话。

Step 3：回译练习

Watch the video again. Note down proper words and expressions and translate the following sentences. You may pause the video when you need to.

1) 教育能培养和提高贫困人口脱贫的主动性和创造力。

2) 重点帮助贫困儿童接受教育，阻断贫困代际传递。

3) 中国把提高教育质量摆在了突出的战略位置。

4) 信息技术为学生的成长提供了更广阔的空间，也标志着中国基础教育水平的提升。

5) 中国大力促进教育公平，让亿万儿童共享优质教育资源。

6) 中国对知识和人才的渴求比以往任何时候都更为强烈。

7) 培养学生创新精神和实践能力，促进学生德智体美劳全面发展已成为中国教育的主流方向。

8）在全面建成小康社会的基础上，到2030年，中国要实现教育现代化，并迈入教育强国行列。

9）扎根中国，融通中外。

10）立足时代，面向未来。

Reference answers：

1) Education can nurture the skills of underprivileged people, empowering them to pull themselves out of poverty.

2) China is focusing on educating underprivileged children and blocking intergenerational transmission of poverty.

3) China has made educational quality improvement a prominent strategic goal.

4) Information technology has opened new vistas for students' growth, marking the upgrading of basic education in China.

5) China is working hard to promote fairness in education, so that all Chinese children can enjoy quality education.

6) China has a greater aspiration for knowledge and talented people. / China's thirst for knowledge and talented people is stronger than ever.

7) Developing students' innovative spirit and practical abilities while boosting their holistic development in morality, intelligence, physical and avt have become the main orientation of Chinese education system.

8) Based on the idea of building a moderately prosperous society in all respects, China is poised to realize educational modernization and become a strong educational power by 2035.

9) Stay rooted in China as it combines the advantageous practices of other countries with its own.

10) It will stay true to the present times, but be future-oriented.

案例十：批判性思维
"大学英语"（4）课程思政教学案例

潘之欣

1. 案例素材来源

1.1 课文材料

《高起点大学英语读写教程 2》，赵晓红主编，上海交通大学出版社，2016年12月出版。

Unit 7 Text A: Ethics and Reality TV, Should We Really Watch?

Paragraph 8-11

Where's the Reality?

One of the attractions of reality television is the supposed "reality" of it—**unscripted** and unplanned situations and reactions. One of the ethical problems of reality television is the fact that it isn't nearly as "real" as it pretends to be as scenes on reality shows are heavily edited and **contrived**.

There is now a growing concern about how reality television shows can help perpetuate racial stereotypes. In many shows a similar black female character has been featured—all different women, but very similar character traits. It's gone so far that Africana. com has **trademarked** the expression The Evil Black Woman to describe this sort of individual: **brazen**, aggressive, pointing fingers, and always lecturing others on how to behave.

Why do these stock characters, these easily **identifiable** images, exist, even in so-called "reality" television that is supposed to be unscripted and unplanned? Because that's the nature of entertainment. Drama is more readily **propelled** by the use of stock characters because the less you have to think about who a person really is, the more quickly the show can get to things like the plot. Sex and race are especially useful for stock characterizations because they can pull from a long and rich history of social stereotypes.

How do stock characters appear in "unscripted" reality shows? First, the people themselves contribute to the creation of these characters because they know, even if unconsciously, that certain behavior is more likely to get them air time. Second, the shows' editors contribute mightily to the creation of these characters because they completely validate just that motivation. A black woman sitting around, smiling, isn't perceived to be as entertaining as a black woman pointing her finger at a white man and angrily telling him what to do.

1.2 补充材料

TED Talk: Five simple strategies to sharpen your critical thinking

2. 课程思政融入点说明

2.1 克服刻板印象的误导作用，提升跨文化沟通能力

刻板印象是人们对某一类人或事物产生的比较固定、概括而笼统的看法，是人们在认识他人时经常出现的一种现象。它不一定有事实依据，也不考虑群体内部的个体差异，只是人们心中存在的一种固定的观念。

社会和文化中存在各种刻板印象，如性别、年龄、地域、外表、社会经济地位、民族等。比如，人们认为工人豪爽，农民质朴，军人雷厉风行，知识分子文质彬彬，商人较为精明；认为年轻人上进心强，爱冲动，而老年人则墨守成规，缺乏进取心；认为男人更理性，而女人则更感性；认为英国人保守，美国人热情，意大利人浪漫，法国人傲慢。这里职业、性别、年龄、民族等因素都是对人分类的标准。人们在认知某人时，会先将他的一些特别的特征归属为某类成员，又把属于这类成员所具有的典型特征归到他的身上。

刻板印象主要经过两个途径形成：一是直接与某人或事、某群体接触，将其特点固定化；二是由他人间接信息影响形成。由于人们在人际交往过程中，只能与某个群体中的一部分成员交往，因此只能"由成分推知全部"。例如，对于一些国家的刻板印象，正是因为跨文化传播的发展，人们才有机会接触其他文化，才有了刻板印象的产生。但也正是因为跨文化传播的不足，才使得人们对于其他国家、文化的认知只停留在了刻板印象上。

刻板印象建立在对某类成员个性品质抽象概括认识的基础上，反映了这类成员的共性，有一定的合理性和可信度，在一定范围内简化人们的认知过程，有助于对人迅速做出判断，增强人们在沟通中的适应性。但同时它也会形成偏

见、歧视，阻碍人们对于某类成员新特性的认识，使人的认识僵化、保守。刻板印象是对社会人群的一种过于简单化的分类方式，大多数与事实不符，有的甚至是错误有害的。一旦形成不正确的刻板印象，用这种刻板印象去衡量一切，或在认知他人时忽视个体差异，把对某类人或事的评价视为对某个人或事的评价，就会妨碍对他人做出正确的评价。

刻板印象存在于生活的方方面面，我们无法消除它，只能不断修正它。通过与群体成员的广泛接触，不断检索、验证刻板印象中的错误信息，克服刻板印象的负面影响，获得准确的认识。

同时，在沟通交往中，我们自己也遭受着他人各种刻板印象的定义。当自己所属的群体被贴上负面标签时，我们会对自己产生怀疑。例如，性别焦虑、身材焦虑、容貌焦虑等。此时，我们应该摆脱刻板印象的陷阱，敢于重塑自己的身份；学会自我肯定，摒弃固定型思维，培养成长型思维，相信人是会不断成长进步的。

2.2 反思媒体信息，发展批判性思维

批判性思维是当前国内外教育研究的热点之一，是人才培养的重要组成部分。批判性思维是对自己所看到的和想到的进行深度思考的一种思维方式。批判是接受各种已有观点之前必须进行的审查和质疑，通过批判来了解它们是否符合事实。在学习中具体表现为：学生通过个体的主动思考对所学知识的真实性、精确性、过程、理论、方法、背景、论据和评价等进行个人的判断。批判性思维不仅能评价别人的观点、思想方法和行为，也能严格地进行自我检查和自我评价。

在科技迅猛发展的今天，信息成为首要资源。加强批判性思维的培养是信息社会对人才的必然要求。信息素养是指个体对信息活动的态度以及对信息的获取、分析、加工、评价、创新、传播等方面的能力。在日益国际化的今天，学习和事业的成功取决于个体对有用信息的获取和处理能力，包括怎样分辨和处理有价值的信息。这就需要运用批判性思维技能对信息进行"扬弃"。批判性思维是信息时代人们生存和成功所需要的基本技能之一。

我们在接收媒体信息时，比如阅读文章书籍、收听收看新闻报道、观看电视节目和电影时，容易受到所处社会、文化的影响，接受、不断强化其对特定事物或群体的刻板印象。此时，我们应该运用批判性思维，对接收到的信息进行反思，重视不符合刻板印象的信息，形成自己准确的独立判断与个人观点。

3. 教学使用方法和步骤

3.1　适用范围

本案例适用于主题涉及 stereotype 和 critical thinking 的读写课程。

3.2　使用方法

Step 1：学生仔细阅读 Paragraph 8-11，回答下列问题。

1) What is the second reason the author gives supporting her view that reality TV is unethical?

2) What example does the author give to illustrate this point?

3) As the author analyzes, why and how do racial stereotypes appear in unscripted reality shows?

Reference answers:

Answer to Question 1:

The show is heavily edited and contrived for the best entertainment value and can help perpetuate racial stereotypes as it is not as real as it pretends to be.

Answer to Question 2:

Black female characters are often characterized as "the Evil Black Women".

Answer to Question 3:

Reality TV uses stock characters for drama gets quickly to the plot with them, and sex and race are useful for stock characterizations. Participants know certain behavior (that conforms to stereotypes) is more likely to get them air time, and editors completely validate that motivation.

Step 2：学生分组讨论下列问题（教师可以参考思政融入点说明为学生提供参考答案）。

1) What are stereotypes? Please think of more examples of stereotypes.

2) Is it beneficial or harmful that we have stereotypes in our minds and use them for making judgments in interpersonal communication? Please support your view with specific examples.

3) How are stereotypes formed? How does information in the media (e.g., TV programs, news, jokes, movies, advertisements, books, etc.) perpetuate stereotypes? Please explain with specific examples.

4) How can we discern stereotypes that appear in the media? How can we overcome their harmful effects?

Step 3：听说训练。

1）观看 TED Talk：Five simple strategies to sharpen your critical thinking。学生边听边记笔记。

2）学生两人一组复述批判性思维五条策略，并结合生活实例说明如何使用这些策略。

3）学生翻译视频中的核心概念，加深印象。

English terms	Chinese translation
critical thinking	
confirmation bias	
nuance and complexity	
intellectual humility	
intellectual empathy	
sealioning	
ulterior motives	
vested interests	
scientific literacy	
fallacy	
the Straw Man fallacy	
caricature	
ad hominem fallacy	

Reference answers：

English terms	Chinese translation
critical thinking	批判性思维
confirmation bias	确认偏误；证实偏见
nuance and complexity	细微差别和复杂性
intellectual humility	智性谦逊，智识谦逊
intellectual empathy	认知性共情，认知性同理心

续表

English terms	Chinese translation
sealioning	缠斗式辩论
ulterior motives	别有用心
vested interests	既得利益
scientific literacy	科学素养
fallacy	逻辑谬误
the Straw Man fallacy	稻草人谬误
caricature	夸张地描述或模仿
ad hominem fallacy	人身攻击谬误

案例十一：社会服务
"大学英语"（5）学术英语写作与演讲课程思政教学案例

张 荔

1. 案例素材来源

1.1 视听材料一

TED Talk：Eight secrets of success

1.2 补充材料

"Right Time to Innovate and Make Dreams Come True"（创新正当其时，圆梦适得其势），选自 *Xi Jinping*：*The Governance of China*（《习近平谈治国理政》）。

2. 课程思政融入点说明

2.1 干一行爱一行的工作热情

Carol Coletta says, "I would pay someone to do what I do." 年轻人可以设法将兴趣变成自己的专业，对本专业的热情可以使自己更加乐于投入精力去把事情做好。被采访者都有一份充满乐趣的工作，而且他们都很刻苦。他们深入其中，专注于一件事做到精通。我们常说如果要精通一件事情，必须在这个行业至少耕耘 1 万小时，因此，我们要在兴趣的驱动下，不断地实践和尝试。当然对专业的精通绝对不是能够轻松获得的，当我们面对困难时，也要坚持不懈地努力，这样我们才能到达成功的彼岸。

我们更要学会"干一行，爱一行"，让自己对生活与工作总是充满激情。人具有很大的可塑性，在熟悉或不熟悉的领域，都蕴藏着很大的潜力等待发掘。从职业道德来分析，"干一行，爱一行"是职业道德中最基本而又最重要的要求。在每一个具体的岗位上，无论平凡与否，无论高低贵贱，都应该忠于职守，尽职尽责。我们每一个人都有责任和义务去做好自己的本职工作，这是一种良好的职业道德和人生态度。

2.2 服务于他人的意识

很少有人提到服务于他人的意识是成功的要素，而这恰恰是 8 个重要的成功要素之一。演讲中说道，"'It was a privilege to serve as a doctor.' A lot of kids want to be millionaires. The first thing I say is: 'OK, well you can't serve yourself; you've got to serve others something of value. Because that's the way people really get rich.'"

当前，很多人都希望能够变得富有，似乎这就是衡量成功的标准。富有本没有错，但是当我们变得富有的时候，不能只为自己服务，也要为他人提供服务。事实上，为他人提供服务与个人变得富有并不矛盾，这可能是财富积累的途径，使人在为他人服务的过程当中，在物质上和精神上变得更加富有。

我们党将"全心全意为人民服务"作为根本宗旨。习近平总书记指出："始终坚持全心全意为人民服务的根本宗旨，是我们党始终得到人民拥护和爱戴的根本原因，对于充分发挥党密切联系群众的优势至关重要。我们任何时候都必须把人民利益放在第一位，把实现好、维护好、发展好最广大人民根本利益作为一切工作的出发点和落脚点。"

钱学森曾经说过："我作为一名中国的科技工作者，活着的目的就是为人民服务。如果人民最后对我一生所做的工作表示满意的话，那才是最高的奖赏。"无数医务工作者、科研人员、社区工作者都在为他人服务，比如钟南山、陈薇等的杰出工作获得了国家和人民的认可。可以说这些人的成功正是基于服务他人的意识的原始驱动力。作为青年人，今后无论从事哪项工作，都要树立服务他人的意识。

3. 教学使用方法和步骤

3.1 适用范围

本案例适用于任何演讲课程。在分析演讲内容结构、策略与要素的同时进行思政教育。也可以适用于主题为 success 的视听说课程。

3.2 使用方法

Step 1：学生观看视频，并回答问题。

Short answer questions：(00:03-00:47)

1. How long is the speech, how long does it usually last?
2. When and where did the story take place?
3. Who did the speaker meet?
4. Why did the speaker feel bad?

5. Who did the speaker ask for the answers to the question of what leads to success?

6. Why are these answers convincing?

7. What are the two presentation strategies at the beginning?

Reference answers:

1. 3 minutes, 2 hours.

2. The story took place seven years ago on a plane.

3. A high school girl who came from a poor family.

4. Because he couldn't answer the girl's simple question "What leads to success?"

5. He asked the successful people from TED.

6. The research is based on a seven-year study of 500 interviews.

7. Presentation strategy 1-Attention getter: telling a story.

Presentation strategy 2-Credibility: helping to establish trust from audience to believe in what you say.

Step 2: 学生继续观看视频，了解演讲中包含了一个怎样的研究（如：质性研究，研究对象，时长，研究结果）并填写表格中的信息，了解成功的要素。

Note-taking

8 secrets of success	People	Example/ Interpretation
1. _____	Freeman Thomas says "I'm __ _____."	TEDsters _____; they don't do it for money.
2. _____	Rupert Murdoch says "_____. _____. But I have a lot of fun."	TEDsters do have fun working. And they work hard. I figured, they're not _____. They're workafrolics.
3. _____	Alex Garden says "To be successful, _____ something and get damn good at it."	There's _____; it's practice, practice, practice.
4. _____	Norman Jewison says "I think it all has to do with _____."	
5. _____	David Gallo says, "Push yourself. _____, _____, you've got to push, push, push."	You've got to push _____. Now it's not always easy to push yourself, and that's why they invented mothers.

201

续表

8 secrets of success	People	Example/ Interpretation
6. _____	Sherwin Nuland says, "It was _____."	A lot of kids want to be _____. The first thing I say is: "OK, well you can't serve yourself; you've got to _____. Because that's the way people really get rich."
7. _____	TEDster Bill Gates says, "I had an idea: _____ the first micro-computer software company."	And there's no magic to _____ in coming up with ideas—it's just doing some very _____.
8. _____	Joe Kraus says, "_____ is the number one reason for our success."	You've got to persist through failure. You've got to persist through crap! Which of course means "_____, _____, Assholes and Pressure".

Reference answers:

8 secrets of success	People	Example / Interpretation
Passion（融入点1)	driven by my passion	do it for love
Work	It's all hard work. Nothing comes easily.	workaholics
Practice	put your nose down in	no magic
Focus	focusing yourself on one thing	
Push	Physically, mentally	push through shyness and self-doubt.
Serve（融入点2)	a privilege to serve as a doctor	millionaires serve others something of value
Ideas	founding	creativity simple things
Persist	Persistence	Criticism, Rejection

Step 3：讨论研究结果所体现的8个成功的要素中印象最深刻的是哪个，为什么。

Discussion

1. Which factor of success do you think is the most important? Why do you think so?

2. Talk about something of this talk that impressed you. Have you learned anything from this talk?

Reference answers：

课程思政融入点 1：干一行爱一行的工作热情

And the first thing is passion. Freeman Thomas says, "I'm driven by my passion." TEDsters do it for love; they don't do it for money. Carol Coletta says, "I would pay someone to do what I do." 讨论这一观点，激发学生对专业的热情，鼓励他们找到自己的热爱的行业，并坚持下去。

课程思政融入点 2：服务于他人的意识

Serve! Sherwin Nuland says, "It was a privilege to serve as a doctor." A lot of kids want to be millionaires. The first thing I say is："OK, well you can't serve yourself; you've got to serve others something of value. Because that's the way people really get rich."

如果学生提到 serve 可以进一步深入，可以提及"服务于他人"这一点是成功要素中比较与众不同的，然后进行这一融入点的引导、展开和讨论。如在为他人服务的过程中感受到被需要，获得成就感。

Step 4：通过翻译练习融入服务国家的意识。

Translation

1）全心全意为人民服务

2）钱学森同志曾经说过："我作为一名中国的科技工作者，活着的目的就是为人民服务。如果人民最后对我的一生所做的工作表示满意的话，那才是最高的奖赏。"

3）希望广大留学人员继承和发扬留学报国的光荣传统，做爱国主义的坚守者和传播者，秉持"先天下之忧而忧，后天下之乐而乐"的人生理想，始终把国家富强、民族振兴、人民幸福作为努力志向，自觉使个人成功的果实结在爱国主义这棵常青树上。

Reference answers：

1）Serve the people heart and soul.

2）Qian Xuesen once said, "As a Chinese scientist, I live to serve the people. I hope the people are satisfied with the work I have done in my lifetime. Their approval will be my highest reward."

3) I hope that you will carry forward the glorious tradition of studying hard to serve the country and be defenders and messengers of patriotism, always bearing in mind the ideal of "being the first to worry about the affairs of the state and the last to enjoy oneself", always taking the country's prosperity, national revitalization, and people's happiness as the goal of your endeavors, and willingly associating the fruits of personal success with the evergreen tree of patriotism.

案例十二：爱国荣校
"大学英语"（1）课程思政教学案例

魏先军

1. 案例素材来源

1.1　课文材料

《新视野大学英语（第三版）读写教程 1》，郑树棠等主编，2015 年 6 月出版。

Unit 1 Text A: Toward a Brighter Future for All

Paragraph 7

…A wise man said: "Education is simply the soul of a society as it passes from one generation to another." You are the **inheritors** of the hard work of your families and the hard work of many countless others who came before you. They built and transmitted the knowledge you will need to succeed. Now it is your turn. What knowledge will you acquire? What passions will you discover? What will you do to build a strong and prosperous future for the generations that will come after you?

Text B

Paragraph 5

You know that we always want you to do your best, but don't let the pressure of grades get to you. We care only that you try your very best, and that you learn. It is better that your greatest effort earns a lesser grade than that no effort earns you a decent or higher grade. Grades in the end are simply letters fit to give the vain something to boast about, and the lazy something to fear. You are too good to be either. The reward is not the grade but what you learn.

Paragraph 8

College is the time when you have:

the first taste of independence,

the greatest amount of free time,

the most flexibility to change,

the lowest cost for making mistakes.

1.2　补充材料（1）

A Welcome speech of Lin Zhongqin, President of SJTU

1.3　补充材料（2）

Get to know SJTU—General Information

1.4　补充材料（3）

Six suggestions for freshmen

2. 课程思政融入点说明

2.1　开启人生新的旅程，成长为有独立人格、丰富知识的人

在开启人生新的旅程中，拓宽视野，了解更多的事物和文化，从而更好地适应不同的环境和人际关系。掌握更多的技能和知识，为未来的职业和生活打下坚实的基础。拓展自己的经验和见识，从而更好地理解自己和他人。

2.2　传承：人类知识的传承、思想的传承、文化的传承

人类知识、思想和文化的传承是人类文明发展的重要组成部分。知识的传承让我们从前人的经验中汲取智慧，不断创新和进步。思想的传承让我们了解不同的观点和思维方式，从而更好地理解自己和他人。文化的传承让我们了解自己的根源和文化背景，从而更好地维护和发扬传统文化。这些传承不仅是历史的延续，更是未来的基础。因此，我们应该珍惜这些知识、思想和文化，积极学习和传承，让它们在我们手中变得更好。

2.3　使命感：肩负人类文明发展的重任，饮水思源，爱国荣校

肩负人类文明发展的重任是每个人的责任。时刻铭记"饮水思源"，感恩前人的努力和智慧，不断学习和创新，为人类文明的发展做出自己的贡献。培养"爱国荣校"的意识，热爱自己的国家和母校，为其发展尽自己的一份力量。更好地肩负起人类文明发展的重任，积极学习和实践这些精神，为人类文明的发展做出贡献。

3. 教学使用方法和步骤

3.1　适用范围

本案例适用于新生开学读写课程第一课。

3.2 使用方法

Step1：主题讨论，回答下列问题。

1) Do you think a university education can change a person's life? In what way and why?

2) How do you think of those successful people such as Bill Gates who dropped out of university?

3) What are you going to do at university in order to sample widely and challenge yourself?

Reference answers:

Answer to Question 1:

Yes, absolutely. With a university education, a person will have more freedom and therefore more choices. This education experience provides unlimited potential. Moreover, a university education provides the means for one to succeed. Not only will a person obtain knowledge and skills essential for his career development, but he will also develop an independent mind and be able to make right decisions on his own.

Answer to Question 2:

I admire those who dropped out of university and yet have made fame for themselves by achieving big goals. Some people use those successful college dropouts as counter examples to show their belief that a person can succeed even without a university education. Chances are that most people do not have the same mind, talent, determination, or opportunities as Bill Gates, Steve Jobs, and Mark Zuckerberg did; therefore, they might not be able to achieve success without having a university education. In fact, a university education will equip them with the necessary knowledge and skills which will help them to succeed.

Answer to Question 3:

To sample widely and challenge myself, I am going to venture out of my comfort zone and do what I have not had the courage to do. For instance, I will make friends with people from diverse backgrounds and cultures. I will take a swimming class and learn how to swim. I will attend unconventional lectures, join student clubs, and try all kinds of food. Most of all, I will do whatever it takes to make the most of the four years and try to become a well-rounded graduate.

Step 2：朗读 Paragraph 7 (Text A)，Paragraph 5 and 8 (Text B)，翻译并背诵下划线内容及 Paragraph 8 （见案例素材来源 1.1）。

Reference answers：

1) 教育代代相传，它就是社会的灵魂。……他们积累了知识，并把知识传递给你们。而这些知识正是你们取得成功所必需的。现在轮到你们了。

2) 我们只关心你是否尽了全力，是否学到了知识。你尽了最大的努力而分数不高比你没有努力却得了高分数更有意义。……努力的回报不是分数，而是你所学到的东西。

3) 在大学这一段时光里，你会：初尝独立的滋味，拥有最多的自由时光，享有最大的可塑性，承担最低的犯错代价。

Step 3：听说训练。

1) 观看"Six suggestions for freshman"，学生记笔记并复述6个建议。

2) 学生分组讨论：Six things I plan to do in university.（optional）

案例十三：积极乐观
"大学英语"（5）学术英语写作与演讲课程思政教学案例

林 苡

1. 案例素材来源

1.1 视听材料一

TED Talk：How to make stress your friend | Kelly McGonigal

1.2 视听材料二

TED Talk：How to cope with anxiety | Olivia Remes

2. 课程思政融入点说明

2.1 做情绪的主人，以积极的心态和成长性思维拥抱生活中的压力

生活中压力和挑战无处不在，但压力如何影响我们，取决于我们对压力的态度。压力常常会给人带来心跳加速、血管收缩等生理反应，但当我们心理上改变对压力的反应，生理上的改变也会随之而来：如果我们将身体上的焦虑状态看作身体活力充沛的象征，将压力看作助力，认为心跳加速是蓄势待发的体现，呼吸急促是为了让大脑得到更多氧气，这些看法将会改变我们血管大小，让人的生理状态变成感到开心和鼓起勇气时候的状态。由此可见，压力并不完全是坏事，当我们改变对压力的看法，做好充分准备去迎接挑战，压力不但不是有害的，反而是对身体有益的。

压力常带给我们挫败感，如果我们把挫折看作停止的信号，这会引发自我怀疑和放弃的恶性循环。如果坦然地接受压力、拥抱挑战，把挫折看成完成事情不可避免的部分，遇到困难意味着利用资源的机会，并不断修正自己的行动，则会取得更大的成功。这种成长性思维让压力不再让人难为情和感到沮丧，反而成了学习的机会，变成行动校正的工具和成功道路上的垫脚石。因此，以积

极的心态看待问题,即使是面对压力,也可以让我们逆风生长,向阳而生。

…When you view stress in that (a positive) way, your body believes you, and your stress response becomes healthier.

When you choose to view your stress response as helpful, you create the biology of courage.

2.2 助人者自助,树立宏大的目标能帮助我们更好地化压力为动力

压力能促进人的社会化,让人际关系更为紧密。当我们面临压力,产生负面情绪时,我们没有必要将自己的负面情绪隐藏起来,一味地压抑、封锁自己,我们可以主动向他人寻求帮助,加强人际联结以渡过难关。另一方面,我们还可以通过帮助他人来缓解压力,帮助别人的过程也是在帮助自己。无论是寻求帮助还是帮助别人,我们都会分泌催产素,这种激素控制着我们的社会关爱系统,当该系统被激活时,人会感受到更多同理心和信任,强烈想与他人联结和亲近,同时也更有韧性。

想要建立强大的社会支持网络,便要树立宏大的目标。为自己的目标奋斗,视域相对狭窄,动力也很有限,而把目标提高到宏观的层面则让人更有力量。正如周恩来总理年少时曾说的"为中华之崛起而读书"。这句话的目标之远大,眼界之开阔,让人感觉什么困难都能克服。虽然和其他人一样都是读书,但驱动力完全不同。当我们不只是聚焦在自我成功,而是志存高远、心怀天下,为了更远大的理想和使命而支持他人时,我们的压力也能得到有效的转化,成为自我鞭策的内驱力。

Stress makes you social. Caring created resilience.

… when you choose to connect with others under stress, you can create resilience.

… chasing meaning is better for your health than trying to avoid discomfort.

Doing something with someone else in mind can carry you through the toughest times. You'll know the why for your existence and will be able to bear almost any how. (video 2)

2.3 接受世界的不完美,接纳不完美的自己

很多时候,我们想要完美地完成某件事,直到时机成熟,直到我们掌握了所有的技能,我们才开始着手去做,但这可能会让人望而生畏,充满压力。而更好的方法应该是直接投入其中,直接去做,而不用担心某件事情的结果。这样能让我们更容易开始一件事,在一定程度上缓解拖延症。不要因为渴求完美而失去生活中的小美好,接受自己的缺点、允许自己犯错并不是可耻的事情,

甚至是一件勇敢的事。每一个人都有优点，用完美主义的眼光去审视就会觉得这些不过如此，而用不完美的眼光去看，也许我们可以找到自己与这个世界另外的沟通方式。

Anything worth doing is worth doing badly the first time.

… it's time to start being kind with ourselves, time to start supporting ourselves, and a way to do this is to forgive yourself for any mistakes you think you might have made just a few moments ago to mistakes made in the past.

3. 教学使用方法和步骤

3.1 适用范围

本案例适用于主题为压力、挫折与挑战、情绪管理、心理健康的视听说课程。

3.2 教学理念简介

该视频选自《英语学术演讲视听说教程》第四单元"Emotional courage"。教程中视频的选取关注了学生的兴趣点和全人教育的需求，体现了演讲的策略和技巧，包含了学术研究，强调了画思维导图记笔记的方法；练习设计关注了问题解决方法模式或学术研究目的、研究问题、研究方法、过程步骤、研究结果等信息。编者还针对上海交通大学水平考试题型设计了 short-answer questions、note-taking、compound dictation、listening and translation 题型，可帮助学生应对水平考试。

3.3 教学方法

Stage 1: Pre-watching/listening

1) ***Warming-up questions***

• You may experience stress in college life. What kind of stress do you usually have? Brainstorm as many sources of stress as possible and classify them into different categories.

• What do you usually do to cope with stress? Share your strategies with one another.

• In your opinion, is stress entirely negative? Why do you think so? Share examples to illustrate your idea.

2) ***Knowing the speaker***

Stanford University psychologist Kelly McGonigal is a leader in the growing field of "science-help". Through books, articles, courses and workshops, McGonigal works to help us understand and implement the latest scientific findings in psychology, neuroscience and medicine.

Her most recent book, *The Willpower Instinct*, explores the latest research on motivation, temptation and procrastination, as well as what it takes to transform habits, persevere at challenges and make a successful change.

She is now researching a new book entitled "*the upside of stress*" which will look at both <u>why stress is good for us, and what makes us good at stress</u>. In her words: "The old understanding of stress as an unhelpful relic of our animal instincts is being replaced by the understanding that stress actually makes us socially smart—it's what allows us to be fully human."

3) **Words and phrases**

　　a. I <u>have a confession to make</u>: I have never done this before.

　　b. Snakes really <u>freak me out</u>.

　　c. We refused to be <u>demoralized</u> by our humiliating defeat and vowed to come roaring back the following week.

　　d. My heart was <u>pounding</u>.

　　e. Her natural <u>resilience</u> helped her overcome the crisis.

　　f. Pisces are also super <u>compassionate</u> and big-hearted.

　　g. Smoking places you at serious risk of <u>cardiovascular</u> and respiratory disease.

　　h. Those who <u>are stressed out</u> are often nervous, angry or ill.

　　i. I <u>broke out in a sweat</u> as I struggled up the hill.

Reference answers:

● make a confession: admit a statement that you are ashamed about

● freak somebody out: make someone suddenly feel extremely surprised, upset, angry, or confused

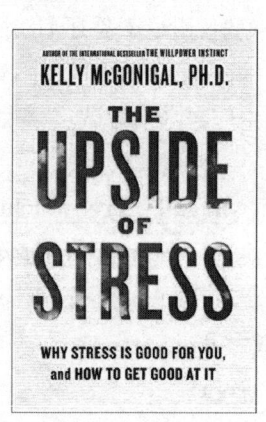

- demoralized: having lost confidence or hope; disheartened
- pounding: the action or sound of your heart beating
- resilience: the capacity to recover quickly from difficulties
- compassionate: feeling or showing sympathy and concern for others
- cardiovascular disease: a disorder with the heart and blood vessels
- be stressed out: suffering from high levels of physical or especially psychological stress
- impromptu speech: speech without prior preparation
- break out into sweat: to begin sweating suddenly or enter a state of fear, anxiety, or worry; to become very nervous or frightened.

Stage 2: While-watching/listening

1) 1ˢᵗ time: Watching/listening for the gist

Watch the video clip and draw a mind-map for note-taking.

Summarize the main contents of the talk by referring to your mind-map.

2) 2ⁿᵈ time: Watching/listening for public speaking skills and detailed information

Ex. 1 Multiple-choice question (00:00-01:22)

What are the functions of the opening of Kelly Mcgonial's talk? (How did she achieve these goals? Take notes about the supporting details when you are watching the video.)

A. getting audience's attention and interest

B. creating a positive relationship with the audience

C. establishing credibility

D. highlighting the main objectives and contents of the following speech

Reference answers: ABCD

A. The speaker admitted that she had a confession to make and proposed a series of questions.

B. The speaker did a small survey to invite her audience to step in her speech.

C. "I am a health psychologist, and my mission is to."

D. "I have changed my mind about stress, and today, I want to change yours."

Ex. 2 *Note-taking*

Study 1: (01:22-2:38)

Number of participants: <u>30,000</u> adults in the United States

Duration of the study: <u>eight</u> years

Method:

➢ Questions used in interview:
- "How much stress have you experienced in the last year?"
- "Do you believe that stress is harmful for your health?"

➢ used <u>public death records</u> to find out who died

Findings:

➢ People who experienced a lot of stress in the previous year had a <u>43 percent increased risk of dying</u>, but that was only true for the people who <u>also believed that stress is harmful for your health</u>.

➢ People who <u>experienced a lot of stress but did not view stress as harmful</u> had the lowest risk of dying of anyone in the study.

Study 2 (conducted at Harvard University): (05:20-06:52)

Participants were taught to rethink their stress response as <u>helpful</u>.

Findings:

➢ less <u>stressed out</u>, less <u>anxious</u>, more <u>confident</u>

➢ heart pounding is a much <u>healthier</u> cardiovascular profile, looks a lot like what happens in moments of <u>joy and courage</u>

Ex. 3 *Compound dictation*: (08:09-11:50)

Oxytocin is a neuro-hormone. It fine-tunes your brain's social <u>instincts</u>. It primes you to do things that <u>strengthen</u> close relationships. Oxytocin makes you crave physical contact with your friends and family. It enhances your <u>empathy</u>. It even makes you more willing to help and support the people you care about. Some people have even suggested we should snort oxytocin to become more <u>compassionate</u> and caring. But here's what most people don't understand about oxytocin. It's a stress hormone. Your pituitary gland pumps this stuff out as part of the stress response. It's as much a part of your stress response as the adrenaline that makes your heart pound. And when oxytocin is released in the stress response, it is motivating you to seek support. Your biological stress response is nudging you to tell someone how you feel, instead of bottling it up. Your stress response wants to make sure you notice when someone else in your life is struggling so that you can support each other. When life is difficult, your stress response wants you to be surrounded by people who care about you.

Okay, so how is knowing this side of stress going to make you healthier? Well, oxytocin doesn't only act on your brain. It also acts on your body, and one of its main roles in your body is to protect your cardiovascular system from the effects of stress. It's a natural anti-inflammatory. It also helps your blood vessels stay relaxed during stress. But my favorite effect on the body is actually on the heart. Your heart has receptors for this hormone, and oxytocin helps heart cells regenerate and heal from any stress-induced damage. This stress hormone strengthens your heart.

And the cool thing is that all of these physical benefits of oxytocin are enhanced by social contact and social support. So when you reach out to others under stress, either to seek support or to help someone else, you release more of this hormone, your stress response becomes healthier, and you actually recover faster from stress. I find this amazing, that your stress response has a built-in mechanism for stress resilience, and that mechanism is human connection.

Ex. 4 ***Short-answer questions***: (10: 55-13: 30)

a) How many people participated in the last study? Their age?

Reference answers: About 1,000 adults in the United States ranged in age from 34 to 93 participated in the study.

b) How many research questions were used in this study? What were the research questions?

Reference answers: They asked two questions. The first question was "How much stress have you experienced in the last year?" The second question was "How much time have you spent helping out friends, neighbors, people in your community?"

c) What did the researchers use to find out who died?

Reference answers: They used public records for the next five years to find out who died.

d) What were the research findings?

Reference answers: They found that for every major stressful life experience, like financial difficulties or family crisis, that increased the risk of dying by 30 percent, and people who spent time caring for others showed absolutely no stress-related increase in dying.

Ex. 5 *Listening and translation*: (10:55-13:30)

a) And so we see once again that the harmful effects of stress on your health are not inevitable. How you think and how you act can transform your experience of stress. When you choose to view your stress response as helpful, you create the biology of courage. _____

Reference answers: 当你选择在压力下与他人交流时, 你可以创造韧性。

原文: And when you choose to connect with others under stress, you can create resilience.

b) One thing we know for certain is that chasing meaning is better for your health than trying to avoid discomfort. And so I would say that's really the best way to make decisions, is _____

Reference answers: 你在说你相信自己能应付生活的挑战, 而且你记得你不必独自面对挑战。

原文: And when you choose to view stress in this way, you're not just getting better at stress, you're actually making a pretty profound statement.

Stage 3: Post-watching (Group discussion)

• What do you think of stress after watching this video? Has the video changed your views on stress? Why or why not? What lessons can you learn from this video? (课程思政融入点 1)

• Kelly shares research showing that stress releases oxytocin, which motivates you to seek support and crave contact with friends and family. When you are stressed, do you seek support? Have you ever helped someone who is stressed out? How does it make you feel? (课程思政融入点 2)

• Do you have the experiences of helping others? How did you feel after helping others? Why is it important to help others and what should we pay attention to when we help others? (课程思政融入点 2)

• According to Kelly, research proves that "chasing meaning is better for your health than trying to avoid discomfort. " Have you ever avoided an opportunity you wanted to pursue because of the potential stress it would cause? If so, what was it, and would you have made a different decision if you focused on finding meaning? （课程思政融入点 2）

Stage 4: Extension (video 2: 12: 28-15: 02)

a. What does the famous neurologist Dr. Victor Frankel say about life meaning?

Reference answers: For people who think there's nothing to live for and nothing more to expect from life, the question is getting these people to realize that life is still expecting something from them.

b. Why do we need to do something with someone else in mind?

Reference answers: Doing something with someone else in mind can carry you through the toughest times. You'll know the why for your existence and will be able to bear almost any how.

Friedrich Nietzsche: He who has a why to live can bear almost any how.

尼采：一个人知道自己为什么而活，就可以忍受任何一种生活。

拓展：Viktor Frankl, Man's Search for Meaning and logotherapy

Viktor E. Frankl was a professor of neurology and psychiatry at the University of Vienna Medical School.

The Austrian psychiatrist and neurologist was born March 26, 1905, and is best known for his psychological memoir *Man's Search for Meaning* (2006) and as the father of logotherapy.

His most famous book begins by outlining a personal experience through the gruesome Auschwitz concentration camps. The three years he spent in concentration camps became more than a story of survival. Frankl embodies the modern-day definition of resilience.

He muses about *the quest for meaning*, the transcendental power of love, finding humor, and discovering courage *in the face of difficulty*. In the worst circumstances imaginable, Frankl held to the belief that the most critical freedom is an individual's ability to *choose one's attitude*.

Supplementary video 3: Man's search for meaning (Viktor Frankl)

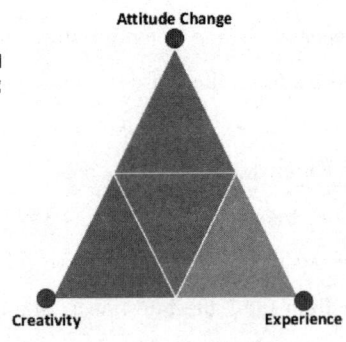

Logotherapy

A form of psychotherapy focused on helping patients find meaning in life in three ways:
- Work and Hobbies
- Experiencing Life and People (Love)
- Developing a Positive Attitude

Attitude Change

Creativity   Experience

Stage 5: Assignment

Watch video 2 and finish the following exercises:

a. How does the speaker organize her speech? (What organization pattern has been used in the speech?) Draw a mind map to show the logical relationship among ideas in the speech.

Reference answers: Chronological order, problem-solution order, topical order.

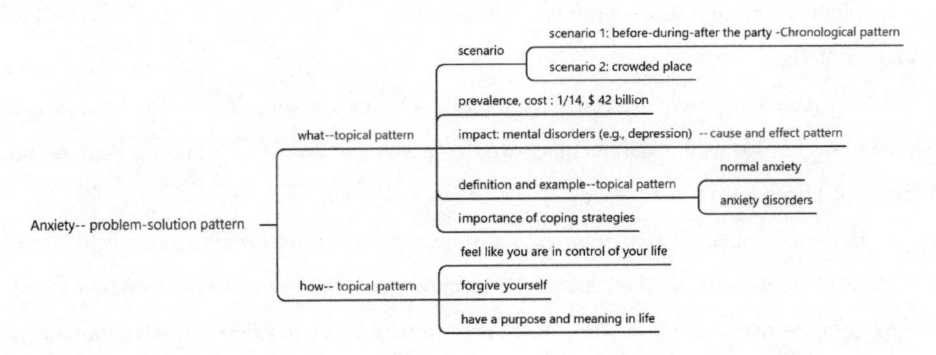

Anxiety-- problem-solution pattern
- what--topical pattern
  - scenario
    - scenario 1: before-during-after the party -Chronological pattern
    - scenario 2: crowded place
  - prevalence, cost : 1/14, $ 42 billion
  - impact: mental disorders (e.g., depression) -- cause and effect pattern
  - definition and example--topical pattern
    - normal anxiety
    - anxiety disorders
  - importance of coping strategies
- how-- topical pattern
  - feel like you are in control of your life
  - forgive yourself
  - have a purpose and meaning in life

b. Apart from chasing meaning in life, what are the other two coping strategies for anxiety? What lessons can you learn from the three videos?

Reference answers:

Lesson 1: Feel like you're in control of your life. （课程思政融入点 1）

Lesson 2: Forgive yourself. （课程思政融入点 3）

Lesson 3: Have a purpose or meaning in life. （课程思政融入点 2）

c. Find out words or expressions to describe someone is anxious/nervous in video 2.

Reference answers:

- your mind starts racing, your heart begins pounding, you start sweating, and it feels almost like you're dissociating from yourself, like it's an out-of-body experience… (multisensory details)
- you feel this panic starting to arise
- feel hot, nauseous, uneasy
- sweep anxiety under the rug as just nerves that you need to get over
- … make you feel a little bit anxious/nervous
- They also have symptoms like restlessness, fear, they find it hard to fall asleep at night, and they can't concentrate on tasks.

案例十四：不畏失败
"大学英语"（3）课程思政教学案例

杜 娟

1. 案例素材来源

1.1 课文材料

《高起点大学英语读写教程1》，赵晓红主编，上海交通大学出版社，2016年9月出版。

Unit 1：Convocation address to the class of 2016

2. 课程思政融入点说明

失败与犯错从哪些维度来讲是成功的一种？积极主动去尝试，去面对失败和错误，是成功。带着允许自己失败和犯错的心态，去做自己想做的每一件事，即使失败或做错，也是成功。把失败或犯错看作成功过程中的必经之路，在失败和错误中成长，方得始终，更是成功。

刚进入大学的新生似乎是成功的，他们在高中时是学习上的佼佼者。但是，进入大学后，如果仍然像高中阶段那样用成绩来评价一个人的成功与否，则是片面的。学生需要认识到成功的多元化，并且清醒地意识到，比起成功，失败或者犯错误才是学习路上的常态。从小到大，我们每个人都失败了很多次，但是我们没有被失败打倒，反而从失败中学到更多。最大的教训、最好的经验都是来自失败，而不是来自成功。

而成功，或者通往成功的道路，是由无数次的尝试和努力，失败和犯错积累起来的。敢于尝试，跳出舒适区，尝试自己从来没有做过，甚至没想过的事情，去体验、去学习、去反思，成为自己的主人。大学生必须从被动转向主动，积极管理自己的学业甚至未来的计划，发掘自己的兴趣和天赋，在以后的人生道路上将自己的潜在能力发挥到最大。积极主动尝试的同时，也要不畏惧失败，并且从错误中学习。在今天的社会里，只有一个积极主动、不怕失败的人，才能在瞬息万变的竞争环境中赢得成功。

这篇课文看似是成功学的说教，但其实传递的信息是：在大学的学习生活中，失败才能促进个人自我的成长。大学生想要成长，不但要保持之前所领悟并实践的成功必备品质，比如谦虚、诚实、做好自己的工作；更需要去发展一种新的成功（a new sense of success）：挑战自我，去体会成功的关键是经历失败和面对失败。而这一切的第一步就是要有跳出舒适圈的勇气和作为。作者还给学生提供了跳出舒适圈后，遭遇失败时的建议。本课的教学重点之一是引导学生理解课文中的作者提出的 a new sense of success，希望通过此次讨论课，学生可以积极地反思并扩大自己对成功和失败的理解与认知。

3. 教学使用方法和步骤

3.1 适用范围

本案例适用于探讨"什么是成功/失败"为主题的读写/听说课，在培养学生英语读写与思辨能力的同时，引导正处于青春期向成年期过渡的大学生身心和人格的健康发展，助其形成积极向上的人生观与价值观。

3.2 使用方法

课堂形式：集体讨论与课堂分组讨论活动。

属于完成课文学习后，就全文主旨大意的总结性讨论活动（大概占用 20~25 分钟）。

Step 1：Whole-class discussion. 在通读完课文后，就课文的主旨大意 a new sense of success 展开讨论。

引导学生首先找到文章的主旨句，在课文的第三段（如下），关注关键词 new，基于此进行讨论提问，回答以下问题。

Paragraph 3

So I want to tell you, first of all, that you can stop worrying. We already know that when it comes to succeeding, you are experts. But your four years here are going to give you a whole new sense of what success means, and that is what I want to talk to you about for the next few minutes.

Questions：

Based on your understanding, what is "new" in terms of success in this article? Would you please identify the "new sense of success" you have learned?

Reference answers：

humility, integrity, your work, comfort zone, sage advice…

Step 2：Group discussion.

Group activity：

Based on the concept of "new sense of success", please share a personal anecdote based on the concept/sense you have chosen in a group of 4 students. 请学生先组内分享，然后再挑选一些学生在全班进行分享。

学生在回答上述 Step1 和 Step2 问题时，会涉及课文中的很多概念，有一些概念是前人所总结的成功的必要品质，而不是作者所强调的 a new sense of success 的内涵。作者想要强调的是成功是具有主动跳出舒适圈的意愿和能力，并时刻警醒地知道失败是成功的关键部分。大部分学生在学习完课文后，并没有关注也没有体会到为什么关键词会有 a new sense of success，尤其是对 new 与 old 没有分辨；课文中的 old success，就是传统认知层面的成功，而所谓 new sense of success，就是自我能动地去挑战新事物，敢于失败的精神。所以教师的引导性讨论是十分必要的。最初的讨论是开放和包容的，目的是引导学生用英语讲出自己的理解与故事，为进一步的讨论与后续反思打好基础。

Reference answers：

学生的回答是多样的，其中讨论最多的是 jumping out of comfort zone 这个概念。以下是两位学生的回答，以他们的回答为例，展开后续的讨论。

学生 A 的回答：关于军训合唱领唱的事情。

学生 A 非常喜欢唱歌，也自认唱得不错，但他并没有足够的自信在众人面前单独表演。在入校新生军训中，学生 A 在同班同学和连长的鼓励下，挑战自我，克服恐惧心理，参加了全连会演，并出色发挥。这件事让该学生品尝到了 jumping out of comfort zone 所带来的喜悦，并在今后的生活和学习中也常常受益。

学生 B 的回答：关于学习数学的经历。

学生 B 讲到自己在高中时数学特别好，但是到了大学，发现数学不再简单。他怀疑起自己学习数学的能力，一度感觉自己不擅长这门学科，因而对所选专业产生困惑，但是也不能再换专业了，十分苦恼。经过心态调整，他决定继续努力学数学，克服自己对数学的抵触心理。

Step 3：Whole-class discussion. 以问题的形式对以上活动进行总结，通过提问上述例子中的成功之处来复盘课文的关键概念：jumping out of comfort zone。

Questions：

What is success in both of the examples?

Reference answers：

Jumping out of the comfort zone and doing the things successfully in the end.

Step 4: Group discussion. 学生分组讨论 jumping out of comfort zone 的例子，并与课文第九段中作者所举的例子进行比较，引导学生关注作者所举例子中个人自主性的重要性。

Questions:

Compare your examples with the textbook examples in Para. 9, find the differences.

(Hint: motivational differences)

Paragraph 9:

Combine things. Experiment. Whether you find yourself writing for The Crimson or filming a documentary in South Korea or developing methods to purify the world's water as Peggy Mativo described. In short, be willing to experience the thrill of being out of your element. If you have never lived near a river, try rowing on the Charles. If you have never spent a day among trees, try hiking in Harvard Forest.

Reference answers:

同学们自己的例子：(Somewhat passive) 跳出舒适圈有着外力的助推。比如 A 同学的例子因为别人的推荐，所以不得不去尝试，去表演；B 同学的例子因为无法换专业，不得不调整心态，继续学习。

书本上举的例子：(More active) 利用大学资源，自己主动去尝试，跳出舒适圈。

Step 5: Whole-class discussion. 在上个讨论的基础上进一步追问：a new sense of success 究竟强调什么？与我们的理解有何不同？

Question 1:

What is the "new sense of success" regarding to the concept of comfort zone?

Reference answers:

主动地挑战自我，走出舒适区，做自己的主人，具有自驱力地去探索是关键。

概念清楚后，再次请学生回顾他们之前是否也有主动挑战自我的经历，通过分享加深对概念的理解，为后续问题打好基础。

Question 2: Can you think of an example of triggering yourself and getting out of your comfort zone?

Reference answers:

教师分享：主动学习英语的过程。

学好英语是一个自驱的过程，需要不断地走出舒适区，带着允许自己犯错误的心态进行学习。

方法：走出舒适区，做正确的事。练习听力、口头表达或者写作就需要一次次克服自己不能接受挫折的倾向：听不清、听不懂时，与其潦草地涂抹笔记，不如停笔凝神仔细聆听；表达词穷时，与其填充"嗯嗯啊啊"之类的语气词，不如暂停几秒再干净利落地说下去。有时我们想做正确的事，但简单做事的惯性太大，这就需要我们不断尝试、调整自己的心态，认识到不懂、不会是学习的必经之路，感到不舒适也是进步的一部分，制订明确的计划，并在反复练习中逐渐掌握正确做事的方法。

Step 6：Whole-class discussion. 学生思考：既然跳出舒适区可以通往成功，为什么人们不愿意跳出舒适区？学生理解跳出舒适区只是第一步，之后面对失败和经历失败也是重要的人生体验。

Questions：

If jumping out of the comfort zone is the first step to success, then why are people afraid of doing so?

Reference answers：

Because people are afraid of uncertainties and failures.

Because people are not allowing themselves to fail.

Allowing yourself to fail and accepting your own failure are two different things.

点评呼应课文第七段的最后一句"by discovering that a key part of any success is the part of you that is willing to fail"。

Step 7：总结讨论，再次强调课文的主旨大意：a new sense of success.

Wrap up Questions：

One thing you can take home：how to achieve "a new sense of success"?

Reference answers：

Allowing yourself to fail and taking the initiative to step out of the comfort zone. It is your own willingness to accept or seek discomfort that will dictate the growth of you.

结语：

在大学生活和今后的人生中，学习需要自驱，失败也会一直伴随左右。想做好一件事情，首先要允许自己失败，允许不完美；遇到挫折时，不能消极甚至放弃，你的被动其实就是弃权。大胆走出去，去尝试新的东西，犯错失败都是人生的瑰宝。

案例十五：刻苦务实
"大学英语"（4）课程思政教学案例

卢小军

1. 案例素材来源

1.1 课文材料

《高起点大学英语读写教程1》，赵晓红主编，上海交通大学出版社，2016年9月出版。

Unit 1 Text A　Grades and Money

1.2 补充材料（1）

The Fallacy of Good Grades

1.3 补充材料（2）

College Pressures

2. 课程思政融入点说明

2.1 刻苦务实，意志坚强

大学生的压力主要源于学习、恋爱、交往、前途和经济等方面。那么，大学生如何克服压力呢？首先，大学生们要正确看待压力。有了压力不要惧怕和逃避，把压力当作动力，压力就不可怕了。其次，努力发挥自己的长处。经营自己的长处，就是给自己的人生增值。同时，大胆地和别人交往，扩大交际圈，增强交际能力。做好自己的人生规划。补短板，扬长处，不断朝着近期目标和长远目标努力和冲刺。

2.2 批判性思维，实践和创新能力

大学学习仅仅是为了分数吗？显然不是。批判性思维，实践和创新能力比分数更为重要。大学生们要转变对分数的刻板认知，不要过度以分数为中心，学习不要过分功利。广大高校教师和各级主管教学部门要注意考核方式多样化，切实提高大学生的批判性思维，实践和创新能力。

3. 教学使用方法和步骤

3.1 适用范围

本案例适用于主题涉及大学课业成绩、考核制度、学生学习品质的读写课程。

3.2 使用方法

关于融入点1：刻苦务实，意志坚强

Step 1：班级采访

首先把学生分成两大组（interviewers and interviewees），角色扮演，采访同学以下问题；然后交换角色，进行采访。

Questions for class interview：

1) Did you have any stress at college? What are your major sources of stress?

2) How did you overcome stress? Would you please share your experience with us?

Step 2：采访结果汇报

教师邀请同学汇报采访结果，在黑板上写出关键词，比如 stress from academic study, stress from job employment, stress from interpersonal relations, financial stress, stress from love affairs, 等等。

Step 3：阅读补充文章，展开讨论

请同学结合自身经历谈谈文中提到的四类压力：economic pressure, parental pressure, peer pressure, and self-induced pressure。教师引导学生讨论和总结克服上述压力的方法。

关于融入点2：批判性思维，实践和创新能力

Step 1：学生就以下问题展开讨论

1) How do you look at grades at college?

2) Do you learn just to get good grades?

3) Is there anything that grades or standardized tests can not truly measure? What can they possibly be? Please list and explain them.

4) How do you think that we can reform the current grade-oriented education system?

可以采用生生讨论、师生讨论、汇报总结的方式展开。

Step 2：阅读文章，完成写作

让学生阅读文章："The Fallacy of Good Grades"，完成 250~400 词的作文：

Do you agree or disagree with the following statement? "Grades (marks) encourage students to learn." Use specific reasons and examples or details to support your opinion.

Sample essay for reference：

A lot of people claim that marks in tests encourage students to learn. I agree with this statement, because examinations are a good way for a student to review what he/she has learned; test scores are a standard measurement for students' learning ability and knowledge level; and the test system can benefit students' future.

First of all, tests are important for students' learning. Attending classes is not enough for students to learn the subjects no matter how carefully they listen to what the teachers say. They need examinations to review the lesson. In most cases, grades or marks are the only means by which teachers measure students' learning ability and learning progress. Grades encourage students to study for examinations, and it is a good system for students to learn.

Secondly, test scores are a standard measurement for students' learning ability and knowledge level. Most people would agree with this, therefore universities all over the world take test results as a standard measurement to give admission to new students, to offer fellowships, and to decide whether to grant a student graduation. High school teachers use test results as a means to evaluate the effects of teaching, and students' learning progress. By test scores, teachers also know each individual student's ability to learn.

Thirdly, test results can stimulate a student to work hard on his courses. The testing mechanism encourages students to work hard in order to achieve a better result; they will devote more time on study, and develop a "never give up" spirit. This will not only benefit their study, but also teaches them a truth, that everyone needs constant learning and hard working in order to be useful to this society. Students who have developed such learning habits and never give up nature will not only have good performance at schools, but can also be superior to others in other aspects; for example, such natures are important factors even after finishing schools. I believe most students understand the importance of these qualities and impacts on their life; therefore they

227

know how important it is to work hard and try to achieve a better score.

In conclusion, marks can stimulate students to learn, and good marks can give them advantages in going to a good university and finding a good job. Therefore I strongly support the statement that marks can encourage students to learn.

案例十六：严谨治学
"大学英语"（2）课程思政教学案例

杨翕然

1. 案例素材来源

1.1 听力材料：Making pottery

《Step by Step 3000 英语听力入门 4-学生用书（修订版）》，张民伦、张锷等编，华东师范大学出版社，2016 年出版。

本案例选用素材为来源教材 Unit 10 Your Round-Part II New Fashions-B 部分。

1.2 补充材料（1）

上海博物馆网站（英文）。

上海博物馆（数字文物库）陶器和瓷器展品的相关英文网页。

1.3 补充材料（2）

陶与瓷的几点区别。

1.4 补充材料（3）

我国早期陶器（early pottery）考古发掘的相关研究：

江西仙人洞遗址出土陶器相关研究表明中国早期陶器出现的时间至少为距今两万年前。

2. 课程思政融入点说明

2.1 了解中国传统手工艺——制陶

我国历史文化源远流长，为了更好地传承和发扬我国历史和文化，年轻一代需要了解和发展我国的传统工艺，同时也应当掌握如何用英语介绍我国的文化，以促进跨文化交流。制陶是我国传统手工艺，具有悠久历史，其过程值得学生进行细致学习，从而做到不仅了解制陶的基本工艺流程，也能用英语解释制陶工艺的基本要素。

2.2 学习关于中国传统工艺制造和艺术品的英文词汇

在了解制陶基本工艺流程的基础上，可以进一步为学生补充适量常见词汇表达，拓展学生对我国传统工艺制造和艺术品的了解，激发他们进一步了解我国历史文化的兴趣，在推进文化自信自强的同时培养学生在英语语言表达和交流应用方面的能力，让他们能够更加全面细致地分享和传播关于我国传统文化和手工艺瑰宝的知识，同时为进一步拓展阅读和积累知识打下坚实的基础。

2.3 拓展关于中国早期陶器考古发掘的研究

科学研究需要严谨治学与坚持不懈的态度，考古学家为了寻找人类历史上最早出现陶器的年代不断开展考古发掘和相关研究，并通过研究论文向国内外读者报告研究进展和发现，让我们更好地了解人类历史和文化。以陶器为切入点，为学生介绍我国陶器考古发掘的相关研究可以进一步将外语教学与其他学科研究联系起来，让学生体会知识的积累和应用，同时也能进一步增强课程思政的效果，引导学生在文化自信的基础上通过研究实践为我国科研事业的发展贡献自己的力量。

3. 教学使用方法和步骤

3.1 适用范围

本案例适用于关于爱好、文化、手工技能方面的听说课程，可以在培养学生相关表达能力的同时进行课程思政教育，培养学生的文化自信。

3.2 使用方法

Step 1：预先学习听力材料所涉及生词。建议根据学生的词汇掌握情况调整生词列表。示例如下：

单词	主要词性	听力材料相关释义（简要）
pottery	n.	陶器；陶艺；制陶厂（作坊）等
recreational	adj.	娱乐的；消遣的
Kaolin	n.	高岭土
chrysanthemum	n.	菊花
turntable	n.	转盘
canister	n.	筒；小罐

续表

单词	主要词性	听力材料相关释义（简要）
kiln	n./v.	（n.）窑；炉（v.）烧窑
glaze	n./v.	（n.）釉（v.）上釉
throwing	n.	拉坯
firing	n.	烧制

Step 2：学生仔细听材料录音，按要求完成篇章填空。建议根据学生对词汇的掌握情况调整填空的内容和长度。

Step 3：学生再次听材料录音，根据文章对制陶流程的描述记笔记，并进行简要复述。参考题目：You need to introduce the procedure of pottery making, an ancient Chinese art, to foreigners. Please prepare a mini-presentation based on the steps introduced in the recording. （可根据教学需要对题目或要求进行调整。）

该部分着重于从输入（听力）到输出（表达）的转换以及衔接词汇的表达。要求学生能够用恰当的术语和表达描述制陶工艺的关键流程。对制陶手工艺基本流程的介绍不仅能提高学生的相关语言表达能力，也能使学生在跨文化交流语境下增强语言表达能力，提升文化自信，实现课程思政。

Step 4：中国传统手工艺词汇拓展。

可以对制陶这一话题进行拓展，补充我国其他传统手工艺相关词汇。示例如下：

单词	主要词性	简要释义
porcelain	n./adj.	（n.）瓷；瓷器（adj.）瓷制的
bronze ware	n.	青铜器
gold ware	n.	金器
jade ware	n.	玉器
lacquer work	n.	漆器

同时，也可以通过在线博物馆等资源进行知识拓展，利用图文等多模态信息介绍陶器、瓷器等相关词汇和知识，进一步增强学生的学习兴趣，引导其了解我国历史与文化相关的知识。

线上资源示例：上海博物馆（数字文物库）。

Step 5：关于早期陶器出现年代的探索。

鼓励学生探索早期陶器出现的年代。通过介绍我国考古学者带队完成的相关研究（如江西省仙人洞遗址出土陶器的相关研究），鼓励学生运用英语知识和词汇探讨科研话题，不断进行实践和探索。

案例十七：孝顺
"大学英语"（1）课程思政教学案例

周岸勤

1. 案例素材来源

1.1　课文材料

《新视野大学英语（第三版）读写教程1》，郑树棠等主编，2015年6月出版。

Unit 1：Text A Paragraph 22

My little baby, my dependent child, isn't coming back. But someday my daughter, the independent woman, will return home. Tokens of her childhood will await her. So will we, with open arms.

Text B Paragraph 34

He takes a sip of his champagne, and then with steady fingers picks up a slice of eel and downs it easily. Then another, and another, until he eats the whole piece. And again, time slows down and the love flows in—daughter to father and back again.

1.2　补充材料（1）

《论语·孝悌篇》+中文译文+英文译文

1) 有子曰："……君子务本，本立而道生。孝弟也者，其为仁之本与？"

——《论语·学而》

2) The superior man bends his attention to what is radical. That being established, all practical courses naturally grow up. Filial piety and fraternal submission are the foundation of all virtuous practice.

——Trans. James Legge

（君子专心致力于基础工作，基础树立了，"道"就会产生。孝敬父母，敬爱兄长，这就是仁爱的基础。）

1.3 补充材料（2）

《陈情表》+中文译文+英文译文

1.4 补充听力材料（3）

杨澜访谈录——《虎妈战歌》

2. 课程思政融入点说明

2.1 父慈子孝

父母陪伴着子女长大，子女要陪伴父母变老。中国古代文学家、教育家颜之推指出家庭中需"父慈子孝"。父母慈爱，子女孝顺是中华民族的传统美德，也是人们处理家庭关系最重要的伦理原则。《论语》中说"弟子入则孝，出则悌"。孝敬父母，是所有行为之首，所有善行的开始。孝顺父母，是家庭兴旺发达的重要保证，孝的家风需要世代传承。"孝顺还生孝顺子，忤逆还生忤逆儿。"要想子女孝顺自己，自己必须先孝顺父母。

2.2 如何做到孝

其一，古语云："树欲静而风不止，子欲养而亲不待。"时间过得很快，父母当年还是青春年少，如今已是花甲之年。子女需要花时间陪伴父母。

其二，《礼记》说："孝子之养也，乐其心，不违其志。"孝子对父母的奉养，是要让他们从心里感到愉悦和快乐，不违背他们的意志。帮助父母完成心愿，是孝顺父母的重要体现。

其三，《劝报亲恩篇》说："好饭先尽爹娘用，好衣先尽爹娘穿。"有好吃的，要先想到父母，有好穿的，要先想到父母。作为子女，要尽己所能让父母衣食无忧。

其四，有人向孔子请教什么是"孝"，孔子回答说："色难。"始终保持好脸色是最难的。所以，和颜悦色是最高级的孝顺。

3. 教学使用方法和步骤

3.1 适用范围

本案例适用于 Filial piety 和父母子女家庭关系的主题理解和讨论。

3.2 使用方法

Step 1：学生仔细阅读 Paragraph 22 和 Paragraph 34，理解每句话的深意。

"Someday my daughter, the independent woman, will return home. Tokens of her childhood will await her. So will we, with open arms." 描述了女儿长大独立后，再归家时，父母欢喜的情感。

"And again, time slows down and the love flows in—daughter to father and back again." 描述了女儿陪伴轮椅上的父亲度过一天后，年迈的父亲和女儿之间的感情流动。

Step 2：中译英。

1) 儿行千里母担忧。

2) 鸦有反哺之义。

3) 百善孝为先。

Reference answers：

A mother always worries about her traveling child.

A young crow feeds its mother to reciprocate her love.

Filial piety is of the utmost importance in all virtues.

Step 3：用英文复述李密《陈情表》里关于李密和祖母亲情的内容。

Reference answers：

When Li Mi was very young, his father died and his mother remarried. He was raised up by his grandmother. Life was hard for Li Mi and his old grandmother as he was in bad health and they had no relatives to turn to. They depended upon each other for family warmth and care. When Li Mi was 44 years old, the emperor asked him to take his office in the capital. Li Mi finally declined the duty as his grandmother was bedridden and could not live without Li Mi. In the letter written for the emperor, Li Mi, with strong emotions, explained his family situation and begged the emperor to allow him to stay with his grandmother. The letter greatly moved the emperor and he agreed.

Step 4：听说训练。

1) 观看杨澜访谈录《虎妈战歌》，总结访谈中的主要内容。

2) 学生分组讨论：父母对孩子的教养应该是怎样的？虎妈有10条家规，包括：不准有科目低于A；不准有任何一天不练习钢琴和小提琴；不准在外过夜；不准从事自己喜欢的课余活动，等等。虎妈对女儿的教育方式一词以概括，就是"strict"。有这样一位母亲，你认为是幸运还是不幸呢？

Reference answers：

1) The first story Yang Lan and Tiger Mother talk about is the conflict between Tiger Mother and her younger daughter Lulu. The mother wanted Lulu to try caviar, the very expensive food. Lulu refused her request. When her mother persisted, she shouted at her, saying she was a terrible mother in the presence of many other diners. Amy was

so embarrassed that she run out of the restaurant. She was hurt. The second story is the success of Amy's older daughter in piano-playing. She practiced piano every day, even on their vacation in foreign countries. Sophia is very successful. She was invited to play at the Carnegie Hall, which is a great honor. Strictness brings success, and success enhances inner motivation. The third thing in their talk is the relationship between parents and children. According to Amy, children is not the product of parents. Instead, they are the pride and joy of them. Parents should know that every child has his/her personality. And parents should value both happiness and success of children.

2) 略。

案例十八：谦逊
大学英语（3）课程思政教学案例

金 霞

1. 案例素材来源

1.1 课文材料

《高起点大学英语读写教程1》，赵晓红主编，上海交通大学出版社，2016年9月出版。

Unit 1 Text A：Convocation Address to the Class of 2016

Paragraph 4

At the opening convocation for my college class at Bryn Mawr a thousand years ago, our president, Katharine McBride, told us that the path to learning is humility. I still remember it, which is saying something. It sounds a little joyless, now, slightly chastening, but what she meant was that our prowess at this or that, our ability to do what was expected of us was not the point. Learning was about becoming a different, more vulnerable self — a self open to the vast universe of the untried and the unknown — and it would free us.

1.2 补充材料（1）

道德经·第八章文言文+中文译文+英文译文

1.3 补充材料（2）

TED Talk：Be humble—and other lessons from the philosophy of water ｜ Raymond Tang

1.4 补充材料（3）

How to Be Confident but Humble

2. 课程思政融入点说明

2.1　谦虚是学习的前提

谦虚是一种美德，是进取和成功的必要前提。正如常言所云：谦虚使人进步，骄傲使人落后。谦虚的人肯接受不同意见，并虚心向人请教。有真才实学的人往往虚怀若谷，乐于接受新的知识；而不学无术，对知识一知半解的人，却常常骄傲自满、自以为是。

为什么谦虚是学习的前提呢？假设我们要用盒子装东西的话，前提是盒子必须是空的。如果盒子已经满了，要么根本无法装新的东西进去，要么只能把里面原有的东西倒出来或者压缩整理，才能腾出空间装新东西。同理，一个人只有心里愿意留有空间或者腾出空间接纳新事物的时候，才能学到新的知识。谦虚的人就是愿意接受新事物或者不同意见的人，他们不故步自封，不固执己见，而是愿意倾听他人的意见和想法，给新知识和新理念留下一席之地。因此谦虚是学习的前提，只有拥有谦虚的学习态度，才有学习新知识和新理念的可能。

2.2　自信与谦逊并不矛盾（optional）

自信与谦逊看似矛盾，其实并不矛盾。一个自信的人如果不谦逊，会显得自负。一个谦逊的人如果不自信，就会显得自卑。自信会让人淡定，胜不骄，败不馁。谦逊是自信的另外一种表现，是一种大家风范。谦逊不是自卑，而是该表现的时候表现，该谦虚的时候谦虚。谦逊的人知道人外有人，天外有天。

3. 教学使用方法和步骤

3.1　适用范围

本案例适用于主题为 humility 或者 humble 的听说/读写课程。

3.2　使用方法

Step 1：Read Paragraph 4 carefully and answer the following questions：

1) In this paragraph, McBride told us that the path to learning is humility. What does the word "humility" usually mean? What does the word humility mean in this context?

2) Do you agree with Katharine McBride's statement that humility is the path to learning? Why/Why not? Please support your opinion with reasons and/or examples.

Reference answers：

Answer to Question 1：

Generally speaking, humility is an attitude of spiritual modesty that comes from understanding that we have no special importance that makes us better than others. In this context, it refers to intellectual humility, which is a particular instance of humility. Intellectual humility means having a consciousness of the limits of one's knowledge, and having a sensitivity to bias, prejudice, and the limitations of one's viewpoint. It is marked primarily by a commitment to seeking answers, and a willingness to become a different, more vulnerable self—a self open to new things and new ideas—even if they contradict our views. It is noteworthy that intellectual humility does not imply spinelessness or submissiveness. It implies the lack of intellectual pretentiousness, boastfulness, or conceit, combined with insight into the logical foundations, or lack of such foundations, of one's beliefs.

Answer to Question 2:

Yes, I agree with Katharine McBride's statement that humility is the path to learning. Without humility, one is unable to learn. People who are humble by nature tend to be more open-minded and quicker to resolve disputes, since they recognise that their own opinions might not be valid.

In the realm of science, if necessity is the mother of invention, then humility is its father. Scientists must be willing to abandon their theories in favour of new, more accurate explanations in order to keep up with constant innovation. Many scientists who made important findings early on in their careers find themselves blocked by ego from making fresh breakthroughs. Intellectually humble scientists are more likely to acquire knowledge and insight than those lacking this virtue. Intellectual humility changes scientists themselves in ways that allow them to direct their abilities and practices in more effective ways.

Step 2: Translation

1) Translate the following sentences about humility into English. (学生尝试翻译下面有关"谦虚"的名言名句，目的在于提醒学生谦虚是中国文化长久以来公认的美德)

-谦虚使人进步，骄傲使人落后。

-满招损，谦受益。

Reference answers:

-Modesty helps one go forward, whereas conceit makes one lag behind. / Modesty helps one make progress while conceit makes one lag behind.

— The modest receive benefit, while the conceited reap failure. / Benefit goes to the humble, while failure awaits the arrogant.

2) Read one part of *Tao Te Ching*（道德经·第八章的原文、中文译文和英文译文）

【作者】老子　【朝代】春秋时期

上善若水。

水善利万物而不争，处众人之所恶，故几于道。

居善地，心善渊，与善仁，言善信，政善治，事善能，动善时。

夫唯不争，故无尤。

中文译文

最善的人好像水一样，水善于滋润万物而不与万物相争，停留在众人都不喜欢的地方，所以最接近于"道"。最善的人，居处最善于选择地方，心胸善于保持沉静而深不可测，待人善于真诚、友爱和无私，说话善于恪守信用，为政善于精简处理，能把国家治理好，处事能够善于发挥所长，行动善于把握时机。最善的人所作所为正因为有不争的美德，所以没有过失，也就没有怨咎。

English Translation

"The supreme goodness is like water.

It benefits all things without contention.

In dwelling, it stays grounded.

In being, it flows to depths.

In expression, it is honest.

In confrontation, it stays gentle.

In governance it does not control.

In action, it aligns to timing.

It is content with its nature,

and therefore cannot be faulted."

Step 3: Listening and speaking activity

1) Watch TED Talk "Be humble—and other lessons from the philosophy of water" (0:00-5:06). Ask students to retell the first lesson the speaker learned from the philosophy of water to further understand the meaning of being humble.

2) Group discussion: Look at the following picture. Confidence and humility are two seemingly contradictory attributes. How to be confident but humble? (This task is optional, or can be used as home assignment)

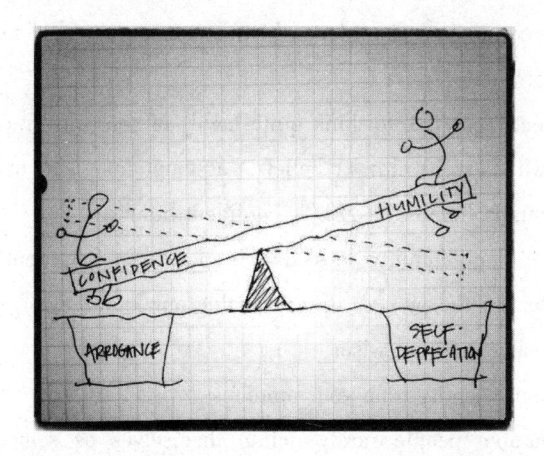

Reference answers:

Revised from: https://medium.com/mind-cafe/confident-humility-f0fe72e8da94

There's a common belief that confidence is what allows us to act with conviction and make a mark on the world, while humility prevents us from doing so. Proponents of this belief, the "pro-confidence" camp, argue that if we are too humble, we become meek and ineffective in implementing ideas. At the same time, there's a concern that too much confidence can snowball into arrogance and hubris. Proponents of this view, the "pro-humility" camp, argue that unchecked confidence, hubris, and ego result in missed opportunities to improve and result in impending downfalls.

Actually making good decisions and doing the right thing require *both* confidence and humility.

At firstglance, there seems to be tension. How can you be confident while humble? How can you act with determination if you are uncertain about your abilities?

The key to reconciling this apparent tension between confidence and humility is to clarify we're confident and humble about. The concept of "Confident Humility" does this by defining a confidently humble person as someone who is aware that their beliefs might be wrong (and hence is not certain about them) but is confident in their ability to arrive at the correct solution (and hence is not riddled by self-doubt).

The type of confidence that a confidently humble person has is not unwavering certainty about one's beliefs, but self-assurance. This type of confidence is not the dogged conviction that one is always correct, but an undercurrent of faith in one's own ability

241

to arrive at the correct answer. Confidence in this sense is a belief in your potential to become better tomorrow.

So, it is perfectly possible to think quite highly of yourself (i. e. , be confident) while questioning whetheryour current beliefs, assumptions, and instincts are correct (i. e. , be intellectually humble). *This* is confident humility.

What does confident humility look like in practice? Confidently humble people know how to use doubt (the process of questioning our knowledge) to their advantage to make better decisions and act wiser.

1. DETACH your identity from your opinions

Confidently humble people rarely define themselves as someone who holds a certain set of beliefs. Instead, they define themselves as people who hold sets of values. In particular, they see themselves as individuals who value curiosity, learning, mental flexibility, and the search for truth.

2. OPEN yourself to contradictory ideas

Confidently humble people have an acquired taste for being proved wrong. They're excited to be shown that they're wrong. As a result, they deliberately surround themselves with people who challenge them and seek information that goes against their prior beliefs.

3. Understand the UNCERTAINTY in the world

Confidently humble people recognize reality as composed of shades of grey, not the extremes of black and white. They understand that there are more than two sides to the story and embrace competing and conflicting claims.

4. BUILD a deliberative process

Because of the uncertainty in the world, many problems we hope to solve don't have a perfect solution. We are instead dealing with probabilities. The "confidence" of confidently humble people comes partly from building a rigorous deliberative process where they can chew over every potential solution and hear all possible opinions possible. This deliberative process allows them to be confident that the end decision is the best decision they could have made given the time and resource constraints they face.

5. TRIGGER and commit when the time comes

Confidently humble people are able to draw a clear dividing line between deliberation and implementation, avoiding indecisiveness and "analysis paralysis". Once a decision has been made following a sound deliberation process, they step forth, speak, command, and put their decision into action.

案例十九：感恩
"大学英语"（3）课程思政教学案例

王春艳

1. 案例素材来源

1.1 课文材料

《高起点大学英语读写教程1》，赵晓红主编，上海交通大学出版社，2016年9月出版。

Unit 5 Text A：Why Chinese Mothers Are Superior

Paragraph 13

Second，Chinese parents believe that their kids owe them everything. The reason for this is a little unclear，but it's probably a combination of **Confucian filial piety** and the fact that the parents have **sacrificed** and done so much for their children. (And it's true that Chinese mothers get in the **trenches**, putting in long **grueling** hours personally **tutoring**, training, **interrogating** and **spying** on their kids.) Anyway, the understanding is that Chinese children must spend their lives repaying their parents by obeying them and making them proud.

Paragraph 16

Don't get me wrong：It's not that Chinese parents don't care about their children. Just the opposite. They would give up anything for their children. It's just an entirely different parenting model.

1.2 补充材料（1）

听力+阅读：My mother's gift

1.3 补充材料（2）

"Filial Piety：An Important Chinese Cultural Value"

1.4 补充材料（3）

"Mom，stop nagging me"

2. 课程思政融入点说明

2.1　帮助学生树立感恩父母、孝敬长辈的思想

感恩父母、孝敬长辈是中华民族的传统美德。《高起点读写教程》Unit 5 Text A 对比了中西方育儿模式的不同，分析了其育儿方法不同背后的原因。其中提到华裔父母为了儿女付出了毕生的精力，参与到孩子成长和学习过程的方方面面（the parents have sacrificed and done so much for their children…it's true that Chinese mothers get in the trenches, putting in long grueling hours personally tutoring, training, interrogating and spying on their kids.）。在讲授语言知识的同时可以把感恩父母、孝敬长辈的思政点融入课堂。因为懂得感恩父母、懂得感恩身边的人才会产生幸福感，有幸福感的人才会感受到生活的意义所在，才能有健全的人格。感恩的能力也需要培养。适当在课堂中引导学生学会感恩，学会在成长中承担一定的社会责任，照顾好父母。中国自古提倡孝道，相关古语表述有不少，例如：百行孝当先（Filial piety is the most important of all virtues.）。类似的典故和表达也有不少，如"香九龄，能温席"（When Huangxiang was nine years old, he could warm the mat for his father. Whoever has love for their parents should be as kind as such.）。自古所讲的"羊跪乳，鸦反哺"的道理表达了羊有跪乳之恩，鸦有反哺之义的意思。动物尚知报答父母的养育之恩，人更应做到如此。本单元思政点通过课文内容和补充材料，帮助学生培养树立感恩之心。

2.2　培养学生的批判性思维能力

课文内容有关华裔父母育儿的辛苦和付出，有"父母期盼孩子要通过服从父母的意愿和荣耀父母的方式回报父母"的相关阐述："Chinese children must spend their lives repaying their parents by obeying them and making them proud。"对于父母的养育之恩，以还债的思想来孝顺父母，服从父母的方式是否得当？如何对待社会上父母以爱和孝顺之名，来控制孩子的不妥观念和做法？在如今社会，以爱的名义和不妥的育儿观念和做法导致亲子关系矛盾的问题也需要思考和重视。学会和父母相处，这也是如今大学生该学习和掌握的能力。通过对本单元和父母关系的相处学习和讨论，同时培养学生对课文中提到的观点的思考，培养大学生批判性思维能力。

3. 教学使用方法和步骤

3.1　适用范围

本案例适用于主题为理解感恩父母的爱、爱父母、感恩类的听说/读写

课程。

3.2 使用方法：

融入点 1：

1) 课前 warm-up 讨论

组织课堂讨论提问：How do you understand "filial piety"？

列举汉语里有关孝道的表达，并做翻译练习。

（通过列举这些表达，可以加深对中国自古以来孝敬父母长辈感恩父母养育的理解，同时可以掌握相关英语表达。）

2) 听力和复述

Listen and retell the mini novel "My mother's gift", and share some similar unforgettable experiences or stories. 父母的爱是无私的，育儿的过程也充满了乐趣；作为孩子，成长的点滴也都离不开父母的陪伴和付出。（通过听力和复述短篇小说，理解妈妈的礼物的珍贵，同时分享自己人生中和父母一起成长的点滴，启发学生珍视父母的爱、感恩父母的养育之恩。）

3) 写作和讨论

Make two lists of things that your parents have done for you and those you have done for your parents. And add your reflections on the comparison of the two lists. （通过这个写作和讨论活动，学生在现实生活中会更加理解课文的内容："…the parents have sacrificed and done so much for their children."。通过列举父母为自己做过的事和自己为父母做过的事的反差，对比和反思会使学生领悟到父母对子女的奉献，培养孩子对父母的感恩心，珍惜父母的爱，并思考以后如何能为父母多付出一些。）

融入点 2：

1) 课堂话题讨论

提前阅读 2 篇补充材料 "Filial piety：an important chinese cultural value" 和 "Mom, stop nagging me"。课堂讲解第 13 段和第 16 段内容时，结合补充阅读材料组织课堂讨论：

讨论问题 1：询问学生是否有补充材料 "Mom, stop nagging me" 一文开头提到的 " I have a 48-hour serenity limit when I'm with my parents." 和父母相处超过 48 小时就会有矛盾呢？

讨论问题 2：孝顺是否就是要一切听从父母的指令，服从父母的意愿？要从什么程度上做到"父母教，须静听，父母责，须敬承"？

讨论问题 3：具体该如何做到孝顺父母尊重长辈？如何建立良好的亲子关系？

（说明：思政融入点 1 和 2 不是割裂的，可以结合在讲解课文 13 段和 16 段内容时一起逐步开展，融入点 1 在讲解课文内容前 warm-up 讨论时展开，融入点 2 在讲解课文内容后深入讨论实施。）

案例二十：诚信
学术英语写作课程思政教学案例

桑 园

1. 案例素材来源

1.1 课文材料

《学术英语写作与演讲》，张荔、盛越主编，清华大学出版社，2022 年 1 月出版。

Unit 4：Plagiarism

The definition of plagiarism

Specific behaviors viewed as plagiarism

1.2 Florida State University Academic Honor Policy

Seven examples of academic honor violations

Possible sanctions for academic honor violations

1.3 Purdue OWL APA 7th format guideline

网站链接：https://owl.purdue.edu/owl/research_and_citation/apa_style/apa_formatting_and_style_guide/general_format.html

2. 课程思政融入点说明

学术规范是科研工作者从事科研活动必须遵守的行为规范，是维护学术共同体健康、良性、公平和高效发展的基石。遵守学术规范、树立学术诚信意识、践行良好的学术风范是当代大学生和研究生在学术成长之路上的必修课。在学术英语写作起步阶段帮助学生对学术规范建立清晰、准确和全面的认知，是开展后续教学和实践活动的基础。在此过程中，教师需要帮助学生对不同类型的学术不端行为建立明确认识并加以区分，充分了解违反学术规范可能产生的后果，并且学习规范地使用引用格式从而避免抄袭等学术不端的行为发生。本案例包含学术不端的具体内容和现实案例，帮助学生树立学术诚信意识；涵盖人文社会科学领域国际上较为通用的 APA（American Psychological Association）7号引用格式说明和实例，有助于指导学生学习如何规范地撰写文中引用和参考书目。

3. 教学使用方法和步骤

3.1 适用范围

本案例适用于学术英语写作有关 academic honesty、plagiarism、in-text citation 或 reference 的课程教学。

3.2 使用方法

Step 1：Two activities to introduce the course topic

Activity 1：FSU Academic Honor Policy

Read FSU Academic Honor Policy and explore each example of academic honor violations.

Reference answers：

1) Plagiarism refers to the act of presenting another person's work as one's own. Some examples involve directly copying sentences and paragraphs from a website or an article, using tables, figures, and charts from other people's work without acknowledging the sources, and paying others to write one's own paper. It is important to note that failing to acknowledge the sources in proper ways may also be evaluated as plagiarism.

2) Cheating means that a person uses information or materials in academic exercises without instructor's permission. Some examples involve copying another student's answers in tests, and obtain information about an exam before the scheduled time without permission. This also includes unauthorized collaborations on social media.

3) Unauthorized group work is about the act of working with others when the task should be completed individually. Students must obtain permission from the instructor to collaborate on an assignment. This also includes unauthorized actions on social media.

4) Fabricating, falsifying, and misrepresenting information in academic work is another case of academic honor violation. In this case, it involves examples such as inventing data or evidence in research, altering experiment results, and turning in a fake excuse note for absence.

5) Multiple submission is a case that some students may not be fully aware

of. Students must obtain permission from their course instructor before using the same or similar parts of past assignments to fulfill the requirements of current coursework. It is important to note that this also includes oral presentations.

6) Abuse of academic materials involves stealing, destroying, hiding, and damaging academic materials. This may take place in cases where a student intentionally damages library books or programs in public computers, hides public academic materials so that others cannot access them, and destroys other persons' notes or experiments.

7) If a student intentionally helps another person commit academic dishonesty, their act is thought to be complicity in academic dishonesty, which also violates academic honor policy. This involves allowing classmates to copy one's own paper or answers in exams, and sharing test questions on social media. It still violates the honor policy even the shared information is false.

After this activity, the instructor may guide the students to explore the possible consequences of academic honor violations detailed in FSU Academic Honor Policy

Reference answers:

Some possible consequences of academic honor violations may include reduced grade in an assignment or the whole course, necessary educational activities such as receiving additional citation tutoring, as well as more severe sanctions such as probation, suspension, and expulsion. These may also apply to those graduates who have received degrees from the university.

Activity 2: Five cases of academic misconduct in real life: Piero Anversa, Haruko Obokata, 翟天临, 陈进, 贺建奎

Guide students to explore these cases and respond to the discussion questions: Who is this person? What was the academic misconduct they committed?

Reference answers:

1) Piero Anversa was a famous scientist at Harvard Medical School. He was a leading scholar in the research of regenerative properties of stem cells. However, investigations of his work revealed that his publications involved falsified and fabricated experiment data.

2) Haruko Obokata was a Japanese scientist of stem cells. In her publications, she intentionally altered figures of experiments. These actions were determined as misleading manipulation and fraudulent.

3) 翟天临在北京电影学院攻读博士研究生期间发表的学术论文被质疑存在

抄袭行为。后经调查，其论文重复率过高，使用他人观点未做引用注释说明，构成学术不端。

4）陈进曾任上海交通大学微电子学院院长，其团队在开发"汉芯"芯片的过程中弄虚作假、夸大事实，违反学术诚信，构成学术不端。

5）贺建奎在基因编辑婴儿实验中伪造伦理审查材料，违反医学科研伦理和国家法律，最终获刑。

Step 2：What is plagiarism

《学术英语写作与演讲》Unit 4

Plagiarism means copying other peoples' work. According to the Merriam-Webster (n. d.) online dictionary, to "plagiarize" means：

- to steal (the ideas or words of another) as one's own;
- to use (another's publication) without crediting the source;
- to commit literary theft;
- to present as new and original an idea or product derived from an existing source.

Plagiarism is considered a serious problem in the academic world and deserves severe punishment. A student who commits plagiarism will end up failing in the course. A candidate who engages in accused of plagiarism will have his/her reputation ruined. Therefore, it is essential that students be educated not to plagiarize at the very beginning.

The following behaviors are considered plagiarism.

- borrowing from the writer's own previous work without citation;
- paraphrasing from multiple sources and fitting the information together;
- citing some, but not all that should be cited;
- changing keywords and phrases but copying the sentence structure of a source;
- copying words or ideas from someone else without giving credit;
- turning in one's own previous work;
- relying too heavily on the original wording and/or structure;
- containing significant parts of text from a single source;
- including proper citation to sources without original work;
- mixing copied materials from multiple sources;
- including citations to non-existent or inaccurate sources;
- submitting someone else's work as your own.

All of the above are considered plagiarism. Then how can plagiarism be avoided? You have to keep track of all the information, paraphrase or summarize the original text to support your own idea, and give credit by providing in-text citations and references.

Step 3: Using in-text citations and references to avoid plagiarism

Using appropriate citation format based on APA 7th. See more specific instruction in https://owl.purdue.edu/owl/research_and_citation/apa_style/apa_formatting_and_style_guide/general_format.html

3.1 General rules of in-text citations

1) When there is a single author:

John (2009) reminds us that most second language writing instruction throughout the world is delivered by underprepared and inexperienced teachers.

Also, a combination of training and awareness raising (Lamie, 2004), particularly contextually situated awareness, can help enrich teacher learning.

As Ortega (2009) rightly puts it, "a blend of realism and idealism is out best hope to deliver successful L2 writing instruction across EFL contexts" (p. 249).

2) When there are two authors:

Lyster and Saito's (2010) meta-analysis found that younger learners tend to benefit more from CF, finding stronger delayed effect sizes, particularly for prompts.

This line of research stems, pedagogically, from the shift towards communicative language teaching with a focus on form (e.g., Norris & Ortega, 2000).

Russell and Spada (2006) suggest, "there is a need not only for a greater volume of studies on corrective feedback, but also studies that investigate similar variables in a consistent manner" (p. 156).

As a result, students may receive insufficient "input, output, and interaction, particularly given the time constraints of a language class" (Spino & Trego, 2015, p. 3).

3) When there are three and more than three authors:

Priestley et al. (2015) identified three main conceptualizations of agency in the current literature.

Also, assuming that her students previewed the course content at home, in class she was able to focus on improving her students' higher order thinking skills, which Anderson et al. (2001) referred to as essential in learning.

However, these experiences are also imbued with multiple layers of learning and uncertainty regarding the transition to teaching from an identity perspective (Valencia et al. , 2009).

The multi-layered theoretical frameworks suggest "multiple dimensions of identity in the inclusion of 'how to be', 'how to act', and 'how to understand' as elements for attention" (Beauchamp et al. , 2009, p. 178).

3.2 General rules of references

1) Journal articles

- Author: Last name + comma + Initial (s) + period
- Time: parentheses + year + period
- Title: In sentence format + period
- Journal: Journal name (title format & italics) + comma + Volume No. (*italics*) + parentheses Issue No. + comma + page number + period
- Indent: 4-letter indent

Examples:

King, J. (2013). Silence in the second language classrooms of Japanese universities. *Applied Linguistics*, *34* (3), 325-343.

Duff, P. A. (2015). Transnationalism, multilingualism, and identity. *Annual Review of Applied Linguistics*, *35*, 57-80.

Yuan, R. , Liu, W. , & Lee, I. (2019). Confrontation, negotiation and agency: Exploring the inner dynamics of student teacher identity transformation during teaching practicum. *Teachers and Teaching*, *25* (8), 972-993.

2) Books

- Author: Last name + comma + Initial (s) + period
- Time: parentheses + year + period
- Title: In sentence format & italics + period
- Publisher: Publisher Name (title format) + period
- Indent: 4-letter indent

Examples:

Schiro, M. S. (2013). *Curriculum theory: Conflicting visions and enduring concerns*. Sage.

King, J. , & Harumi, S. (2020). *East Asian perspectives on silence in English language education*. Multilingual Matters.

3.3 Additional conventions for a reference list

1) General rule: Alphabetic order

Atkinson, D. (2003). L2 writing in the post-process era: Introduction. *Journal of Second Language Writing*, *12*, 3-15.

Beauchamp, C., & Thomas, L. (*2009*). Understanding teacher identity: An overview of issues in the literature and implications for teacher education. *Cambridge Journal of Education*, *39* (2), 175-189.

Burns, A., & Richards, J. C. (2009). *Second language teacher education*. Cambridge University Press.

2) Same author with multiple publications: Chronological order

Duff, P. A. (2007). Second language socialization as sociocultural theory: Insights and issues. *Language Teaching*, *40*, 309-319.

Duff, P. A. (2010). Language socialization into academic discourse communities. *Annual Review of Applied Linguistics*, *30*, 169-192.

Duff, P. A. (2019). Social dimensions and processes in second language acquisition: Multilingual socialization in transnational contexts. *The Modern Language Journal*, *103* (s1), 6-22.

3) Same first author but different co-authors: Alphabetic order based on co-authors' last names

Blommaert, J., Creve, L., & Willaert, E. (2006). On being declared illiterate: Language-ideological disqualification in Dutch classes for immigrants in Belgium. *Language & Communication*, *26*, 34-54.

Blommaert, J., & Maryns, K. (2001). Stylistic and thematic shifting as a narrative resource: Assessing asylum seekers' repertoires. *Multilingua*, *20*, 61-82.

4) Single author vs. same first author with co-authors: Single author ones go first

Farrell, T. S. C. (2015). *Promoting teacher reflection in second language education: A framework for TESOL professionals*. Routledge.

Farrell, T. S. C. (2022). Operationalizing reflective practice in second language teacher education. *Second Language Teacher Education*, *1* (1), 71-88.

Farrell, T. S. C., & Ives, J. (2015). Exploring teacher beliefs and classroom practices through reflective practice: A case study. *Language Teaching Research*, *19* (5), 594-610.

Farrell, T. S. C., & Yang, D. (2019). Exploring an EAP teacher's beliefs and practices in teaching L2 speaking: A case study. *RELC Journal*, *50* (1), 104-117.

案例二十一：友善
大学英语（3）课程思政教学案例

王 霏

1. 案例素材来源

1.1 课文材料

《高起点大学英语读写教程1》，赵晓红主编，上海交通大学出版社，2016年9月出版。

Unit 4 Text A：A Hopeless Case?

(1) Get help from a patient fellow (Paras. 9-22)

(2) Pass the treatment information to other patients (Para. 27)

Today I **carry cards** from The Philadelphia Hand Center **with me**. And when I'm standing in line, or eating in a restaurant, or simply see someone passing by whose hands are misshapen with knobby knuckles or swollen joints, I speak up. "Don't your hands hurt?" I ask. "My hands used to look like yours." And then **I give the person a card from the Hand Center**. I don't care if at first they look dismayed. As long as they discover there is **help**.

1.2 补充材料（1）

社会主义核心价值观二十四字解——善

1.3 补充材料（2）

What is kindness?

1.4 补充材料（3）

Thumbs up for man who quietly lent wheelchair user hand

1.5 补充材料（4）

The Science of Kindness—Matter of Fact

1.6 补充材料（5）

The Art of Being Kind

2. 课程思政融入点说明

社会主义核心价值观（core socialist values）的基本内容是：富强（prosperity）、民主（democracy）、文明（civility）、和谐（harmony）、自由（freedom）、平等（equality）、公正（justice）、法治（rule of law）、爱国（patriotism）、敬业（dedication）、诚信（integrity）、友善（friendship）。社会主义核心价值观是社会主义核心价值体系的内核，体现社会主义核心价值体系的根本性质和基本特征，反映社会主义核心价值体系的丰富内涵和实践要求，是社会主义核心价值体系的高度凝练和集中表达。习近平同志在党的十九大报告中指出，要培育和践行社会主义核心价值观。要以培养担当民族复兴大任的时代新人为着眼点，强化教育引导、实践养成、制度保障，发挥社会主义核心价值观对国民教育，精神文明创建，精神文化产品创作、生产、传播的引领作用，把社会主义核心价值观融入社会发展各方面，转化为人们的情感认同和行为习惯。

在24字的社会主义核心价值观中，爱国（patriotism）、敬业（dedication）、诚信（integrity）、友善（friendship）是当下在社会矛盾日益加剧的现实问题之下提出的公民道德行为准则，要求公民遵守的基本道德行为规范。

本单元课文主要的融入点是"友善"。友善的含义是推己及人，善心善行（Kindness：be considerate and benevolent）。友善是公民优秀的个人品质，是构建和谐人际关系和社会关系的道德纽带，更是维护健康良好社会秩序的伦理基础。在市场经济建设过程中，竞争压力不可避免带来人际关系的紧张，各种社会矛盾凸显，培育和践行社会主义友善价值观，是缓解社会矛盾、维护社会秩序、促进社会和谐的坚实基础。

通过本单元课文及补充材料的学习，引导学生深刻理解"善"字在中国文化中的含义以及"善"在英文文化语境下的正确表达以及含义；根据补充材料有针对性地提出问题，引导学生思考如何在生活中"行善"（doing good deeds）；并从医学科学的角度让学生理性客观地了解"行善"所带来的身心变化，从而树立"行善"的理念，视"行善"为己之责，践行"行善"的举动，实现"行善"之利己利他，最终达成建立和谐社会的目标。

3. 教学使用方法和步骤

3.1 适用范围

本案例适用于主题为 help、kindness 和 goodwill 的听说/读写课程。

3.2 使用方法

Before class activity

Read Text A in this unit, get keywords to conclude the essay: help, kindness, goodwill. And watch the following two videos.

视频 1：社会主义核心价值观二十四字解——善

视频 2：What is kindness?

In-class activity：

Step 1：Warming-up activity

Divide students into several groups (4 students in one group) to answer the following questions：

1) What is kindness?

2) Is there any similarity or difference in the definition of kindness in these two videos?

Step 2：Read a supplementary essay and have a whole-class discussion

Thumbs up for man who quietly lent wheelchair user hand

Questions for discussion：

1) Have you ever done some good deeds in your daily life?

2) Can you describe what happened?

3) How did you feel while you were doing that?

4) What did you get from this experience?

Step 3：Translate the sentences

-from Chinese to English

1) 勿以恶小而为之，勿以善小而不为。

Do not fail to do good even if it's small, do not engage in evil even if it's small.

-from English to Chinese

2) Aesop, the ancient Greek storyteller, once said, "No act of kindness, no matter how small, is ever wasted."

古希腊哲学家伊索曾经说过："善举，无论多小，都不会白费。"

Step 4：Watch the video and complete the following text（观看视频 3）

Like most of medical antidepressants, kindness stimulates the production of serotonin（血清素）. Serotonin 1) _____ your wounds, calms you down and makes you happy. 2) _____ — kindness boost serotonin in the giver, the receiver and everyone who 3) _____ it. Every act of kindness also spreads through three degrees of 4) ＿＿＿＿＿＿＿ and serotonin is just the beginning. You'll also produce more endorphins（内啡肽）—the brains 5) ＿＿＿＿＿＿＿. Endorphins are three times more effective than morphine and they won't land you 6) ＿＿＿＿＿＿＿. And if that's still not quite enough, being kind produces oxytocin（催产素）in your system. Oxytocin, 7) ＿＿＿＿＿＿＿, promotes social bonding, exerts an immediate calming effect, increases 8) ＿＿＿＿＿＿＿, strengthens the immune system and boost virility. I guess they weren't joking when they said being kind is a good thing. To top it all off, 9) ＿＿＿＿＿＿＿ people also have two times the amount of DHEA（脱氢表雄甾酮）which slows down aging and 23% less cortisol — 10) ＿＿＿＿＿＿＿. With so many benefits, every act of kindness is a healthy one. It's a scientific fact.

Reference answers:

1) heals

2) The real kicker

3) witnesses

4) separation

5) natural painkiller

6) in jail

7) the cuddle hormone

8) trust and generosity

9) compassionate

10) the infamous stress hormone

Step 5: Watch a video（观看视频 4: The Art of Being Kind）and discuss the following questions

Quotation from video 4:

Our good deed spreads like waves and eventually the whole world benefits. Everyone has a tremendous responsibility for himself or herself for his or her family but also for friends, acquaintances, work colleagues, but that's not enough. I say that everyone should live their life as if the faith of the world rested on their shoulders, that's the type of responsibility we have.

Questions for discussion:

1) Which prominent characteristics would you like to have?

1. Skilled professional

2. Wealthy

3. Intelligent

4. Funny

5. Good human being

2) Why should we be a good human being?

3) Do you think being kind to others is your responsibility?